ビジネスデザインと経営学

立教大学大学院
ビジネスデザイン研究科［編］

創成社

日本経済の再離陸とビジネスデザイン
—はしがきに代えて—

高度経済成長期から80年代後半のバブル期まで，日本経済は多くの矛盾を抱えながらも，順調に発展した。1971年のドル紙幣と金の兌換停止というニクソン・ショックや73年と79年の2度にわたる石油ショックにより，日本の高度経済成長は終わりを告げたが，高度経済成長期に培った日本的経営は慣性の法則が働くままに，バブル崩壊まで続くのである。

GDPの推移を見ると，56年から73年までの平均成長率は9.4%であったが，74年から90年が4.2%と半分以下の成長率となる。安定成長時代と称されるが，日本的経営には大きな変化が見られない。そして，バブル崩壊後の90年から2015年までは0.9%成長に落ち込むのである（内閣府SNAサイト）。

日本的経営と言っても，その構造は様々である。三種の神器と呼ばれる終身雇用制度，年功序列賃金体系，そして企業別組合制度は日本的経営のなかでも良く知られた特徴であろう。しかし，高度経済成長期から一貫した経営は，株式相互持合いとメインバンク制度に基づく安定した経営者支配である。経営者は，企業規模に応じた序列を意識しつつ，横並びの経営をすることでリスクを冒すことなく成長を享受することができた。というのも，戦後の一貫した国民経済の目的は，欧米へのキャッチアップであり，目指すべき生産目的が示されていたからである。

経営者は，戦前・戦中の統制経済と同じように，従業員と一丸となって生産力の増強に邁進し，売上高最大化を目的とした供給力とコストを重視した経営が行われた。しかし，80年代に入ると，第二次石油ショックの後遺症と円高不況により，国内産業の空洞化が始まる。資本設備を蓄積したまま，工場の海外移転を促進したため，生産現場では操業度が低下していく。政策金利は，80年の9%から段階的に引き下げられ，87年から89年は2.5%まで低下していた（日本銀行時系列統計データ）。既存事業は飽和状態に達していたのである。

過剰な設備を抱えた肥満体質の経済に，金融緩和政策という栄養補給を行ってしまう。その結果はバブル形成という歴然とした事実につながる。供給される貨幣が設備投資には向かわず，株式や不動産などの資産価格を上昇させた。企業は本業の不振を財テクや不動産投資で代替し，体質改善をしないままメタボリックシンドロームに陥っていった。それは，後に甚大な後遺症をもたらすことになる。

すでにキャッチアップが終了し，先頭集団の仲間入りをしていた日本企業だが，キャッチアップ時代の経営構造を変革しないまま，新興国企業とのコスト競争に突入していく。株価や不動産価格が上昇しても，生産技術の向上や設備投資に結びつかねば，バブル崩壊は必然である。90年代初めから，メタボ体質のまま若い筋肉質の海外企業と競争することになった。しかし，体質改善のできない日本企業に走る余裕はない。日本経済は「失われた時代」に迷い込んでいく。

バブル期の前後に会社に入社した人々は，新人時代に描いていた自らのキャリアデザインを描き直さねばならなくなる。終身雇用や年功序列賃金といった日本的経営は，リストラや会社の倒産を目の当たりにして構造改革を迫られる。30代のビジネスパーソンが抱く不安感や焦燥感は，停滞した日本経済と日本的経営の構造上の歪みを原因とするものであったに違いない。

こうした時代背景に基づき，2002年に立教大学大学院ビジネスデザイン研究科を設置した。この当時，文部科学省には，専門職大学院のような働きながら学ぶ大学院のモデルはなかった。そのため，実務家教員のあるべき姿や評価基準について，一から検討しなければならなかった。所謂，ビジネススクールとして設置するわけであるが，米国流のMBA教育を輸入しても，彼ら／彼女らの期待に応えるものではないと感じていた。周知のように，MBAは中間管理職を養成する教育機関である。米国のキャリア形成は，外部労働市場で評価される能力を個々人で育成しなければならない。個人の能力を市場が評価することでキャリアアップにつなげる。ビジネススクールでも，他者を出し抜く発言が重視され，競争的環境で学ぶことになる。高いランキングのMBAに入り，優秀な成績でMBAを取得することが至上命題となっている。

他方，日本的経営は，戦後の長きにわたり企業内労働市場によるOJTや人事異動などを通じて人材を育成してきた。職能は個人による評価というよりはチームや部署での働きぶりが評価されてきた。海外に派遣した海外MBAの修了者は，会社に戻っても十分に力を発揮できず，社内に軋轢を生み，会社を辞める事例が散見されていた。その理由は，ビジネスの取り組み方の相違であり，個々の能力ではなかった。

したがって，海外MBAプログラムをそのまま輸入しても，修了生に満足感を与えることはできず，日本企業の成長や発展，日本経済の再離陸にはつながらないと感じていた。今，いかなる人材が必要とされているのか。この問いから立教のビジネススクールのミッションとカリキュラムを策定することとなった。

日本の企業と経済を覆う閉塞感は，旧態依然としたビジネスに支配されているからである。新しいビジネスが誕生すれば，新しい社会が到来し，人々は働くことに生きがいを持てる。ビジネスを根本から見直し，新たにビジネス社会を創造する人材の育成，これが求められるビジネススクールであると確信し，カリキュラムの構築を行うこととなった。標準的な経営学のカリキュラムや個々人が競い合って学修する教育手法ではなく，年齢や経験の異なる多様な人々が集い，それぞれの知識や技術を紡ぐチーム学習の手法をカリキュラムの中心に据え，新たなビジネス社会を創り出す人材の育成を目指すこととなった。このカリキュラムを表現する研究科名称が，ビジネスデザインである。

ビジネスデザイン研究科は，創造的事業を構想するデザイン思考の研究科として設置されたが，この言葉は簡単には受け入れられなかった。当時，立教で教鞭をとっていたネイティブの米国人も，米国で経営学の博士号を取得した教員も，この言葉を和製英語と信じていたほどである。しかし，設置から15年を迎え，ビジネスデザインは英語の辞書にも掲載されている。ネットで検索すれば100万件近くヒットするようになった。本研究科設立後に，ビジネスデザインを冠する学部学科や研究科，それに専門学校などが誕生している。もちろん，本研究科の名称やカリキュラムを模倣しても，本研究科のビジネスデザインを超えることはできないであろう。15年にわたるカリキュラムの実績が蓄積していると自負している。近年では，社名にする会社もあるが，何より，専門書籍のタイトルになり，研究領域としても位置付けられるようになった。ビジネスデザインという言葉さえ認知されていなかったことを考えると隔世の感がある。

さて，本書は創立15周年を記念したビジネスデザイン研究科の出版物である。研究領域の一分野となったとは言え，まだ新しい萌芽期の領域である。それゆえ，各教員が描くビジネスデザインは多様である。そもそも，ビジネスは様々な知識や経験が紡ぐものである。そうであれば，その研究者の思考方法が多様であっても構わない。「ビジネスとは何か」という根本的な問いでさえも，デザイン思考には多様性が許容される。本書の意図が，読者に伝わることは，研究科の設置の理念が共有されることでもある。是非，そうあって欲しい。

本書の構成は，序章「豊かさの創造とビジネスデザイン　—人間関係を紡ぐ設計図—」（亀川雅人）に始まり，以下のような4部構成になる。

第1部は，ビジネスデザインの実践や思考方法について論じられる。第1章「ビジネスをデザインする　—事業機会の発見と構想—」（山中伸彦）で具体的な手法が論じられ，第2章「ビジネスデザインとデザイン思考　—ゼロを1にするビジネスデザイナーのための創造的思考法—」（瀧澤哲夫），第3章「ビジネスデザインと実践哲学，社会理論との関連　—マネジメント実践的転回のパースペクティブ—」（宮下篤志），そして，第4章「ビジネスモデルの構造化　—人工知能（AI）の実用化による影響を踏まえて—」（張輝）の4つの章が展開される。

第2部では，戦略やマーケティング的な視点，さらには組織論的アプローチやリーダーシップ論の視点でビジネスデザインを考察する。第5章「ミッション経営の要諦　—ミッション経営が競争優位となる根源的分岐点とは何か—」（田中道昭）に続き，第6章「産業財（BtoB）市場マネジメントに関するアプローチの提言　—産業財領域における価値共創営業—」（笠原英一），第7章「戦略理論とその実行　—合理性と慣性に基づいたマネジメント—」（安田直樹），そして第8章「リーダーシップ理論　—研究の体系とリーダーシップ開発の実践—」（安部哲也）の各論は，理論研究のみならず，コンサルタント等の経験を活かした議論も多い。

第3部は，技術環境の急速な変化を反映して，3つの章を展開する。第9章「研究開発における知識創造過程　―青色LED開発の事例―」（品川啓介），第10章「IoT時代のプラットフォーム戦略　―エコシステムをどう作り上げ，関与するのか―」（深見嘉明），第11章「テクノロジー・ストラテジー　―技術を生かしてビジネスを成功させるために―」（中村二朗）の執筆者は，いずれもテクノロジーの現場経験から問題意識を理論化する研究者である。

最後の第4部は，利害関係者との関わりからビジネスデザインを論じる。第12章「情報開示問題　―ステークホルダーは今後，定性情報をどのように活用すべきか―」（野田健太郎）と第13章「企業不正の防止と発見　―問われる経営者の意向や姿勢―」（濱田眞樹人）の議論は，最近のコーポレートガバナンスの議論などを踏まえたビジネスデザインの在り方を考える。

いずれの議論も，立教大学大学院ビジネスデザイン研究科の授業で論じられ，院生諸氏の議論や意見交換が反映されている。社会科学は，個人で研究する場合であっても，社会に生きる多くの人々の価値観や思考から切り離すことはできない。何が大切な問題であるかというテーマの設定は，社会の価値観に根差している。多種多様な経験を有する院生諸氏との議論は，社会が求める問題発見の契機を与えてくれる。そうした意味で，本書は修了生を含む研究科に関わる多くの人々の知識や経験から生まれた成果である。創立15周年を迎え，本研究科に参画したすべての人々に感謝し，本書を上梓することとする。

2016年7月15日

立教大学大学院ビジネスデザイン研究科

委員長　亀川雅人

目　次

序　章
豊かさの創造とビジネスデザイン
―人間関係を紡ぐ設計図―

亀川雅人

1　はじめに

1950年代後半から60年代にかけて，日本は高度経済成長を経験した。テレビや洗濯機，冷蔵庫などのニーズは顕在化しており，経済的豊かさが人々の幸福感につながっていた。家事労働の軽減が社会問題であり，その解決手段は家電製品だったのである。しかし，家電製品は，いずれも高額であると同時に故障も多かった。松下幸之助[1)]は，ここに問題を見いだし，全国各地にナショナルのお店（現パナソニックショップ）を展開し，修理などのアフターサービスを提供すると同時に，当時の高額な家電製品を割賦販売により普及させた。

類似の問題は，多くの国で散見される。ケニアでは，未だに電気が普及していない地域があり，低所得者に太陽光で発電する電灯や簡易ラジオなどの割賦販売を開始する企業が創業する。フィリピンでは，バイクにサイドカーを付けた三輪タクシーを割賦販売する日本人起業家が登場した[2)]。世界の貧困層には，依然として既存の製品やサービスが満たされていない。こうした問題の発見が，起業につながれば，世界の人々の豊かさと幸福が増幅され，経済発展とその後のビッグビジネスへの成長可能性がある。

一方，商品が溢れた社会では，新たな商品が次々に誕生しても，人々は豊かさを感じない。家電製品は，メーカーによって異なる機能を持つが，基本的な機能に差がなければ，消費者の心は動かない。工場で働く従業員も，販売の前線に立つ営業マンも，知識や技術に差がなければ，新たな豊かさに貢献できない。衣服は季節的なデザインの発表により流行り廃りをもたらすが，従業員の仕事には変化がない。新しい洋服をデザインしても，それはデザイナーにとってはルーチン業務である。小説家が新しいストーリーを考え，脱稿して編集者に渡しても，仕事の流れに変化はない。従来と同じ仕事の仕組みで活動している。飲食店は，次々にメニューを開発するが，仕事の中身が変わるとは言えない。同じ知識や経験で仕事が流れ，考えることなく慣例として仕事が進む。

商品が溢れても豊かさに貢献できなければ，問題の解決にはならない。モノが溢れたら質の転換を図らねばならない。たとえば，同じ衣服であっても，和服から洋服への転換やヒートテックなどの機能性繊維の活用は，基本的な機能に差が生じている。その仕事は，これまでの常識や慣例が通用しない。機能性繊維は，繊維の技術的な革新であり，研究経歴の異なる人材の雇用と，異業種の企業間関係を構築しなければならない。生産地や販売先が異なれば，製造工程や流通方法に差が生まれる。ビジネスの基本設計の変更が新たな豊かさに貢献するのである。

こうした変化は，新しい知識や経験を結合することになり，俎上に載せる仕事の要素は異なる選択肢となる。それは，ルーチン化している効率的仕事を見直し，新しいビジネスの設計図を描くことである。設計図面は，特定の自然状況や法律・経済の状況，伝統・文化，その他の価値観をもつ環境，そして利用可能な技術的制約を前提とする。それは，時代（When）や地域的（Where）な制約条件であり，この前提に基づき，未だ着手されていない解決しなければならない問題（What）を考える。そこには豊かさを求める人間（Whom）がいる。解決すべき問題は，その解決能力のある人間（Who）を結合し，解決手法（How to）とその解決のために費消する資源量（How much）を示さねばならない。

ビジネスデザイン（Business Design）とは，問題の発見と解決手法をモデル化する設計図であり，何時（when），何処で（where），誰が（who），何を（what），誰のために（whom），どのような方法で（how to），いくらで提供するのか（how much）という 5W2H としてまとめられる。新しいビジネスデザインは，これまでとは異なる仕事やその仕組みを考え，知識や経験の結合方法を提案することである。この設計には，一義的な解のない試行錯誤的なプロセスを伴う。閃きという言葉で表される画期的ビジネスデザインは，5W2H の同時均衡を発見するアイデアである。

ビジネスデザインの変革事例は枚挙に暇がない[3)]。カメラのフイルムメーカーからヘルスケア・ビジネスへの転換，家電メーカーのカメラ事業への参入，携帯電話とカメラの融合，そして IT 企業や家電メーカーと自動車会社の領域が重なり合う。IT と自動運転技術の進化は，渋滞の緩和や自動車事故を減らし，運転教習所や自動車保険事業，タクシーや物流事業，さらには運転手の仕事に影響を及ぼす。効率的な配車システムが登場すれば，自動車を所有するメリットは薄れ，自動車産業の縮小につながるかもしれない。飲食や介護事業にロボットが活用され，精密機器工場が野菜工場に転換する。事業領域の垣根は低くなり，ビジネスデザインの変更は頻繁に行われる時代となった。人工知能（AI）の進化は，様々な事業領域でビジネスの基本設計を変化させる可能性がある[4)]。

いずれの変化も，人間関係の再構築が必要となり，知識や経験の新旧交代が起こる。人々の知識や経験に関する評価が変わり，企業の人的資源の相対的価値や個々の企業の相対的価値が変化する。企業規模にかかわらず，ビジネスを持続させる条件は，5W2H に適合するビジネスデザインの絶えざる変更である。

2　市場機能と起業家

2－1　価格シグナルとビジネスデザイン

我々の社会は資本主義社会と呼ばれる。この社会のキー概念は資本である。資本は，人々の問題を解決するために準備される有形・無形の生産手段である。それは，仕事をするために蓄積された人々の知識や経験の結晶であり，将来の生活のためのストックである。我々は，これを私有財産として所有し，現在進行形の知識や経験と結合して問題解決を図る。

ビジネスデザインは，私有財産の価値を増加させるために，過去と現在の生産要素を結合する設計図であり，将来の問題解決能力を高めることを意図している。私有財産の価値の増加は，一般に利潤と呼ばれる。それゆえ，資本主義社会は，利潤追求を社会発展の原動力となるようにデザインされている。

企業は，資本と労働力を結合することで，衣食住に関わる問題を解決し，奢侈品や趣味あるいは芸術などに関わる多彩な消費活動を支えている。消費活動が豊かさや幸福感，あるいは効用を増加させるとき，企業の生産活動は問題解決に貢献したことになる。人間の欲望は無限であり，解決すべき問題は次々に生まれる。企業の生産活動とは，希少な資源を取捨選択し，人間が抱える問題を解決する活動である。

個々人の問題を各自で解決する社会は，生産主体と消費主体が一致する自給自足経済であるが，我々の社会は問題の種類に応じて，その解決に適した人間が分業する市場経済である。生産主体と消費主体は企業と家計という概念に分類され，生産と消費の人格を分離する。多種多様に細分化された活動は，他人の幸福や豊かさに貢献する活動であり，仕事の価値は他人に評価されることになる。

家計は，労働力と自らが所有する土地（自然資源）や資本を多種多様な企業に供給する。企業はこれらの生産要素を結合して生産活動を行い，他者の豊かさに貢献した対価として所得を得る。この所得は，賃金，地代，利子および利潤の形態で家計の所得となり，生産物の購入のために支出され，消費活動を通じて豊かさや幸福感を享受する。このデザインは企業と家計の循環図であり，企業は，家計の消費に対する貢献により評価され，利潤を享受できる[5)]。

市場経済では，企業の貢献度は価格により評価される。市場価格は，様々な人々の問題解決に関して順位付けを行うシグナルであり，利潤を報酬とすることで問題解決のインセンティブを与える。利用可能な資源が制約されているため，企業の活動は利潤期待に基づく機会の選択となる。この行動原理は，機会費用（opportunity cost）として捉えられ，希少な資源の制約下において，何を選び，何を諦めるかを選択する。

石油資源が豊富な国は，石油を節約する技術に消極的である。広大な土地を有する国は，公害に無関心でいられる。産業廃棄物などの捨て場がなければ，これを処理する技術が必要になる。自然資源が豊かな社会は，資源を節約する技術に疎くなる。労働力が豊富な社会は，機械化による合理化に関心が低い[6]。機械を製造する機会費用が高いため，技術の改良や改善は後回しとなる。労働者の質が不均等な社会では，労務管理のニーズが高く，マニュアル化やITを利用した管理の仕組みが向上する。高齢者社会になると，介護の人材が必要になり，介護ロボットや介護サービスの必要性が認識される。自動運転技術なども，高齢者によるアクセルの踏み間違いや高速道路の逆走等による事故の多発で推進される。

市場メカニズムは，解決すべき問題についての優先順位を決める。石油価格が安くなるとシェールガス技術は停滞する。レアメタルの価格が高くなると，代替素材を開発するニーズが高まる。ビジネスの基本設計に変更がなければ，価格は社会のニーズを示すシグナルになる。価格メカニズムは商品を序列化する機能を有するのである。市場が成立すれば，資源配分は価格シグナルに従うことで十分である。希少な資源を配分する選択肢は多様であるが，「何をすべきか」は市場価格に従えばよい。ビジネスデザインは，機会費用に基づいて設計される。

しかしながら，市場にない商品は，資源配分が難しい。生産を増やすか減らすかの判断ではなく，「何をすべきか」は人間の判断に委ねられる。潜在的なニーズが認識され，商品化されることで，新たな資源の利用方法が模索され，需要と供給という市場メカニズムが機能し始める。人々は問題を解決する手段を考え，試行錯誤のプロセスを経て，多様な種類の商品を供給する。ビジネスの基本設計が決まり，追随する企業がこれに従い，その修正や改良が行われる。人々の欲求の対象[7]となる商品化を実現しても，未だその解決方法が不十分であれば，商品価格は相対的に高く，基本設計の異なるビジネスデザインの機会費用は高い。

模倣者の参入や既存の事業者による基本設計の修正と改善が図られ，多くの人々が新しい人間関係の構築を受け入れると，市場価格は漸次低下していく。

ビジネスデザインの代替が起こり，知識や技術に新しい領域が誕生する。人々の関与が増えることで，これまでよりも多くの人々の問題を解決することになる。商品の購入者の機会選択は，競争を熾烈にする一方，市場競争のルールが形成され，市場に秩序がもたらされる。最初に登場した商品は独創的なモノであっても，その特性は追随者の模倣参入により失われ，標準化し，コモディティ化していく。最先端であった一部の人の知識は標準化され，汎用的技術となり，業界の常識を形成する。主観的な人間の判断は，客観的な市場の価格に置き換わる。人々は，価格情報により商品を選択できるようになる。

企業による市場形成は，人々の暮らしに貢献する秩序を模索し続けている。それは，個々人の暮らしに直接関与する財・サービスから，原材料や素材，機械の部品など，ありとあらゆる仕事が対象になる。我々は，企業と企業をつなぐ網の目のような市場の分業を介して，最終的に消費財を手にしている。分業を担う企業とは，他人のために活動をする人であり，そうした人間が増えることで，市場は厚みを増すことになる。市場の厚みは，人間関係の広がりを通じた社会の豊かさを反映している。

2－2　起業家とビジネスデザイン

新しいことを発明し，それが意味を持つのは，解決しなければならない問題，すなわちニーズが存在するからである。ニーズは顕在化したものばかりではなく，潜在的なものがある。顕在化しているニーズは，改善すべき点や効率化すべき点など，所与の問題の解法に注目する。知識や経験の領域が認知され，普及する過程で多くの人々が競争し，同じ知識や経験を追求する人が切磋琢磨する。特定の専門家集団が育成され，知識は専門家の手に委ねられ，深堀されていく。この知識の深化（exploitation）は，ビジネスの基本設計を維持しつつ，商品の質や機能，あるいは効率性を高める市場の価格競争に結びつく。

他方，潜在的なニーズは，未だその必要性に気が付いておらず，ビジネスの基本設計を提案することで初めて認識されるニーズである。製品やサービスは独創的で，これまで想像することができなかった商品である。その出現は，既存の将棋やオセロなどの戦法を工夫するのではなく，ゲーム自体を考案し，ゲームのルールを提案するものである。基本設計の構築は，問題を発見する活動であり，未利用の知識や利用目的の異なる知識を再結合する知の探索活動（exploration）である。

潜在的ニーズは，商品の形で解決されるとは限らない。新しい生産管理手法の設計は，生産・販売の仕方を根本的に変え，コスト削減により社会に貢献する。株式会社という制度設計は巨額な設備投資を可能にするビジネスデザインの基本設計である。フォードの生産システムやトヨタのカンバン方式は，大量生産のための効率性をもたらした。いずれも重要な問題を発見し，これを解決する画期的なビジネスデザインである。探索された知識が認知され，模倣者が登場するまでは，競争のない世界でプレーできる。

起業家（entrepreneur）[8）] は，ニーズを認識し，その問題を解決する活動主体である。潜在的ニーズを発見した起業家は，見倣うべき設計図が存在せず，生産や販売に際して試行錯誤的な活動が必要となる。新しい知識と経験が蓄積される一方，既存企業との軋轢や取引慣行などと衝突し，既存の秩序は大なり小なり破壊され，新たな秩序が構築される。こうしたビジネスの基本設計は，シュンペーター（J. A. Schumpeter）がイノベーションと称する経済現象に導く[9）]。

イノベーションは，既存の知識や経験の体系を破壊し，事業に関わる資源を移動させることで，新たな人間関係に置き換える。起業家は，新しい人間関係を市場取引に昇華させるとき，起業家利潤（entrepreneurs' profit）を享受する。それは，類例のない知識と経験の組み合わせに価値を与え，誰もが気づかなかった人間関係を構築した報酬である。その影響力が大きければ，教育機関に新たな科目やコースが設置され，専門学校や大学の学部学科の新設を伴う。人々の能力は，新たな秩序の中で比較され，評価される。ビジネスデザインの影響度は，既存資源を変化させる資源の質量で決まる。それは，人間の評価基準を変更し，人的資源の価値を根本的に変えてしまう。疎外された人材が脚光を集め，尊敬されていた人材が疎まれる存在になる。ビジネスの基本設計は，人間関係を再構築するため，その調整に失敗すれば実現できない。

ニーズが高ければ，ビジネスの基本設計が模倣され，参入企業が増加し，財やサービスが類似化，均質化，標準化する。特定の知識や経験が業界を形成すると，そこに特別な価値は発見できなくなる。利潤の分け前は知識と経験の伝播とともに減少し，常識化した時点で起業家利潤は消滅する[10]。こうした知識を伝播させる市場機能は，起業家利潤がゼロになるまで続く。

標準化する商品は，品質の優れた商品とは限らない[11]。技術的に劣る商品であっても，供給に比して需要が超過する商品が生き残り，模倣の対象となる。すなわち，市場の取引対象となるのは，既存の知識や経験との融和性であり，問題解決手法は，技術的な評価基準ではなく，既存の人間関係で構築された市場で決まる。市場が受け入れねば意味がない。品質と価格を競う標準化競争は，他方で差別化を生む。差別化は，標準化競争に勝ち残れない企業に逃げ場所を提供するが，その成功は新たな標準を生み出す[12]。

起業家は，その独創的人間関係が多くの人に受け入れられ，標準化するような基本設計を描かねばならない。標準化は，価格競争の原因でもあり結果でもあるが，希少資源の有効利用に導く。標準化をめぐる競争は，法制化や自主規制となって，人々の常識を形成し，市場の価格メカニズムを円滑に機能させる。商品の原材料やその他の質に関する情報開示が要求され，商品生産の労働時間や資本調達方法が定められる。それらは，競争のルールとなり，顧客を含むステークホルダーの取引コストを低下させる。

標準化するまでは，試行錯誤のプロセスがあり，原材料やその他の生産要素の結合方法をすり合わせながら仕事が進む。最も効率的な組み合わせが発見されると，これは一つの完成したビジネスデザインとなり，モジュール化する。部品として確立していなかった製品の一部が切り離され，これを専業とする仕事が生まれる。内製化し続けるか，外注化するかの選択機会は，組織の境界の議論であり，自社と他社の選択肢となる。すり合わせ段階における組織内分業は，企業間の分業に広がり，市場取引が可能となる。

商品の市場取引は，生産要素も標準化する。労働の質や資本のリスクを比較可能にする。新たなビジネスデザインは，異質な才能が新たな人間関係をもたらし，職業能力の評価基準を変える。しかし，その商品が普及する過程で，異質な才能は一般化し，標準的な能力として評価される。ソロバンから電気計算機，コンピュータというような変化は，様々な事業領域の中で生じ，これを使用する労働者の質が変化する。知識と経験のストックである企業の資産価値も，人間関係の変化を反映して変動するが，リスクに応じて標準化する。

いずれにしても，起業家が動くことで市場価格に方向性が与えられる。ビジネスの基本設計を変更する起業家は，将来の均衡価格を発見し，既存の均衡価格を破壊する[13]。

3　株主と起業家と経営者

3－1　PDCA と機能分化

ビジネスデザインを描き，これを実践するのは起業家である。起業家は潜在的なニーズを発見し，これを顕在化させる仕掛人である。起業家は，技術上の制約を所与として，既存の技術で解決可能な知識や技術を探索する[14]。既に存在している財・サービスが新しい目的のために動員される。これはビジネスデザインを実行するための試行錯誤的な時間のかかるプロセスである。

この構想は，周知の PDCA サイクルで検証される。計画（Plan）は，労働力や機械などの生産手段を調達し，実行（Do）に移されねばならない。そのためには資本を準備する株主や債権者などの資本家（capitalist）が要請される。

資本家とは，自らの所得の一部（貯蓄）を他人の消費に供する経済主体である。資本が供給されることで，現在の労働者が雇用され，過去の労働者が生産した機械設備などを購入して，生産活動を開始する。それゆえ，ビジネスデザインを実現するには，企業を私有財産として所有する責任主体，株式会社における株主の探索が最重要課題となる。

想定した期待売上が実現すると，労働報酬の賃金，土地の地代，そして資本の利子が期待通りに分配される。しかし，計画段階の期待と事後的な実現値の間にはギャップが生じる。チェック（Check）が必要になるのは，期待収入と実現収入に乖離が生じ，不確定な所得となるためである。賃金や地代，借入金の利子を約定して生産を始めれば，売上の多寡によって所得の過不足が生じる。これは財務諸表上の当期純利益（損失）に該当する。この過不足の調整は，残余所得の変動リスクを引き受ける出資者（株主）の責任となる。

計画の見直しは，株主に利潤と損失を認識させる。期待以上の成果は株主に利潤をもたらすが，期待した成果が実現できない場合，株主は損失を被る。株主は，当初の期待を清算させ，企業に新たな活動（Action）を迫ることになる。PDCA サイクルは，ビジネスデザインという仮説の検証過程であり，それは経営者（management）によって管理される。模倣したビジネスデザインでも，管理に成功すれば先駆者を超えることができる。しかし，管理に失敗すれば，優れたビジネスデザインであっても検証されず，その財産価値を棄損する。

現在の社会は，細分化した分業システムによって支えられている。新しい事業が誕生し，いずれかの事業が消滅し，新旧の知識の交代が起こる。その度に，ビジネスデザインは変更を迫られる。毎日，地球のどこかで新商品が誕生するが，革新的な新商品の売上は，確率的予想の根拠となるデータがない。しかも，新商品そのものが環境を変化させる。起業そのものが環境変化の要因となるため，過去の確率分布が意味をなさない。リスクの把握が困難であれば，株主は資本供給を躊躇する。

ビジネスデザインの失敗は，多くの場合，企業を取り巻く環境認識に原因がある。シェール層から石油やガスを抽出する技術開発が，シェールガス会社の設立を促したが，想定外の原油価格の下落が，ビジネスデザインの見直しを迫ることになる。設計時点に期待された収入は，時間の経過とともに実現困難なものと認識され，投下資本の回収が困難になった。起業時点で成功と思われたビジネスも，その後の環境変化で経営の見直しを迫られた。株主は損失を認識し，事業を継続するか否かは，経営者の判断となる[15)]。

株主の存在がビジネスデザインを始動させる必要条件であるが，不確実性の高いビジネスデザインは，その成功確率の低さゆえに，起業家の資本調達活動を難航させる。株主へのインセンティブは，その成功報酬である起業家利潤である[16)]。資本調達の難しいビジネスデザインは，参入企業が少ないために成功報酬の起業家利潤は大きい。しかし，成功事例は，追従する資本家によって模倣され，多数の企業に利潤が分配される。このプロセスで，成功の知識と経験が広く伝播し，社会に蓄積される。他方，結果が失敗に終われば，投入した資源が無駄になる。失敗事例は教訓となるが，ビジネスの知識と経験は価値を失う。費用として認識される企業の諸活動は，売上収入となって回収されず，株主は損失を被ることとなる。

リスクを負担するのは株主であるが，株主と起業家は人格的に分離するとは限らない。起業家と経営者の機能が分離していても，人格的には未分離であることが多い。とりわけ，企業の創業時には，この3機能は同一の人格が有している事例が多い。ベンチャーなどの独創的事業の創業には，起業家自身がその実現可能性を確信し，リスクの負担者となる覚悟が求められ，自らの計画遂行を自己管理する経営者となる。起業家がリスクを負担しなければ，利潤を期待させる説得力に欠け，第三者の資本を取り込むことができない。また起業家による経営努力なしには人も惹きつけることができない。

既存企業による新規事業（社内ベンチャー）では，起業家となるのは雇用されている従業員や経営者（社内起業家）であり，株主と起業家が人格的に一致することは稀である。社内で起業した事業を子会社化することもあれば，事業部として独立させることもある。新たな出資を伴わない場合でも，計画段階では，従業員や経営者の経験や知識が無形資産として評価されており，既存の事業以外の活動に生産要素を振り向ける段階では，配当とされるべき株主の所得が起業活動に利用される。既存の株主が新規事業への資金供給を拒むとすれば，起業は難しい。既存株主の資本で不足する部分を第三者の資本に依存することになる[17]。

起業家は，こうしたリスクを可能な限り削減するためのビジネスデザインを描き，その実施を管理する経営能力を持たねばならない[18]。ビジネスデザインを実現させるのは，起業家と資本家という2つの機能であり，これを成功させるには有能な経営能力が必要である。ビジネスデザインの設計者（起業家），リスクを負担する資本供給者（資本家），そしてPDCAサイクルの管理者（経営者）の3つの機能が社会の発展と豊かさに貢献することになる。

3－2　諸機能の人格的分離

投資の回収にかかる時間は，起業家，経営者，そして資本家の役割分担に影響を与える。起業直後から収入が実現するビジネスは，3者の人格は同一である事例が多く，期待と実現のギャップも自己完結し，即座に修正される。しかし，投資の回収期間が長いビジネスは，過去と現在の生産要素を継続して購入し，将来の収入実現までの準備をしなければならない。準備期間が長くなれば，購入する生産要素が増加し，資本の規模は拡大する。様々な人々の知識や経験が有形・無形の資産としてストックされる一方で，新たな生産要素が結合されていく。知識や経験の異なる従業員を雇用し，多額の資本調達のために，多数の資本家を集めねばならない。事業に関わるステークホルダーが増え，ビジネスの設計と執行を分離し，分化した機能ごとに経営管理が必要になる。

具体的な事例で考察しよう。鉄道事業を1社で設計するか，数万社の企業の市場取引として設計するかを考えよう。数万人を雇用するか，1人の個人企業との比較と考えても良い。線路を1本ずつ生産する個人企業が集合して，数百キロに及ぶ鉄道路線となる場合，各企業が準備する資本は少なくて済む。各社は線路1本の材料を購入し，これを加工して線路を敷設する。加工する従業員は，出資者であり，経営者である。列車の生産は，100社で担当する。100社で1両の列車を生産し，これを結合して軌道に乗せる。鉄道を運行する企業は，線路や列車をレンタルし，運行ダイヤを作成し，運転手を雇用する。各企業が準備する資本は少額で済む。

しかし，線路1本，列車の部品の一つ一つを市場で購入することになる。数万の個人と売買契約を結び，鉄道の事業が始まる。乗客から受け取る運賃収入は，各個人企業に分けられるが，各社は異なる条件で生産しており，売買は乗客との交渉過程となる。同じ線路でも，交渉過程によっては異なる価格となる。線路や列車の品質を確認する方法，保守・点検の方法，事故の際の責任の所在など，市場取引では事前に明示し，契約に織り込まねばならない。乗客の運賃は，各社との契約によって成立する。各社のビジネスデザインは単純であるが，鉄道事業総体としてのビジネスデザインは，複雑なものとなる。

この比較は極端な例であり，現実的ではない。しかし，市場取引と企業内取引の選択は，多くの経営者が判断を迫られる。駅の売店や車両広告を，鉄道会社自身が経営するか他社に託すかの選択である。そもそも人間の意思決定は「限定された合理性」や「機会主義」に基づく。完全な情報を持たないために，取引主体は自己利益を追求する悪賢い機会主義的行動をとる。それゆえ，市場取引は，「探索コスト」「交渉コスト」「監視コスト」などのコストが生じる。コース（Coase, R. H.）は，こうした市場の取引コスト（transaction cost）が企業を組織化させる原因とみなした[19)]。

市場取引にコストが必要だとすれば，コストを削減する方法をデザインすべきである。鉄道事業を一つのビジネスデザインで完結すれば，企業間の取引コストが必要なくなる。売買は，経営者による指揮系統に委ねられ，取引コストに代わり経営管理のコストに代替する。人々の知識や経験は，市場に代わり起業家が紡ぎ，経営者によって管理される。組織の規模拡大は，回収期間の長期化である。市場と組織の選択は，株主に委ねられる。

時間の経過は，技術や法律，人々の嗜好，代替品の登場など，様々な需給環境を変化させ，収入や費用を変動させる。3者が描く期待値が異なり，その実現値に対する評価も異なる。多くの人が関わることで，経営者の管理能力が問われ，株主のリスク負担は大きくなる。しかし，株式会社という制度は，譲渡自由な証券市場の成立によって，リスクを大幅に低下させることができる。不特定多数の株主に分割され，いつでも売買可能な証券となることで，企業に投下された資本は，回収期間の拘束から解放された。

市場の取引コストと経営管理コストの比較は，株主のリスクとは分離できることになる。資本市場が整備されることで，企業組織の大小は投資収益性で比較され，新しいビジネスデザインを提案する起業家は，最初でかつ最大の難関である資本制約から自由になる。資本市場と株式会社という制度は，企業の参入や退出，企業組織の成長や衰退を円滑に進めるための道具となった。株式市場は起業家利潤を期待する資本家を誘導し，多くの資本が供給されることで，企業の開業数の増加や設備投資や従業員の雇用を増やすことになる。株式市場は，社会に必要な知識と経験を普及させる機構ともいえる。

企業は，他人よりも早く知識と経験を修得し，参入する時期が早ければ早いほど利潤を享受する。知識と経験の修得時期が遅れれば，いかなる先端的知識を会得しても，利潤の分け前は少なくなる。株主は，何が必要な知識と経験なのかを評価することで利潤を手に入れる。慎重にリスクを評価することで，リターンの機会を逸するが，社会が必要とする知識と経験を認識しない株式売買は危険な賭け事になる。

4　ビジネスデザインの矛盾と起業

4－1　矛盾の蓄積と格差の拡大

商品の必要性は価格シグナルで表され，希少資源を優先的に使用する権利が与えられる。高い価格は企業の組織拡大と企業の参入増加に導くが，ビジネスデザインの模倣増加により問題解決の優先順位を示す価格が低下し，超過利潤を消滅させる。既存事業が超過利潤を稼ぐ限り，企業は新たな問題の発見とその解決を先送りにし，投資収益率と市場利子率が低下し続ける。

価格は，需要（解決すべき問題）と供給（解決手段の提供）により決まる。優先すべき問題解決があれば，他の事業が使用する資源を移動させねばならないが，このプロセスで企業予算の再編成や従業員の配置転換，資本設備の減損や失業者を生み出す。それは新旧の人間関係に対立と緊張をもたらす利害衝突を生み，市場と組織の資源配分に新たな秩序を形成する。新たなビジネスデザインを設計し，これを実現する起業家は，この利害衝突を乗り越えなければならない。

組織内の資源配分が市場の分業を上回る成果をもたらす時，組織は拡大する。市場と比較した組織内取引コストの低下である。組織拡大による１人当たり所得増加が，企業の市場参入による所得増加を上回る。組織に優秀な人材が集まり，中小企業より大会社への就職が選好され，起業より企業組織への就職が好まれることになる。したがって，組織の成長プロセスでは，起業の機会費用は高く，ビジネスデザインを一新するようなイノベーションも起きにくい。

組織の拡大は，組織内分業の進展でもある。企業は，購買，生産，販売，財務，労務などの諸機能を自社で担当するか他社に委ねることができる。生産に特化する企業や販売に特化する企業が存在する一方で，生産から販売まで手掛ける企業が存在する。ファイナンスや人材派遣，広告やPRに特化した企業もある。業務内容が標準化すれば，企業の競争は標準化した業務内容を上回る効率性の追求である。それは，経営管理技術の優劣となる。

経営管理技術の差別化は，企業に固有の制度や仕組みとなり，企業文化などを形成する。差別化した業務はマニュアル化され，従業員の誰もが担当できるように組織内で標準化される。AI や IoT（Internet of Things）などの新たな技術が登場すれば，効率性の追求とニーズを探索する道具として積極的に利用され，組織の効率性を高める仕組みとなる。

しかし，優れた経営管理技術も模倣され，組織拡大と効率性を巡る企業間競争は，超過供給を誘導する。企業組織は，従業員をはじめとして多くの生産要素が結合しており，その所得確保のために増産せざるを得ない。超過供給下の増産はさらなる価格低下に導き，１人当たり所得の増加が限界に達する。企業は，このような負の連鎖に陥らないように PR 手法や広告・宣伝手法を工夫し，ブランドを構築しようとする。商品に追加機能の付与や維持費の節約，あるいは能力の向上を謳う。コスト管理も厳格になるが，ビジネスの基本設計に変更がなければ，新たな問題の解決にはならない。類似の商品が溢れ，経営者の役割が重視されるが，人々の豊かさにはつながらない。

ビジネスデザインの矛盾は，利益が増加し，組織が拡大する成長過程では認識できない。組織内外に広告や宣伝，営業に関わる人材が増え，販売費および一般管理費の負担が増加し始める。組織内のルールが増え，意思決定は複雑化し，組織の経営管理コストを増加させる。企業組織の膨張は，本質的な機能を伴わないバブル的成長になり，市場の取引コストを相対的に低下させる。

企業組織の成長は，問題解決が進展している状況であるが，追加的組織の拡大が問題解決に貢献しなくなるとき，組織の成長は止めなければならない。社会は，解決が待たれる新たな問題を発見し，新規事業を起こす起業家を待望する。既存の財・サービスが十分に供給されているため，所得に占める消費の割合は低下する。個々人の貯蓄は増加するが，消費の減少が既存産業への投資を減少させ，貨幣形態で保有される貯蓄は投資需要と結びつかなくなる。その結果，行き場を失った貨幣が株式や不動産に流れ込み，資産価格の上昇に導く。財・サービスの価格低下と資産価格の上昇，そして，これらと表裏一体の利子率の低下は，副産物として格差の拡大をもたらす。資産価値は利子率の低下で上昇するため，資産の所有者の財産価値を高める。一方，資産を所有しない労働者は，超過供給に基づく商品価格の低迷で賃金上昇を抑制される。

資産価格の上昇と利子率の低下，そして賃金水準の低下傾向は，新たなニーズを発見するまで続く。新たなビジネスデザインを描き，これを実現する起業家の登場で，飽和状態の事業に投入されていた生産要素が，所得の増加機会をもつ新しい事業に移動する。

イノベーションは，魅力的な商品を生み出し，創業起業家に起業家利潤をもたらす。この利潤は所得格差の原因となるが，新たな所得機会の創出が格差の是正に導く。模倣者の投資活動が貨幣資本を需要し，利子率を上昇させ，資産価格の上昇を抑制する。また，既存事業から新規事業に労働者が移動することで，労働力の過剰供給がなくなり，賃金を上昇させることになる。利子率が低下し，賃金が上昇しない状況は，新たな起業家の誕生を待つ状態であり，新規事業に機会を提供している。イノベーションが新たな産業となれば，すべての生産要素の価格を上昇させ，格差是正に結びつく。

4－2　知識の開発と起業

新しいビジネスデザインの起業は，市場形成の出発点であり，模倣起業家の増加とともに市場が成長する。市場の成長は，商品知識の標準化を巡る競争であり，競争ルールとしての規制をもたらす。それは市場の秩序のみならず，企業組織の秩序も形成する。秩序は人間関係の約束事であり，業界のルールや慣習，業会団体などを形成し，これを守れない企業は，市場に参入できなくなる。企業の秩序は市場の秩序と同期化することになる。

新たなビジネスデザインに基づく起業は，新秩序の萌芽であり，市場化により類似の知識と経験を有する人間の秩序が形成される。しかし，市場の秩序は，異なる知識と経験をもつ新規のビジネスデザインを阻むことになる。歴史のある産業は，確固たる秩序をもつがゆえに，参入規制が厳しく，起業が難しい。

それでも，技術の進歩により，起業コストは低下し続けている。3Dプリンタやコンピュータによる画像イメージなど，ビジネスデザインを「見える化」する技術が進んでいる。さらに，クラウドファンディングなど，IT利用の金融技術（フィンテック：Fintech）の革命により，起業の資金調達コストは低下傾向にある。

技術進歩が財やサービスに活かされるとき，ビジネスデザインの基礎をなす人間関係が変化する。技術進歩に応じた柔軟な人間関係の構築を必要とするが，労働資源は技術変化に即応できず，人間関係の再構築に時間がかかる。経験や勘に頼る仕事の仕方が，IT 等の利用に置き換わるとき，人的資源の新旧交代が生じ，人間関係に軋轢が生じる。新しい技術上の知識と既存の知識に依存する経営諸機能を紡ぎ，新旧知識を融合することで革新的なビジネスデザインを構築することが必要になる。

各事業領域では技術進歩のスピードが加速する中で研究開発費を増加させねばならない。過去の知識に新たな知識を上書きする知識の深化は，既存のビジネスデザインを修正する。新たな知を探索する研究は，新たなビジネスデザインのシーズとなる。いずれの知識も，ビジネスデザインに取り込まれなければ豊かさには貢献しない。研究者が一つの組織に集合することでシナジー効果を持つ場合には，知識は組織によって担われる。研究開発費は特定の企業組織の負担となり，研究開発がビジネスデザインのコアとなる。研究者個々人の情報交換が企業の境界をコストレスに越えるなら，特定の企業による開発は必要ない。知識の探索と結合は資本の制約を受けず，自由にビジネスをデザインできる。

しかし，研究者の報酬が確保できなければ，研究活動は行われず，その成果は存在しない。たとえ，ビジネスデザインに適した知的成果を見つけたとしても，これを調達する価値の発見は難しい。つまり，知財の売買契約を個々に締結する取引コストは高い。そのような場合，研究開発は組織内に取り込むことが必要になる。巨額の投資が必要な研究開発型のビジネスデザインは，市場取引より低コストと判断した結果である。

大学や公的研究機関の成果は，研究開発に関する選択肢を広げている。大学と中小企業が連携することで大規模組織と同じ効率性を手に入れることができる。国家は，起業コストを低下させる制度設計に取り組まねばならない。製品の商品化を支援するプラットフォームビジネスも始まった。マーケットの情報を反映しつつアイデアや製品の商品化を支援することで，起業コストを低下させる。

5　おわりに

探索した知識や深化した知識を束ねることで新たなビジネスデザインが構築される。この役割は，技術者や研究者ではなく，起業家の役割である。ビジネスデザインの基本設計を変える起業は，新しい人間関係の構築である。その成功のカギは，新しい知識と古い知識の融合であり，多くの人々に受け入れられる必要がある。

知識の探索により潜在的なニーズを発見し，独創的なビジネスデザインを起業した活動の成果は起業家利潤となる。それは，株主の私有財産を増加させるとともに，新たな仕事を創出して所得の機会を広げ，社会の資本を増加させる。しかし，5W2H の同時均衡となるような独創的モデルの構築は難しい。現在の経済学や経営学の科学的手続きは，特定の問題に関する原因と結果に着目して，多くの共通事例と再現性により仮説を検証する。科学的検証のために，サンプル数を増やす研究は，平均的企業の特性を示す。しかし，優れた独創的ビジネスは，多数の関係を同時に満たす特異な事例であり，統計的には外れ値である。それゆえ，多くのデータを集め，そこから法則性を引き出そうとしても，ビジネスデザインを科学することは難しい。

たとえ，科学的に検証されたとしても，視野の狭いビジネスデザインは，時間と空間にマッチしなくなる。同時均衡には複眼的思考が求められる。しかも，目の前の仕事のみに専念するのではなく，将来を見据えて，多岐にわたる異なる仕事に目を向けねばならない。かつては，馬車が鉄道や自動車に，箒や塵取りが掃除機に代わり，たらいと洗濯板が洗濯機に変わった。CD とインターネット配信，鉄と炭素繊維など，起業家の活動が既存の秩序を破壊し，新たな市場価格を成立させる。世界のどこかで発見された知識や技術を，世界の誰かが商品化し，世界の豊かさに繋げる。

この豊かさを評価するのは，技術者や起業家ではなく，豊かさを享受する人々である。彼ら／彼女らは，所得の制約の中で豊かさに優先順位をつけ，市場価格を成立させる。現在の優先順位は消費者が評価し，商品価格を決定する。将来の優先順位は，未来の消費者行動を予想する株主が評価し，企業価値を決定する。ライフサイクルの短い商品は，ビジネスデザインの陳腐化が早く，常に新しいビジネスデザインを構築しなければ，企業価値が維持できない。他方，長寿商品は，ビジネスデザインの基本設計を変えることなく企業の価値を支えることになる。したがって，時間にわたる豊かさは，現在および将来の商品価格を予想する企業価値として評価される。

豊かさは，市場の価格メカニズムにより評価されるが，市場は自動的に成立するわけではない。起業家が新たなビジネスデザインを提案したときに誕生し，模倣者の参入により市場の厚みを増していく。参入者の多いビジネスデザインは，豊かさへの貢献度が高い証であり，希少資源の優先的使用権を得る。新しいビジネスデザインが提案されるたびに市場が生まれ，社会の豊かさに応じて資源が結合する。その貢献度は多様であるが，新市場の誕生は常に質の異なる豊かさを生み出す。独創的な設計図を描けば，新たな職業を生み出し，仕事の種類が増え，人々の新たな関係性と新たな豊かさを提供する。

ビジネスデザインは，こうした人と人との関係性，すなわち，知識と経験を紡ぐ分業の取引手法や取引関係を示し，人々の仕事をつなぎ合わせる設計図である。企業が単一の個人であれば，他の企業あるいは他人との関係を示す。組織化した企業であれば，企業内部の人間関係と企業外部の人間関係を描写する。企業組織の拡大で利潤を稼得できるのであれば，人間関係の管理に意義が見いだせる。

人間は，人と人との関係性の中で豊かさを感じる。孤立した世界では生命の維持が優先され，豊かさを認識できない。豊かさの追求とは，社会における人間関係の研究である。

【注】

1）現在のパナソニック株式会社の創業者。

2）「日経新聞」2016. 3月1日。

3）武石彰・青島矢一・軽部大（2012）は，23のイノベーションの事例を分析している。

4）AIは囲碁の世界で人間の能力を凌駕しつつあるが，コミュニケーション能力を含め，その技術は飛躍的に進歩している。受付業務や通訳・翻訳業務，さらには小説の執筆活動までも可能になっている。また，レシピがあれば，一流レストランの調理師と同じ味を作ることができる。

5）道路や港，空港，上下水道などの公共財も，人々を豊かにする利潤追求の手段である。

6）奴隷に依存した社会は技術進歩に取り残される。アメリカの南北戦争は新しい社会デザインへの変更である。

7）マーケティングでは，ニーズ（needs）とウォンツ（wants）とデマンド（demand）を区別している。

8）起業家については，Hebert R. and A. Link（1982）および池本正純（2004）が参考になる。ここでは，「企業家」とせずに，「起業家」として論じるが，両者を特に区別しているわけではない。

9）イノベーションに関する研究は数多く出版されているが，その先駆的な研究はSchumpeter, J. A.（1926）である。現在に至るまで，イノベーションの基本的な定義は，Schumpeterに依拠したものが多い。

10）正常利潤である資本コストを稼ぐことができなければ企業は存続できない。

11）周知のことだが，パソコンのキーボードの並びは，効率的な指の動きからすれば適していない。タイプライター時代の機械的制約が人々の指の動きを習慣化してしまった。機能的に優れたキーボードを作っても，これを普及させることができなければ価値がない。

12）模倣困難なデファクト・スタンダードとなる商品は強い。

13）カーズナーの起業家機能である。

14）技術的問題を克服する起業家は多いが，起業家の役割は技術者と区別される。

15）株主は有限責任であるため，事業の継続による損失は，経営者や従業員，取引先企業等に転嫁できる。

16）起業家利潤は，株主を説得する起業家の報酬ではなく，起業家に私有財産を託す資本家の報酬である。一般に，創業時の起業家は株主でもあるため，起業家利潤は同一の人格に帰属する。

17) 資本調達は，内部留保，借入，新株発行という順位で行われるという実証結果に基づく理論（ペッキングオーダー理論と呼ばれる）がある。内部留保が優先されるのは，既存株主がリスクを最初に負担することを意味する。

18) リアルオプションは，様々な状況の選択肢を考慮した投資評価モデルである。

19) 市場取引は，業務内容が特殊であれば取引コストが高い。事業者数が少なく，特殊な業務を託せる信頼できる企業を探し出し，契約のための交渉を行い，そして業務が契約通り遂行されているか否かを監視するコストは高くなる。そのため，起業家は，他企業との分業を諦め，非効率であるが，自らの能力により多彩な業務をこなさざるを得ない。

参考文献

池本正純（2004）『企業家とはなにか：市場経済と企業家機能』八千代出版。

亀川雅人（2015）『ガバナンスと利潤の経済学―利潤至上主義とは何か―』創成社。

武石彰・青島矢一・軽部大（2012）『イノベーションの理由―資源動員の創造的正当化―』有斐閣。

東大EMP　横山禎徳編（2012）『課題設定の思考力』東京大学出版会。

東大EMP　横山禎徳編（2014）『デザインする思考力』東京大学出版会。

Coase, Ronald H.（1937）“The Nature of the Firm.” *Economica*, N. S., 4(16), repr.（1988）*The Firm, the Market, and the Law*, The University of Chicago.（宮沢健一／後藤晃／藤垣芳文訳『企業・市場・法』東洋経済新報社，1992年）

Hebert, R. and A. Link（1982）*The Entrepreneur : Mainstream Views and Radical Critiques*, New York : Praeger.（池本正純・宮本光晴訳『企業者論の系譜』ホルト・サウンダース，1984年）

Kirzner, I. M.（1973）*Competition and Entrepreneurship*, the University of Chicago Press.（田島義博監訳『競争と企業家精神―ベンチャーの経済理論』千倉書房，1985年）

Schumpeter, Joseph A.（1926）*Theorie Der Wirtschaftlichen Entwicklung*, 2. Aufl., München.（塩野谷祐一・中山伊知郎・東畑清一訳『経済発展の理論：企業者利潤・資本・信用・利子および景気の回転に関する一研究』上・下，岩波文庫，1977年）

第1部

ビジネスデザインの実践

第1章
ビジネスをデザインする
—事業機会の発見と構想—

山中伸彦

1　はじめに

「ビジネスデザイン」とは字義通りに理解すれば，「ビジネス」を「デザイン」するということである。これはすなわち，事業を構想する，あるいはビジネスモデルを描く（デザイン）するということであると考えることができよう。しかしながら，「ビジネスデザイン」とは単に事業を構想するということに留まらず，「新たな」ビジネス，企業や社会にとって「新規の」事業を構想し，実現するということを含意している。構想された事業が既に展開されている既存の事業の模倣にすぎないのであれば，そうした模倣事業は後発として既存の競争を激化させるだけである。こうした事業は失敗の危険は少ないかもしれないが，実現できる利益は決して大きくないうえ，そうした利益も競争の中でいずれ雲散霧消してしまう。

したがって，ここにいう「ビジネスデザイン」とは，既存事業の模倣にとどまらない，今日の日本や世界にとって新たな市場の創造につながるような，その意味で創造的な新たな事業の構想と実現を志向する挑戦的な取り組みなのである。

さて，新たな創造的事業を構想する「ビジネスデザイン」は我が国を含む先進諸国の企業にとって重要な経営課題となっていると考えられる。その背景には現代の企業が，岩井が指摘するところの「ポスト産業資本主義」的状況にまさに置かれているということが指摘されるであろう（岩井，1992，58）。

そもそも，資本主義とはどのような経済システムなのだろうか。岩井によれば，資本主義とは「資本の無限の増殖をその目的とし，利潤の絶えざる獲得を追求していく経済機構」（岩井，1992，67）である。従って，利潤がいかにして，どのように生み出されるのかという点が資本主義の具体的な特質の理解にとっては重要となる。

利潤は「価値体系と価値体系とのあいだにある差異」からもたらされる（岩井，1992，58）。このような理解に立てば，これまでの経済史において様々に存在した資本主義は，利潤を生みだす具体的な経済活動とそのメカニズムにおいて違いはあるものの，いずれも利潤が差異から生じるという基本原理に違いはない。すなわち，「商業資本主義とは，地域的に離れたふたつの共同体のあいだの価値体系の差異を媒介して利潤を生みだす方法」であり，「産業資本主義とは，生産手段を独占している資本家が，労働力の価値と労働の生産物の価値とのあいだの差異を媒介して利潤を生みだす経済機構」である（岩井，1992，58）。

では，今日の我が国企業を取り巻く「ポスト産業資本主義」的状況において利潤はどのような差異からもたらされるのであろうか。経済がグローバル化し，いまや世界全体が一つの市場となりつつある。グローバル化の進展が局所的な価値体系の差異を完全に消失させてしまうことはないであろうが，かつての商業資本主義において利潤をもたらした遠隔地貿易のような方法は機能しえないであろう。また，先進諸国が実現した豊かな社会はそうした国々における賃金を上昇させ，労働費用という点では新興国に対して競争力を失っている。

すなわち，岩井が指摘するように「もはや搾取すべき遠隔地も労働者階級も失いつつある資本主義にとって，残された道はただひとつ一内在的に差異を創造するよりほかはない」（岩井，1992，79）のである。

ポスト産業資本主義においてはその価値体系の内部から，内在的に差異を創造していくことによってはじめて利潤を獲得することができる。こうした内在的な差異の創造を実現する方法こそいわゆる「革新」に他ならない。「新技術や新製品のたえざる開発によって未来の価格体系を先取りすることのできた革新的企業がそれと現在の市場で成立している価格体系との差異を媒介して利潤を生み出し続け」ることが可能となるのである（岩井，1992，58）。

しかしながら，商業資本主義，産業資本主義の場合と同様，「差異の搾取はここでも差異を解消する」こととなる。すなわちある企業の革新の成功による価値ある差異の実現は，同様の価値を実現しようとする他の企業の積極的な模倣を促し，その結果差異は早晩消失することとなろう。「このような模倣の波及過程の中で，差異は次第に失われ，革新はもはや革新的ではなくなり，利潤は霧散する。それゆえ，企業は新たな利潤の機会を求め，新たな差異の創造，新たな革新への競争を絶えず続けていかなければならない」のである（岩井，1992，80）。

「ビジネスデザイン」とは新たな価値を創造する事業の構想と実現であるが，これは企業による現状の積極的な否定と変革を志向する再帰的な「価値の創造」活動であり，「未来の価格体系の先取り」である。それゆえ，ポスト産業資本主義的状況にある今日の我が国企業にとって，「ビジネスデザイン」に果敢に挑むことが重要な経営課題となると考えられる。あるいは「ビジネスデザイン」は今日の資本主義の本質的要請によるものに他ならないと考えることもできよう。

本章では，こうした「ビジネスデザイン」をいかに実現するかを考えたい。ビジネスデザインは新たな価値を創造する事業の構想と実現であり，そこには知的営為としての構想と試行錯誤を伴う実践が含まれている。実際のビジネスデザインにおいては，構想が実践を導くとともに実践のなかで新たな構想が促されるであろう。とはいえ，本章ではまずは実践の起点を形成する知的営為としてのビジネスデザインを中心に，これがどのような活動であるのか，そこにどのような課題が存在するのかを検討し，具体的にいかにビジネスをデザインするか，構想をいかに組み立てるかを考えてみたい。

2　営利追求と事業機会

ビジネスデザインは新たな価値を創造する事業の構想であると理解できるが，いかなる事業も，その実現にあたってまず重要となるのは事業機会の発見であろう。

企業が行う事業活動は，一般的には利潤の追求，すなわち営利を目的とするものと理解される。たとえば企業は「資本主義的体制のもとで，営利的目的をもって財・サービスの生産活動に従事し，営利的商品生産を行う組織体」として定義される（金森・荒・森口，1986，115)。こうした企業の定義によれば，事業機会とは営利機会に他ならない。

したがって，これが短絡的に理解される場合には，その時点において「儲かっている」事業や「売れている製品やサービスの提供」が事業機会として選択されることとなろう。もちろん，これ自体は誤りではないし，企業家としての一つの選択ではある。

しかしながら，ここにおいて見出された事業機会はいわば模倣の機会である。すなわちすでに実現された「差異」の模倣であり，未来の価値の先取り，いまだ実現されていない価値の具体化ではない。それゆえ，こうした模倣に基づく事業機会の選択は短期的には営利を実現し得るかもしれないが，自らそれに加担する競争の激化のために，早晩獲得し得る利潤は低減し消失の憂き目にあうこととなる。

事業機会は企業にとって営利機会に他ならない。しかしながら，こうした営利がいかにして実現されるのかについて十分考えることのないまま営利機会を探索することは，常に具体的な活動とその結果との転倒に陥る。

私たちの社会は市場経済である。市場経済において企業の営利は交換を通じて実現される。すなわち，事業活動による営利は自己ではない他者による消費行為を通じて初めて実現される。営利の実現は，他者との交換，他者の消費行為を媒介として可能となるものなのである。

しかもこうした他者との交換，他者による消費が行われるかどうかは，常に不確実である。なぜなら市場経済においては，人々はみな自由意思に基づいて，交換や消費を行うからである。事業活動が他者を交換に誘うものであるとき，事業の生産物が人びとをして消費行為を意欲させるものであるときにおいてのみ，営利が実現され得るのである。営利は他者との交換，他者の消費行為という常に不確実な偶然的要因に依存している。このように考えるならば，営利はこうした不確実性に挑戦し，他者に働きかけ，交換へと誘い，消費を意欲させるに足る生産物を供給するという具体的な活動の結果なのである。

こうした点を理解しないままいたずらに営利機会を探索しようとすれば，不確実性の存在に逡巡し立ち竦むか，目前の営利機会に奔走し，結局は模倣に終始することになろう。市場経済において営利は常に不確実な他者との交換，他者の消費行為を媒介して可能となるとすれば，営利を追求する企業はそうした他者の必要を充足し，満足をもたらすこと，他者にとっての効用や価値を創出することを何よりも目的としなければならない。人々が必要とするもの，人々のより良い暮らしを可能にし幸福を実現するもの，人々にとって価値あるものの生産を目的とすることによらなければ営利は実現し得ない。いわば，他者に対する「愛の精神」に基づき，それゆえに不確実性に果敢に挑む「情熱」を持ち得た企業者に対してのみ営利機会は開かれる（亀川，2006，vi）。シュムペーターは経済発展をもたらす「新結合」の実現は企業者の「洞察」にかかっていると指摘した（シュムペーター，1926，邦訳 1977，224）。シュムペーターの言葉を借りれば，社会や人々に対する愛ある「洞察」によってはじめて営利につながる事業機会は見出されるのだといえよう。

ビジネスデザインとは，社会や人々にとって新たな価値を創出する事業の構想である。新たな価値の創造は模倣によっては実現し得ない。「愛の精神」に導かれた洞察を通じて社会や人々の暮らしにおいていまだ満たされていない欲求や解決されていない問題，それまで顧みられることのなかった不満や放置された非効率を発見し，それら未充足，未解決の潜在的課題に対して「解」をもたらす事業の構想こそ，今日求められるビジネスデザインなのである。

3　新製品開発プロセスの主要モデルとその限界

3－1　技術プッシュモデル

社会や人々の暮らしに対する洞察から未充足，未解決の課題を発見することが新たなビジネスデザインの機会となる。では具体的にこうした課題の発見はどのようにして可能となるだろうか。どのような「洞察」によってこうした課題は見出されるのだろうか。この点を考えるうえで，新製品や新サービスの開発及び事業化に関する従来のモデルとその限界についての議論が手掛かりになる。

新たな製品やサービスの開発と事業化のプロセスに関する従来の主要なモデルとして，いわゆる「技術プッシュ」と「需要プル」が挙げられる（石井，1993；藤本，2001）。「技術プッシュ」モデルとは，技術的な特許や技術的な知識など，何らかの具体的な技術的「シーズ」を起点として，そうした技術的シーズを適用しうる市場のニーズを探索し，新製品や新サービスを開発，事業化するといったプロセスである。一方，「需要プル」モデルとは，消費者に対するニーズ調査などから消費者のニーズを把握し，そうした明確なニーズを適切に充足しうる製品やサービスを開発，事業化するというプロセスである。

技術的シーズを起点とするか，あるいは消費者のニーズを起点とするかの違いはあるものの，これらはいずれも新製品や新サービスの開発に「論理実証主義」的思考プロセス（石井，1993，83）あるいは合理的な「分析的プロセス」（レスター＆ピオーリ，2004，邦訳 2006，8）によってアプローチしようとするという点で共通している。例えば，技術プッシュのプロセスにおいては，製品やサービスの価値はそれらが基礎としている技術的特性や機能あるいは性能から確定的に把握されるものであり，それらは論理的に分析を通じて消費者のニーズへと変換可能であるということが前提されている。また需要プルモデルにおいては，消費者は明確な欲望を持ち，それに基づいて商品を選択し消費を行うのであり，それゆえ消費者ニーズは調査を通じて分析的に把握可能であるということが仮定されているのである。

技術プッシュにせよ需要プルにせよ，こうした論理的で分析的なプロセスは，開発プロセスを短縮しできるだけ速やかに新製品や新サービスを市場に投入しようとする場合や製品の技術的特性や機能向上を目指して開発を進める場合，消費者の欲望やニーズを明確に定義できその存在に確信が持てるような場合には効果的なアプローチである。問題は，今日こうしたアプローチの有効性を疑わせるような事態も生じているということである。

家電製品を考えてみよう。家電メーカー各社は冷蔵庫や電子レンジなど定期的に新製品を投入している。いずれも新たな機能を追加したり，形状を変化させたり，新たな色彩を取り入れたりと多種多様である。しかしながら，ここで次のように問うことも可能だろう。そうした機能の追加，形状の変化や色彩は果たして本当に消費者の喜びや楽しさをもたらすものであるのだろうか。

冷蔵庫や電子レンジ，洗濯機などの家電は耐久消費財であるが，消費動向調査からその普及率をみると，2004年時点で冷蔵庫は98.4%，電子レンジは96.5%，洗濯機に至っては99.0%に上っている。これらの家電製品については，市場はまさに飽和状態にある。こうしたなかでメーカー各社は何とかして他社製品と差別化し，「差異」を実現すべく努力を重ねているといえよう。

ではこうした「差異」は果たして人々の消費行為に繋がっているのだろうか。2016年3月時点の消費動向調査の結果によれば，「上位品目」への買い替えは冷蔵庫で14.7%，洗濯機で7.9%に過ぎず，大半は「故障」による買い替えである。すなわち，家電の機能の追加や向上，形状変化といった「差異」は消費者にとって購入を促す新たな価値とは理解されていないということであろう。機能の追加や形状の変化が直接的に消費者にとっての価値を増進させるとは必ずしも言えないのである。

クリステンセンの「破壊的イノベーション」の議論はこの点をより先鋭的に示している。持続的なイノベーションを通じて機能向上が実現され，それが顧客の求める性能レベルを超えると顧客はそうした機能向上に対して追加的な価格を支払おうとはしなくなる。そうした「性能の供給過剰」は顧客の製品選択の基準を変化させ，「競争地盤」を変え，「破壊的イノベーション」が既存市場を侵食し始めるのである（クリステンセン，1997，邦訳 2000，225）。

機能の追加や性能の向上が消費者にとって追加的な価格を支払ってもよいと感じるような新たな価値を創出するわけではないとすれば，新たな機能追加や性能向上を目指してイノベーションを重ね新たな製品やサービスを投入するという技術プッシュのアプローチは奏功しない。

より根本的に問うならば，そもそも製品やサービスの顧客にとっての価値をその技術的特性や製品機能に基づいて客観的に定義したり，把握したりできるのかという点が問題となる（石井，1993）。有名な3Mのポストイット開発のエピソードは，顧客にとっての製品の価値を技術的な特性や性能から定義することはできないし，そもそも開発担当者にとってもある技術的特性や性能が顧客にとってどのような価値をもたらすのかを最初から理解したり予測したりすることは難しいということを示している（野中・清澤，1987）。

1968年，3M中央研究所の研究員であったスペンサー・シルバーはより強力な接着剤の開発に取り組んでいたが，その過程で生まれたのは「良く接着できるが，簡単に剥がれる」接着剤であった。当初の開発意図からすれば完全に失敗であるこの接着剤の用途や製品としての価値をシルバーは見出すことができなかったがその可能性にも期待していた。数年を経て，教会の聖歌隊として讃美歌集に挟んだ紙片が歌う際に落ちてしまうことに不満を感じていた化学エンジニアのアート・フライは，この接着剤が自分の不満を解消する製品，貼ってもすぐに剥がせる栞の開発に利用できることに気づき，さらにこれが栞に留まらず「貼って剥がせるメモ用紙」として活用できることを発見したのである。

しかしながら，この「貼って剥がせるメモ用紙」がだれにとって，どのような価値を持つのか，どのような使い方をされるのかという点は十分明らかではなかった。市場調査の結果もすべて否定的であった。そこでフライは，3M社内にこのメモ用紙の試作品を配布し，実際に使用してもらい，必要であれば再度配布するという方法でどのような人々がこれをどのように利用するのか，知ろうとした。その結果，3M社内の秘書によってこの新たなメモ用紙がコミュニケーションツールとして活用できることが見出され，市場機会として有望であることが発見されたのである。

その後のテストマーケティングの結果は思わしくなかったものの，全米の

Fortune 500各社の秘書にサンプルを配布するという取り組みが功を奏し，新しいメモ用紙への注文は殺到した。こうしてこの新しいメモ用紙は「ポストイットノート」として販売されることになったのである[1]。

3Mによるポストイットの開発の事例は，技術革新から得られた新たな製品が顧客にとってどのような価値を有するのか，どのような意味を持つのか，は顧客が実際にそれを使用してみることによって，そうした使用経験によって見出されるものであることを示している。その製品がどのような人々にどのような価値をもたらすのかを端的に表現したものを製品コンセプトというとすれば，製品コンセプトはその製品が備えるある技術的特性や機能から一義的に定義されるものではなくむしろ「多義的」であり，消費者がそうした製品をどう理解するか，どのように使用し，どのような価値を見出すのかということによってもその製品のコンセプトは形づくられるのだといえよう（石井，1993，23)。

製品やサービスが備える技術的特性や機能は，消費者が実際にそれに接し，それらを理解し，使用することを通じて，当初の特性や機能に限定されない意味を帯びるようになる。研究開発やマーケティングなどの企業活動と消費者の実際の消費行為，使用経験との相互作用の中で製品やサービスのコンセプトは構成されるのである。このような状況では単線的な技術プッシュの開発モデルは有効ではない。

3－2　需要プルモデル

一方，需要プルモデルは消費者には明確なニーズが存在し，消費者はそうしたニーズに基づいて消費行動を行うということが前提されており，さらにそうした消費者のニーズは調査や分析を通じて定義したり，把握したりすることができると期待されている。もちろん期待通り確信をもって消費者ニーズを把握できることもあろう。しかしながら，消費者ニーズを把握したり読み取ったりといったことは懸命にそれに取り組んでいる企業であってもしばしば困難である。

例えば2015年の第28回日経企業イメージ調査の結果によれば，「ユニクロ」を経営するファーストリテイリングはニトリに次いで「顧客ニーズへの対応に熱心」な企業として評価されている。ところがその一方で2014年，2015年に行われた値上げは顧客離れをもたらし，その対応から2016年2月に再度値下げしたところ，自社の他ブランド「GU」と価格面で直接競合することとなり，自社ブランド同士が顧客を争う事態となっていると報じられている[2)]。顧客志向が評価されているファーストリテイリングのような企業であっても，顧客のニーズあるいは顧客が何を価値だと認識しているのかを把握することは極めて難しいということであろう。

消費者ニーズの把握に際して調査票を用いた，いわゆるアンケート調査を実施してそのニーズを明らかにするということがしばしば試みられる。どのような人々に，どのような不満や欲望があるのかを把握し，そこから具体的な製品やサービスの開発につながるニーズを把握しようとする場合にこれは大変合理的で有効な方法であるように思われる。しかしながら，こうしたニーズ調査には根本的な問題が付きまとう。

アンケート調査では消費者は調査票の設問に対し，設定された回答の選択肢の中からどれか一つあるいは複数を選択して回答するといった形式がしばしば用いられる。ここで期待されているのはこうして消費者によって選択された項目がその消費者の欲望や不満を適切に表現しているということである。ところが，2つの制約によってこうした期待は裏切られる。

第一に，消費者の回答は与えられた選択肢の中からしか選択できないために，そこから把握できる消費者の欲望や不満は選択肢の範囲に制約されてしまうということである。自己の欲望や不満をより適切に表現する選択肢がなくとも消費者はどれかを選択するであろう。そこから把握される消費者のニーズは「もっともよくあてはまるもの」であるかもしれないが，選択肢の設計によっては全く的外れなものとなる。

もちろん，完全に反映していなくとも実際の消費者の欲望や不満に近似していれば十分であるかもしれない。しかしながら，ここで把握されるのは実際の消費者の欲望や不満との近似ではなく，調査者の仮説や想定あるいは願望との近似に過ぎない。これが第二の制約に他ならない。消費者に与えられる選択肢は，調査担当者によって設定されたものであるが，そうした選択肢設定の基礎には調査者による消費者の欲望や不満についての一定の仮説や想定が存在する。従って，こうした調査から得られる結果は，調査者の事前の仮説や想定にそもそも制約されてしまうのである。調査者の予想や想定を超えるニーズはこうした調査から発見することは難しい。

需要プルのアプローチでは，消費者は明確なニーズを持ち，これに自覚的であることが仮定されている。つまり，消費者は自分が何を欲しているのか，いかなる不満を持っているのかを十分に理解しているということが前提とされているのである。しかしながら，そもそもこうした前提は成り立つのであろうか。私たちは自己が欲するもの，必要とするもの，不満と感じているものを本当に知っているのだろうか。

先の３Ｍのポストイットの事例をもう一度考えてみよう。ポストイットの試作品を配布された秘書たちは，従来の社内コミュニケーションに対して不満を感じていたのだろうか。どこにでも貼れて，気軽に剥がせるメモ用紙があったらいいのに，という欲求を持っていたのだろうか。おそらくそうではないだろう。貼って剥がせるメモ用紙を手にし，実際に使用したことによって，見過ごされていた社内コミュニケーションの課題は不満として自覚され，この便利なツールに対するニーズが意識されるようになったと考えられないだろうか。

今日の若者世代や団塊ジュニア世代はバブル世代と対照的に物欲が少なく，消費意欲に乏しいという指摘がなされる。「ミニマリスト」と呼ばれるできるだけモノを所有せずシンプルに暮らしていこうという生活スタイルは，大量消費社会に対する反動として理解することもできるし，長期不況に伴う雇用状況の悪化と勤労世帯の所得の低下を反映していると理解することもできる。しかし，こうした「ミニマリスト」と称される人々が消費意欲を一切持っていないかというとそうではない。むしろ自分の理想や価値観に適うものを積極的に探索し，価格にこだわらず購入しようとする。すなわち自己の暮らしに対する強い拘りや自分の生の在り方に対する意識が，ミニマリストに極めて選択的な消費行動を促していると考えられるのである。こうした人々のニーズを一般的な言葉で選択肢として表現しようとしても困難であろう。その結果，従来のニーズ調査の選択肢からは漏れてしまうかもしれない。

本当に新しい製品や新しいサービスの開発においては，消費者に対するニーズ調査は必ずしも役に立たない。いまだ存在しない製品やサービスに対するニーズを自覚したり，回答したりすることはそもそも困難なのである。このように考えるならば，消費者の明確なニーズの存在を仮定し，それを論理的・分析的に把握することでそのニーズを適切に充足する製品やサービスが開発できるとする需要プルのモデルにも限界があると考えられるのである。

4　社会生活に対する洞察と事業機会の発見

新たな製品やサービスの開発・事業化という課題に対して，技術的特性や製品機能を起点とする技術プッシュモデルにも消費者ニーズ分析を起点とする需要プルモデルにも一定の限界があるとすれば，どのような開発モデルが有効であるのだろうか。いずれも，技術的特性や機能あるいは消費者ニーズから論理的分析を通じて新たな製品や新サービスの事業機会を演繹できるというモデルの前提が成立しない事態が存在するためにその有効性が揺らいでいる。したがって，これらに代わるモデルはこれらとは異なる前提に立つものである必要があろう。

技術プッシュモデルおよび需要プルモデルは「論理実証型スタイル」（石井，1993，82）あるいは「分析的取り組み」（レスター＆ピオーリ，2004，邦訳 2006，8）であるのに対し，これらと異なる前提に立つモデルは「意味構成・了解型スタイル」（石井，1993，82）あるいは「解釈的取り組み」（レスター＆ピオーリ，2004，邦訳 2006，8）として理解されるものである。もちろん，意味構成・了解型あるいは解釈的取り組みによって技術プッシュや需要プルの分析的取り組みが完全に代替されてしまうわけではない。しかしながら，解釈的取り組みは「結果がはっきりわからないとき」，「結果を創造し，属性を決定しなければならないときに」有効である（レスター＆ピオーリ，2004，邦訳 2006，8）。新結合を成し遂げる企業者の「洞察」とは「事態がまだ確立されていない瞬間においてすら，その後明らかとなるような仕方で事態を見通す能力」（シュムペーター，1926，邦訳 1977，224）であるが，新たな製品やサービスの開発，新たな事業機会の発見につながる洞察を得るうえでは意味構成・了解型の解釈的取り組みが重要となろう。

意味構成・了解型スタイルあるいは解釈的取り組みの開発モデルでは，消費者のニーズや製品の価値や意味をニーズ調査や技術的特性や機能から一義的に確定できるものとは考えない。むしろ消費者のニーズや製品の価値や意味は，消費者の具体的な社会生活と開発やマーケティングなど一連の企業活動との複雑な相互作用のなかで形作られるものと考えられる。それゆえ，そうした相互作用のなかで消費者の欲望，ニーズ，製品の価値や意味がいかに構成され，具体的な形をとるのか，解釈を通じて理解していく必要がある。

したがって，こうしたモデルに基づけば，新製品や新サービスの事業機会を発見するには，技術的特性や製品の機能が人々の社会生活の中でどのように活用され，どのような便益や効用をもたらすのか，人々にとっていかなる意味を有するのか，人々のどのような課題を解決するのかといった技術の社会的文脈を検討することが必要である。

さらにこうした技術の社会的文脈を読み解き，人々がまだ自覚していないニーズ，曖昧で不明瞭な不満，未解決の潜在的な課題を発見するためには人々の具体的な生活状況や人々の置かれた具体的な社会的状況に対する深い洞察が不可欠となる。

こうした人々の社会生活に対する深い洞察を可能にする枠組みとして，「共感マップ」が一つの手がかりを提供してくれる（オスターワルダー＆ピニュール，2012）。共感マップは，人々がどのような関心を持ち，何を望んでいるのか，何に対して不満や問題を感じているのかを当の人々の視点に立って，その行動や状況を解釈することで理解しようとするものである[3)]。

共感マップでは，まず人々が何を考え，感じているのかを理解しようとする。具体的な生活状況にある人々がどのようなことに関心を持ち，何を不安に感じ，どのような理想や願望を抱いているのかを解釈しようとする。

さらにそうした人々が何を目にしているのか，すなわちどのような状況に直面しているのか，どのような製品やサービスに接しているのか，周囲にはどのような人々がおり，そうした人々とどう関わり，どのような行動を見ているのかを理解しようとする。

目にするものに加えて，人々が何を聞いているのかについての理解も重要である。どのような情報に触れ，周囲からどのような影響を受けているのか，どのようなことを言われているのか，どのようなメディアの作用を受けているのかといった点について理解しようとするのである。

人々の態度や行動，発言はその人々を理解し，その考えや欲望を解釈する上での重要な情報を提供する。したがって，共感マップにおいてもこれらを理解することはきわめて重要となる。すなわち，人々は具体的な状況においてどのような態度をとり，どう行動し，周囲の人々に対してどのような発言をしているのか，また人々の行動や態度，感情や発言の間に矛盾や食い違いがないか，あるとすればそれはどのようなものか，といった点を理解することが必要となるのである。

人々の関心，生活の中で見聞きする事柄，態度や言動に対する理解から，解釈を経て，人々が何を本当に欲しているのか，本当に必要とするものは何か，いかなる解決策を必要としているのか，人々が何に対して価値を感じ，何を成功や満足として感じるのかを理解することできるし，さらに同様に人々が何に対して不満を感じているのか，どのような障害や阻害要因に直面しているのか，どうしても回避したいリスクや損失とは何かを理解することができるのである。

共感マップを通じた，社会生活や人々の暮らしに対する共感的な理解は未充足の不満や自覚されていない曖昧な欲望，解決されず放置された課題や潜在的な問題を見出すような洞察を可能にすると考えられるし，そうした洞察から，人々や社会に新たな価値を創造する事業機会の発見が可能となると期待されるのである[4)]。

もちろん，共感的理解や解釈を通じて得られた洞察が客観的に妥当するものであるとは必ずしもいえない。深い共感，熟慮を重ねて得られた洞察であっても事業上の不確実性をいささかも減じるわけではない。しかし，企業者が内省的に繰り返す共感や熟慮の過程，社会や人々あるいは顧客を共感的に理解しようと組織内外で重ねられる「対話」（石井，1993；レスター＆ピオーリ，2004，邦訳 2006）の過程を通じて，こうした洞察の主観的な妥当性は高められるであろうし，組織として構成員が相互に了解しうる洞察を得ることはできるかもしれない。こうした洞察は不確実性を減じないであろうが，これに果敢に挑む情熱と事業機会に対する確信を獲得するには必要である。さらにいえば，事業の成功に必要であるのは客観的な妥当性ではなく，しばしばこうした情熱と確信であるように思われる。

5　ビジネスデザインの構成要素

では社会や人々の暮らしに対する共感的理解から見出された新たな価値を創造する事業機会に基づいて，具体的にビジネスをいかにデザインするか，いかに構想を組み立てるかについて考えてみよう。事業活動は専門化された各職能の分業を通じて実現される。専門化することで各職能の生産性やパフォーマンスは格段に向上する。しかしながら，専門化することで事業全体の価値形成プロセスは分断されるため各職能はそれ自体では完結しない。それゆえ，各職能間の相互依存関係を調整し，各職能を首尾一貫した価値形成プロセスへと統合する必要が生じる。

ビジネスデザインは，こうした首尾一貫した価値形成プロセスとしての事業システムをデザインすることに他ならない。したがって，そのデザインにおいては各職能活動をいかに効率的に実現するかのみならず，そうした職能間の適合や補完的関係を形成し，統合的なシステムとして構想することが重要となる。

こうした首尾一貫したシステムとしてのビジネスデザインを進める上で「ビジネスモデルキャンバス」が有効なツールとなろう（オスターワルダー＆ピニュール，2012）。ビジネスモデルキャンバスは，ビジネスモデルを「顧客セグメント」，「価値提案」，「主要活動」，「顧客との関係」，「チャネル」，「経営資源」，「協力関係」，「収益構造」，「コスト構造」という9つの「建築ブロック」から構成されるものとして理解し，それを一覧可能なシートに描くものである。こうしたビジネスモデルキャンバスを用いて，首尾一貫した統合的なシステムとしてビジネスをデザインすることが可能である。

5－1　顧客セグメント，価値提案，主要活動

まず「顧客セグメント」,「価値提案」,「主要活動」について考えよう。これらは，どのような人々に，どのような価値を提供するのか，そのために具体的に何をするのかに関係しており，事業活動の根幹を成す要素である。

「顧客セグメント」は事業がどのような市場を対象とするのかに関わるが，より具体的にはどのような人々の問題を解決しようとするのか，どのような人々に対して価値を創造するのか，もっとも重要な顧客となるのはどのような人々であるのかといった点が問題となる。ここでは，顧客となる人々の自覚されていない不満や欲望，課題を探るために共感マップの活用が効果的であろう。

さらに，事業の対象市場をより明確に定義していくために，共感マップと並行して，PEST 分析などのマクロ環境分析と市場セグメンテーションの基準を活用することで，顧客となる人々に対するより深い洞察が可能となる。PEST 分析は，人々がどのような社会経済的状況におかれているのかについての理解を可能にする。また，性別や年齢，所得や教育水準，世代特性や価値観，ライフスタイルなどの違いに基づいてある特定の人々に焦点を当てることで人々の具体的な生活状況や社会的コンテクストが明確となり，より効果的に共感マップを活用することが可能である。

「価値提案」では顧客となる人々にどのような価値を提供するのか，どのような課題や問題を解決するのか，どのような欲望やニーズを満たすのか，さらにどのような製品あるいはサービスを提供するのかといった点が問題となる。提供する価値としてはある種の技術的な機能からもたらされる便益や使用や消費から得られる楽しさ，喜びといったことがあろう。あるいは直面している課題の解決策や支援の提供ということもあるかもしれない。実際にはどのような価値を提供するのかを問う場合にはほぼ同時に誰に対してということが問われていよう。したがって，ここでも価値提案を具体化していく上で，共感マップを活用することが有効となろう。

事業における価値の提供は，現実には具体的な活動を通じて実現される。したがって，顧客に対して価値を提供するために具体的に活動として何を行うのか,「主要活動」を考えることが必要となる。すなわち，価値提案を実現する

ためにどのような活動を遂行する必要があるのか，顧客の課題を解決するために必要な活動はどのようなものかといった点が問題となる。

企業は社会における財やサービスの生産の機関であるとすれば，製造活動は最も一般的な主要活動として理解できる。しかしながら今日，社会における生産活動は一連のバリューチェーンを形成しており，そこには多種多様な活動が含まれる。したがって，どのような主要活動を担うのかは，そうしたバリューチェーンのどこに自社の事業ドメインを設定するのかという問題でもある。販売やマーケティングに特化したり，ソリューションの提供やコンサルティングといったサービス提供を主要活動として選択することも考えられよう。当然のことながら，主要活動として，どのような活動を行うのかという点は，対象とする顧客セグメントや価値提案の内容と適合していなくてはならない。

5－2　顧客との関係とチャネル

対象とする顧客に対して，どのような手段や媒体，経路を通じて接点を形成し，どのように価値を提供するのかという点が「チャネル」の問題である。チャネルを通じた顧客との接点は一般的に，企業の製品やサービスの認知，提供価値の評価，そうした製品やサービスの購入，購入された製品やサービスの提供，販売後のアフターサービスの提供といった各段階において生じる（オスターワルダー＆ピニュール，2012，27）。

認知から評価，購入にいたる段階はいわば顧客にいかにして到達するかというマーケティングのチャネルであり，具体的にはマス広告やウェブ，口コミや個別営業といったチャネルが考えられよう。さらに提供とアフターサービスの段階は流通あるいは価値提供のチャネルと考えることができる。ここでも具体的には自社店舗，量販店，ウェブ販売や人的販売といったチャネルが検討されることになる。

チャネルを通じて企業は顧客と関係を形成する。関係形成は顧客の新規獲得や維持，拡大といった目的のために行われるが，どのような人々に対してどのような価値を提供するのか，そのために具体的に何を行うのかという点に応じて，チャネルの選択や関係形成のあり方も適切に選択する必要がある。具体的な関係形成のパターンとしては顧客との個人的な長期的関係を形成するのか，あるいはセルフサービスや自動サービスの提供によってより簡便な関係を形成するのかといった選択肢が考えられる。また，顧客同士の関係形成を支援するような場，すなわちプラットフォームを形成するといった形での関係形成もあり得るであろう。

5－3　経営資源と協力関係

価値提案および具体的な主要活動を実現するためには，その基礎となる経営資源が必要である。したがって，ビジネスデザインにおいて自己の保有する経営資源についての検討はきわめて重要である。どのような資源を保有しているのか，どのような資源制約に直面しているのかは，価値提案や主要活動の実現可能な範囲を限定することになる。

経営資源は，物理的資源，知的財産，人的資源，財務的資源といったカテゴリで検討することができよう。物理的資源としては工場やビル，製造機械，販売システム，ネットワークシステム，流通ネットワークといった資源が考えられる。知的財産としてはブランド，特許，意匠，著作権，データベースがあろう。また人的資源としては従業員や管理者の保有する専門知識，ノウハウ，クリエイティビティ，蓄積されたスキルといった資源がある。財務的資源としては現金，信用，株価，ストックオプションといった資源が考えられるだろう。

いかなる企業も資源制約に直面している。したがってそうした希少な資源を効率的に活用するためには自分たちの活動をその資源を最も効果的に活用できる領域に限定し，他の活動はアウトソースするといった選択も重要となる。こうした場合には，自社の活動の最適化と規模の経済の享受のために他社との協力関係を形成するということになろう。

他社との協力関係の形成のパターンとしては競争上のリスクと不確実性を低減するために行われる戦略的提携やライセンス供与などが考えられる。トヨタがハイブリッド技術をオープンにした背景にはハイブリッド車の市場を拡大し，次世代環境技術の標準をハイブリッド技術とすることで，代替的な技術の発展によるリスクを回避したかったという狙いがあったであろう。

さらに最も単純であるが重要な協力関係として，自社が保有しない資源，技術やノウハウ，資本などを調達するために他社とパートナーシップを形成することが考えられる。

5－4　収益構造とコスト構造

ビジネスデザインの構成要素として最後に検討するのは，収益構造とコスト構造である。事業活動を通じて営利を実現するためには，効果的な収益構造ならびにコスト構造を選択，デザインする必要がある。

事業活動を通じていかに収益を獲得するかを考える上で，顧客は何に対して，どのような価値に対して金銭を支払おうとするのか，また事業のなかで，誰が何に対して金銭を支払おうとするだろうか，またそれはなぜだろうかといった点を問うことが重要である。

顧客から収益を獲得する方法としては短期的あるいはスポットの関係の顧客から取引収益を獲得するか，長期的な取引関係を形成し継続的に収益を獲得するといった方法が上げられる。具体的にどのような形で収益を生み出すのかという点では，商品販売，使用料，購読料や継続利用料，レンタルやリース，ライセンス料，仲介手数料，広告料といった形態が考えられる。ここでも，重要な点は，顧客が何に対して，どのような価値に対して支払おうとするのかという価値提案との適合性であり，主要活動との形態との適合性，さらにコスト構造との適合性である。

事業のコスト構造を検討するうえで重要な問いは，事業構造において最も重要なコストはどのようなコストであるのか，またどのような資源が最もコストを要するのか，さらに最もコストを要する活動はどのような活動かといった問いであろう。事業におけるコスト構造のパターンとしては，固定費比率の高い構造かあるいは変動費比率の高い構造か，また規模の経済が享受できる構造かあるいは範囲の経済性が活用可能な構造かといったパターンが考えられる。いかなる主要活動を擁し，いかなる資源を保有しているのかといった点との適合性が問題となろう。

さらに，コスト構造は戦略的選択の問題とも関わる。いわゆる戦略の基本的オプションとしてコストリーダーシップと差別化が存在することは良く知られている。たとえばコストリーダーシップを戦略として選択すれば，そこではあらゆる無駄を削減し，事業全体での低コスト構造の実現が志向されることとなろう。一方，差別化を選択する場合にはむしろ価値ある差異を実現するために，必要とされるコストを集中的に投入するような構造を選択することになる。ここでも全体としてのビジネスデザイン，事業システムとしての整合性，内的な適合が重要な課題となるであろう。

6　おわりに

本章では，企業による新たな差異の創造の営為，新たな価値を創造する事業構想としてのビジネスデザインについて，その事業機会の発見と構想の組み立てをいかに実現するかについて検討してきた。最後に，こうしたビジネスデザインを担う創造的な経営人材，私たちが「ビジネスクリエーター」と呼ぶ人材の役割や要件について考えてみたい。

ビジネスデザインの実現につながる新たな事業機会の発見は，社会や人々の暮らしに対する深い共感的理解に基づく洞察によって可能となる。そうであるとすれば，ビジネスクリエーターにはこうした共感の能力が必要となるし，社会や人間のあり方に関する幅広い知識と教養が必要となろう。また，より良い社会，より良い生とはいかなるものであるのかに関する問題意識や真理や美，善といった価値に関する個人としての価値観，目前の現実に埋没せず現実を批判的に問い直す精神の自由が必要とされよう。

さらに，より良い社会，人々のより良い暮らしを実現していこうとする情熱を抱いていることが必要である。今日の日本を創り上げた経営者がみな胸に抱いていた情熱がこれからのわが国におけるビジネスデザインにおいても不可欠であろう。

ビジネスデザインとは一つの総合である。したがって，部分に集中すると同時に全体を俯瞰し，全体を把握しながら部分に取り組む，そうした複眼的な視野の広さが必要である。こうした視野を修得するには，自己の専門知識のみに閉じこもらない，自己を創造的に破壊する挑戦的な学習を通じた多様な知識の修得が必要となろう。人間が万能ではなく，限定された合理性しか持ち得ない存在であるとすれば，他者との協働，交流を通じて自分の知識と能力を他者のそれと交換・結合し，単なる総和を超えた価値の創出を実現するような，人間関係形成，組織マネジメントのスキルや能力が必要となろう。

【注】

1）３Ｍにおけるポストイットノートの開発物語は，同社のホームページにもより詳細に掲載されている。

2）日経 MJ 2016 年 2 月 24 日付ならびに 4 月 13 日付掲載の記事による。

3）オスターワルダーとピニュールは，共感マップを企業が自社の顧客プロフィールを整理し，理解するための簡便なフレームワークとして提案しているが，本章で検討したようにこれは新たな事業機会の発見に向けて，社会や人々の問題や願望，価値観，欲求や不満を理解するための枠組みとしても有効であると考えられる。

4）自覚されていない欲求や放置された課題，潜在的な問題とは，いわばニーズとなっていないニーズ，課題として認識されていない課題，問題化していない問題である。したがって，「発見」というよりはむしろ「創造」というべきかもしれない。ドラッカーが「顧客の発見」ではなく「顧客の創造」と指摘したように，事業機会の創造と表現するほうが適切かもしれないが，さしあたり「発見」としておこう。

参考文献

石井淳蔵（1993）『マーケティングの神話』日本経済新聞社。
岩井克人（1992）『ヴェニスの商人の資本論』ちくま学芸文庫。
オスターワルダー＆ピニュール（2012）『ビジネスモデル・ジェネレーション』翔泳社。
金森久雄・荒憲治郎・森口親司編（1986）『新版有斐閣経済辞典』有斐閣。
亀川雅人（2006）『資本と知識と経営者－虚構から現実へ－』創成社。
クリステンセン（2000）『イノベーションのジレンマ－技術革新が巨大企業を滅ぼすとき』翔泳社。
野中郁次郎・清澤達夫（1987）『３Ｍの挑戦』日本経済新聞社。

藤本隆宏（2001）『生産マネジメント入門［Ⅱ］－生産資源・技術管理編－』日本経済新聞社。

レスター＆ピオーリ（2006）『イノベーション』生産性出版。

Schumpeter, J. A.（1926）*Theorie der wirtschaftlichen Entwicklung*, 2. Aufl.（塩野谷祐一・中山伊知郎・東畑精一訳『経済発展の理論』（上）（下）岩波文庫, 1977年）

第2章

ビジネスデザインとデザイン思考
—ゼロを1にするビジネスデザイナーのための創造的思考法—

瀧澤哲夫

1 はじめに

「Innovation happens at the Intersection of disciplines」という言葉がある。14世紀フィレンツェにおいて銀行業で巨万の富を得たメディチ家は，その有り余る財力で，ボッティチェリ，レオナルド・ダ・ビンチ，ミケランジェロなど多くの芸術家のパトロンとなり，ルネッサンス文化の発展を支える存在となった。当時フィレンツェには画家，彫刻家，詩人など芸術家だけが集まっていたわけではない。哲学家，科学者，建築家など，社会科学や自然科学系の才能あふれる人材も数多く集まっていた。彼らはメディチ家の手厚い庇護のもと，専門領域を超えて様々な機会に交流し，アイデアを交換しては議論し，互いに刺激を与え合った。そこから自然発生的にある種の化学変化が生まれ，やがて大きな文化運動へと発展していく。

米国の著名なコンサルタントであるフランス・ヨハンソンは，たとえ偶発的ではあったにせよ，このフィレンツェにおける才能あふれた芸術家や知識人相互の交わりが歴史的なイノベーションへとつながっていった状況に着目し，その著書のタイトルにもなっている「The Medici Effect／メディチ効果」という造語を創った。彼の言葉を借りれば「Innovation happens at the

Intersection of disciplines／イノベーションは専門性の交差するところに発生する」のである。

大きく社会が変わろうとしている現在，メディチ効果が指摘するように，イノベーションは異なる才能や知能が交わる交差点において発生する，という事実が注目されるようになっている。ただし多様な才能が集まれば常にそこから何かが起こるというわけではない。そこにはイノベーションにつながる化学変化を発生させる触媒として機能する「何か」が必要になってくるのである。

このような状況に対応して，国の内外を問わず多くの大学にも変化が起こっている。以前アカデミアにおいては，対象分野を限定して「サイロを深く掘り下げる」と表現されるような，専門的あるいは超専門的な研究を評価する傾向があった。しかし現在では複数の分野を一つにまとめ，統合・独立という冠をつけた学部や学科，あるいは伝統的な学問領域に属さない新たな領域を対象とする研究を行うため，新しいネーミングが必要となった学部や学科を設けることも増えている。「ビジネスデザイン研究科」と命名された本研究科もそうした学科の一つである。

本稿では仮に，ビジネスを設計創造する行為を「ビジネスデザイン」と呼ぶことにする。ここで使われる「デザイン」という言葉は意匠美術的な意味で用いるものではなく，創造や設計を意味している。では「ビジネスをデザインする」ためにはどのような才能が集まれば良いのか，どのような機能を備えた触媒が必要なのか，より好ましい方向で化学変化を発生させるため効果的なメソッドが存在するのか，そして変化の先にあるゴールを誰がどのようにイメージできるのか，といったことに関して，異なる視点や考え方を広く紹介するのが本稿の目的である。

2　「種の起源」と変化に潜む残酷さ

チャールズ・ダーウィンは「種の起源」において，すべての生物が同じ祖先から生まれ，彼が自然淘汰と名付けたプロセスを経て進化してきたことを明らかにしている。ダーウィンの言葉とされているものが今もいくつか残されており，ビジネスにおける格言として引用されることもある。環境変化と適応，そして進化というテーマは多くの部分でビジネスにも共通するので，企業経営者が経営判断する際に有用と考えられているようだ。

たとえば小泉元総理の談話に使われて有名なった「最も強いものが生き残るのではなく，最も賢いものが生き残るのでもない。唯一生き残るのは，変化できるものである。」という言葉。企業を取り巻く環境が劇的に変化するなか，自らを変えることができたものだけが生き残る。だから企業経営にとっては変化が重要なキーワードとなる，という意味で使われる。言うまでもなく，これは経営者が学ぶべき格言としてダーウィンが残した言葉ではないし，実際彼がこう言ったかどうかも定かではない。変化した種があくまでも「結果として」生き残ったという，長年の研究の末にダーウィンが辿り着いたきわめてシンプルな事実が，ビジネスにおいても重要な教訓になると誰かが考え，都合よく利用したものだろう。

ダーウィンの主張はのちに「進化論」としてまとめられている。繰り返すが，そこからわかるのは「変化するものが生き残る」というきわめてシンプルな事実である。あるいは「変化できなかったものは生存競争のなかで駆逐される」ということでもある。それ自体はたしかにビジネスにおいて十分に通用する教訓ではある。しかしもう一つ重要なのは，どのような方向に変化すれば良いのか，ということだ。ダーウィンはその変化すべき方向性，目指すべきゴールを示してくれない。あくまでも「変化したものが生き残った」という結果を示しているだけだ。

生き残ることができたのは，変化の方向性が偶然にも環境変化に沿っていたという「運」に恵まれたものだけである。自然は自らの判断や意思によって変化の方向性を決められない。無限にある選択肢のなかから「偶然」現在進行中の環境変化に適応する方向に変化したものがタイミングを捉えて比較優位となり子孫を残し，その子孫たちがさらに次の段階の生存競争へと進んでいったのだろう。その背後には運に恵まれなかった無数の敗者が常に存在する。環境が変わってゆくなか，従来と同じ状態にとどまり変わらなかったものはもちろん，運悪く進行中の変化とは異なる方向に進んでしまったものも無数に存在したはずである。そのすべてのケースにおいて，結果から振り返れば彼らが絶滅していった理由は悲しいほど明快だ。

経営者は常に判断を求められる存在であり，環境変化への対応は彼らに課された重要な責務でもある。しかし残念ながら，彼らが選択を迫られる時，どの方向に変われば生き残れるのか，という問いに対して正しい答えを与えてくれるようなサービスは無い。有能なアドバイザーやコンサルタントは，経営者が決断を下すために必要な判断材料を揃えアドバイスしてくれる，あるいは判断の結果がどうなるのかをイメージさせてくれるかもしれないが，依然としてすべての責任は経営者が負わなければならない。つまりこの方向に進めば確実に生き残れると100%保証することが誰にとっても不可能である以上，経営者は結局，不確実性の中で生死に関わる選択を迫られるのである。

また変化すべき方向を知るためには，環境がどのように変化しているのかを常に正しく把握しなければならない。いったい何が，いつから，どれほど，どのように変化しているのか，その変化の向こうにある新しい環境は以前と何が違うのか，それが自社にどのような影響を与えるのか，といったことを認識したうえで，変化の方向性を見極めて，その方向に向かう手段を用意して歩き出さなければならない。

とは言え，一人の人間のせいぜい100年ほどの人生から考えれば，自然界においてもビジネス社会においても，生存の危機と呼べるほどに大きな環境変化が頻繁に起こるわけではない。つまり環境変化に的確に対応するための方法を，人生経験の中であらかじめ予習できるという幸運に恵まれる確率は極めて低いのである。そのため経営者が直面する変化，特に企業生存の危機につながるような変化は，その大部分が初めて経験する「想定外」の変化になる。

さらに，誰も気づかないうちに毎日少しずつ何かが変わっていくということもある。よほど注意深く詳細に観察を続けないかぎり，変化に気付けないことも少なくない。気づいた時には，すでに手遅れということにもなりかねない。それゆえ経営者には，たとえ小さな変化であっても見過ごすことなく，将来における影響の大きさ，波及力，その背後に潜むパワーなどを早い段階でイメージできる想像力も求められているのである。

3　成長するビジネスをデザインする

3－1　Exponential Organization／飛躍型企業／ExO

企業の成長という文脈において，成長段階における変化には大きくわけて次の2つのパターンが考えられる。一つは緩やかな成長を長期にわたって維持する直線的成長。そしてもう一つは，スタート時点ではごく緩やかなペースで推移してゆくが，あるポイントを超えると爆発的な成長を示す指数関数的成長である。

後者のような成長を達成する企業に着目し，それらを「Exponential Organization／指数関数的に急成長する組織」と名づけて研究しているのが「シンギュラリティ大学」である。「シンギュラリティ大学」はシリコンバレーのほぼ中央に位置するマウンテンビュー市のNASA施設内に開校されている。レイ・カーツワイルとピーター・ディアマンディスという二人の未来学者によって2008年に設立され，大学と名付けられているものの学位の授与を行わない，言わば私設の教育機関であり，同時にシンクタンクとしての一面も備えており，また時にはインキュベータとしても機能する。

同校をサポートする企業として，グーグル，ジェネンテック，オートデスク，シスコなどサンフランシスコ・ベイエリアの有力企業，さらにはノキア，デロイトなどのグローバル企業も名を連ねている。そして受講者の多くはフォーチュン500社の経営幹部たちである。こうした人々を対象に，世界がいまどのような方向に向かって進んでいるのかを，彼らの頭脳で理解するのに十分な知識を授けるために，世界の最先端で活躍する人材が分野と領域を超えて集められている。

シンギュラリティ大学では飛躍型企業を次のように定義している。「飛躍型企業／Exponential Organization／ExO：加速度的に進化する技術に基づく新しい組織運営の方法を駆使し，競合他社と比べて非常に大きい（少なくとも10倍以上の）価値や影響を生み出せる企業」「人海戦術や巨大な工場に頼るのではなく，IT技術を基盤にする。そのIT技術とは，これまで物理的に存在したものを非物質化・デジタル化して，オンデマンドで提供できるようにすることで大きな成功を獲得した企業のことである。」（イスマイル他，2015，18）

たとえば一般的なフォーチュン500企業において，株式評価額が10億ドルに達するまでに要した年数は平均創業後約20年とされている。それに対して1998年創業のグーグルは約9年，2004年創業のフェイスブックが約5年，2003年創業のテスラは約4年，2009年創業のウーバーとワッツアップは約2年，さらに2011年創業のスナップチャットにおいては2年に満たない短期間で10億ドルの評価を得ている。つまり創業年度が新しくなるほど，10億ドル企業となるのに要した時間が短くなるという傾向を示しているのである。

インテルの創業者ゴードン・ムーアは1964年，半導体の集積密度は18カ月ごとに倍増していくことを発見したが，この発見はのちにムーアの法則として知られるようになった。ムーアの法則はその後約半世紀にわたり，コンピュータによる処理能力が倍増し続けたという事実によってその有効性が証明された。シンギュラリティ大学のカーツワイルは著書「ポストヒューマン誕生」（NHK出版，2007年）の中で，テクノロジーが持つ重要で根本的な特性を次のように明らかにしている。「情報を基盤とした環境への移行が起きると，テクノロジーが進化する速度は指数関数的になり，一定のコストあたりのパフォーマンスが1〜2年ごとに倍になる〜中略〜ムーアの法則を更に推し進め，情報を基盤としてあらゆるパラダイムが同じ成長軌道を歩むと予測（収穫加速の法則）」（イスマイル他，2015，32）

このような状況は現在社会のいたるところで起こっている。ロボット分野，バイオテクノロジー，ドローン，3Dプリンティング，ニューロテクノロジーなどにおける技術革新は常に倍増ペースで進行している。技術革新は今後ますます多くの分野で飛躍型企業を作り出していくだろう。

ところで，シンギュラリティ大学は米国における新しい法人の形であるBコーポレーション（ベネフィットコーポレーション）として運営されている点も注目される。ここで言うベネフィットとは「ソーシャル・ベネフィット」を意味している。つまり社会利益を目的として運営される企業ということだ。通常の企業（Cコーポレーション）同様にBコーポレーションも営利企業として運営される。しかし株主の利益最大化を目的に運営されるＣコーポレーションに対して，Ｂコーポレーションは設立時に設定された企業目的，つまり社会利益の追求を最優先して運営される点で大きく異なる。Ｂコーポレーションの経営者は社会的メリットがあると考えれば，たとえ株主の利益を短期的に損なうような経営判断を下したとしても，株主から訴訟などを起こされることが無い。その意味において従来のCSRの概念を超えた新時代の企業スタイルと言えよう[1)]。

アウトドア用品製造販売のパタゴニアはその代表的企業として有名であり，2012年カリフォルニア州でＢコーポレーションが合法化された時，その第１号企業となっている。2016年時点で米国の30州がＢコーポレーションを認可しており，たとえばクラウドファンディングのプラットフォームとして有名なキックスターター，世界最大のハンドメイド製品のネット通販サイトEsty（エッツィーまたはエスティ）から，ベン＆ジェリーなどの食品企業に至るまで，大小様々な企業がＢコーポレーションに変わり始めている。

フロイトは個人のパーソナリティを形成する構成要素として，本能的・衝動的欲求のイド（Ido），社会的倫理観によってイドの暴走を抑える超自我（Super-ego），両者のバランスを取る自我（Ego）の存在を指摘した。従来，消費者行動論的視点から，イドは消費欲求を増加させ，超自我は消費を抑える心理要因と捉えられることが多かった。しかしＢコーポレーションの時代には超自我こそが，個人と企業やブランドとを強く結びつけ，結果として消費者を動かす重要な要素になってくる可能性もある。経済と企業が大きな変化の波にさらされようとしている今，Ｂコーポレーションは営利企業における新しい形として注目される。

３－２　優良企業の正しい判断が失敗を招く

企業の成長に関して，ハーバード大学のクリステンセン教授は，有名な著作「イノベーションのジレンマ」の中で次のような興味深い一文を著している。「技術の市場構造の破壊的変化に直面し，失敗した大手企業は，数えればきりがない～中略～これらのすべての失敗に共通するのは，失敗につながる決定を下した時点では，そのリーダーは，世界有数の優良企業と広く認められていたことである。〜中略〜すぐれた経営こそが，業界リーダーの座を失った最大の理由である。これらの企業は顧客の意見に耳を傾け，顧客が求める製品を増産し，改良するために新技術に積極的に投資したからこそ，市場の動向を注意深く調査し，システマティックに最も収益率の高そうなイノベーションに投資配分したからこそ，リーダーの地位を失った。」（クリステンセン，2000，5その他より抜粋）

つまりある時点で常識的に「正解」とされるような企業経営者の判断が，常に企業に成長をもたらせるわけではなく，時には致命的な失敗に導いてしまうこともある，ということだ。クリステンセン教授はその原因として「破壊的イノベーション」の出現をあげる。イノベーションは「企業の技術[2)]」によって作り出される。その技術には持続的技術と破壊的技術があるが，持続的技術に分類される新技術のほとんどが製品の性能を高める技術であり，それが企業の失敗につながることはめったにない。それに対して破壊的技術が引き起こす「破壊的イノベーション」は，従来とはまったく異なる価値基準を市場に持ち込み普及させるために，優良企業に破壊的なダメージを与える可能性が非常に高い。

クリステンセン教授はさらに組織における問題に言及し，優良企業が「破壊的イノベーション」を創り出すことができない理由を示している。「人々にとってプロジェクトが意味を持つのは，それが重要な顧客のニーズに応え，組織が必要とする利益と成長にプラスの影響を与え，そのプロジェクトに参加することが，有能な社員の昇格の可能性を高める場合である。」（クリステンセン，2000，192）

そして優良企業の中核組織は有力な顧客を多く抱えるために，既存顧客の求める既存製品以外を研究開発する部門は社内的に傍流になってしまう。順調な業績でしっかりと利益を上げている優良企業にとっては，現在獲得している売上を確実に保ち，さらにそれを伸ばすことこそが重要課題であり，まだ見えていない変化に備えて現状を変革することにメリットが見出される可能性はきわめて低い。

一方，あらたに市場に参入しようとする新興企業にとって，状況は全く異なってくる。ノーベル経済学賞を受賞しているスタンフォード大学のケネス・アロー教授が指摘するように，既存企業が旧製品で稼いでいる時，その市場に新たな経費を投じて新技術を開発し，それを導入しようとするインセンティブはきわめて小さい。たとえば100億ドルの売上をあげている商品に対して，新たに1億ドルの研究費を投じて改良した結果，101億ドルを売り上げられるようになったとしても売上は1億ドル増えるだけでしかない。研究コストを大きく上回る売上を実現できない限り，研究開発に投じられた1億ドルの投資が正当化されることはない。ところが市場に新規参入しようとする新興企業にとって状況はまったく異なってくる。彼らにとっては，1億ドルのコストをかけた研究によって生み出された新技術は，新規に101億ドルの売上を創り出した，ということになるからだ。

3－3　Crazy things and the smaller bets

2015年グーグルのラリー・ペイジは，ホールディングカンパニー「アルファベット（Alphabet Inc.)」を設立し，グーグルをはじめとするすべての事業をホールディングカンパニーの下に並列に組織した。ここに組織されたおもな事業としては，キャリコ，グーグル・ベンチャーズ，グーグル・キャピタル，グーグルX，グーグル・ファイバー，サイドウォーク・ラボ，ネスト・ラボなどがある。たとえばグーグルX（正式にはグーグルという名称はつかずに単にXと記述される）では，自律走行型自動車，AR（拡張現実）用ヘッドマウントディスプレー，無人飛行機，風力発電，血糖値モニター機能付きのコンタクトレンズ，成層圏からインターネット接続を実現するための気球，そして人工知能の開発など，数多くの実験的な技術開発や研究が行われている。

ラリー・ペイジはアルファベット社の設立に関して，同社ウェブサイトにおいて以下のように述べている。

「11年前グーグルの設立趣意書にも書いたように，グーグルはありきたりの企業ではなく，また今後そうなっていくつもりもない。それゆえ，すでに中核に位置するまでに成長した事業に比較して，現時点ではかなり投機的な，時には理解不可能とさえ思われるような分野においても，これからは今以上にたくさんの『小さな賭け（smaller bets）』を行っていく。これまでも我々はその時点ではかなりクレイジーと思われるような試み（crazy things）を数多く行ってきた。ところがそれらの多くが今では10億人を超えるユーザーを抱える巨大事業に成長している。一例を上げれば，グーグルマップ，ユーチューブ，クローム，アンドロイドなどだ。我々は創業時からクレイジーと思われるようなことを数多くやってきたが，それは現在も変わらず続けられている。クレイジーであることには意味がある。なぜなら組織というものは，時間の経過とともに，毎日同じことを繰り返すことが心地良くなってしまう危険な存在になっていくからだ…」（アルファベット社ウェブサイトより抜粋，瀧澤による意訳）

グーグルのような先端的企業であっても組織が安定し肥大化していくと，いつのまにかつまらない「ありきたりの企業」に収まってしまうという危険性が常に存在する。だからこそ，自分たちが築き上げてきた事業に安住し，イノベーションを求め「クレイジーであろうとする」エネルギーが消滅してしまうという状況を，あらかじめシステマティックに回避することを目的として，アルファベットというホールディングカンパニーが設立されたのである。

さらにラリー・ペイジは，たとえばグーグルの市場を奪いとってしまうほど強力な競合となる事業が，アルファベットから生まれたとしてもまったく問題ではない，とまで言っている。それは彼が，今後さらに続く技術進化によって，彼らが獲得した市場も誰かに奪われてしまう運命にあるのだから，そうなる前に，自分たちが作り上げた市場を自分たちが育てた誰かが奪い取ることが賢い選択になる，と考えているからだ。クレイジーであることを善とする，グーグル創業時から守り続けてきた企業文化が，将来においても変わらずに継承されることこそが，イノベーションを続けるためには何よりも重要なのである。

しかし同時に，そうしたクレイジーな試みが成功する確率がけっして高くはないことも彼らは十分認識している。アルファベットの下に配置された野心的な企業群は一括りに「other bets／その他の賭け」と総称されており，クレイジーな試みに対する彼らの認識がこのあたりにも現れている。さらに社名であるアルファベットが「Alpha＋bet」の組み合わせから成り立っていることにも注目したい。今は「bet」と思われるような試みであっても，所詮「α版」と覚悟したうえでチャレンジすることが重要というのはもちろんのこと，「bet」しない限りゲームに参加する権利すら与えられない，という意味が込められているのである。

4　新しいビジネスをデザインする

4－1　ゼロを1にするビジネスデザイン

クレイジーなアイデアを企業内から生み出すことは想像以上に難しい。クリステンセン教授，アロー教授が指摘しているように，特に業績の良い優良企業において，社内から革新的なイノベーションを起こすことなどほとんど不可能といえる。グーグルのような革新的な企業であってもクレイジーな社風を維持し続けることは難しく，クレイジーなアイデアを実現することも不可能になることを認識しているからこそ，ラリー・ペイジはホールディングカンパニーとしてアルファベット社を設立し，その下に「other bets」と名付けた企業群を配置し，「crazy things」にいつまでも本気で取り組み続けられる仕組みを創り出したのである。

技術進化の波の中ではグーグルのような企業に限らず，これまで数十年かけて地位を築き上げてきたグローバルな巨大企業も，そのポジションを長期間にわたり優位な状態で維持し続けることが困難になってくる。新技術を武器に指数関数的な成長のチャンスをものにしようとするスタートアップ企業が，常に彼らの背後に迫ってくるからだ。一旦チャンスをモノにすれば彼らは瞬く間に市場を席巻し，その一方で巨大企業は市場におけるパワーを失っていくという状況が，今後これまで以上に増えてくる。

AI（人工知能）やIoT（モノのインターネット化／Internet of Things）といった新技術の発展と普及は，そうした状況をさらに一層加速していく。それまで直線的・漸進的な成長を維持することで成長してきた伝統的な優良企業は，最新技術を武器に破壊的イノベーションを起こす新興企業によって足をすくわれる危険を常に感じながら，既存顧客のために今以上の努力を続けなければならない。成長のための地道な努力が意味を無くすことはないが，これまで行ってきた努力を継続するだけでは生き残ること自体が難しくなる時代が近づいている。たとえ今は優良企業であったとしても，ゲームに参加するすべての企業に，ゼロから1を創り出すクリエイティブな力が必要になっているのである。シンギュラリティ大学では「これまでの直線的な思考は指数関数的な世界では通用しない」とまで言い切っている。

過去の成功事例や現状を分析し，その延長線上に存在すると期待される進化形をイメージして，そこに到達する方法を探るのが従来型のバージョンアップ的成長，つまり漸進的イノベーション実現のための手法である。一方，破壊的イノベーションは，競合他社もユーザー自身も想定していなかったようなまったく異なる製品やサービスを市場に提供することで，ユーザーの暮らしを変えてしまうのである。そうした体験を通じてユーザーははじめて，「こういうサービス・製品が欲しかった」ということを実感するようになる。新製品や新サービスの開発を目的としてユーザーに意見や要望を聞いた場合，そこから破壊的イノベーションにつながるようなヒントが出てくることはない。彼らがそこに存在しないモノを彼らの想像力でイメージすることは不可能であるし，自らも気づいていない潜在的ニーズを言語化することもできない。ここにユーザーインタビューやグループインタビューなど，伝統的なマーケティングリサーチの限界がある。

ところで，ダーウィンは「種の起源」において，現在一般的に使われている進化を表す「evolution」という言葉を意識的に用いなかったとされている。代わりに使ったのは，変更や修正を意味する「modification」という言葉だった。なぜならダーウィンは進化論において，一定の方向性を持った変化である「進化」を意図していなかったからだ。むしろ，無方向に展開される「modification」の中から，環境変化の方向性と偶然合致したものが生き残り，次世代に引き継がれるという，自然選別や適者生存という考えを持っていたとされている。

ダーウィンの説はその後多くの議論を生み出している。たとえば，変化は無方向に起こったものではなく，そこに神が介入して特定の方向への変化が進み現在に至ると考える説も唱えられた。近年になって遺伝子が発見されると，進化における遺伝子の意味が次第に明らかになってきた。そして生物学的な進化に「突然変異」という概念が登場する。進化が「evolution」であるのに対して，突然変異は「mutation」であり，その結果生まれるのは「ミュータント」である。ミュータント的変化は，時には癌や心不全などの原因にもなるようだが，長期的に見ると進化の原動力となっていることもわかってきた。このミュータント的変化も，クリエイティブな発想のジャンプを行うための一つのヒントではある。

4－2　緑のスタートボタン

ではユーザーの潜在ニーズを発見するためにはどのような方法があるのだろうか。

近年急速に発展する脳科学の分野においても，ユーザーの心のなかを覗くために役立ちそうな研究が数多くなされている。たとえば，ハーバード大学のジェラルド・ザルドマン教授らの研究によれば，普通の人間が生活の中で行っている動作のうち，周囲の状況を把握し，脳によって決断され，その結果として意識的に実行される動作はわずか５％程度に限られる。つまり残り95％までの動作は無意識に行われているということである。たとえば本を読む際に，文字を左上から右下へと順に辿っていくことや，ページをめくる指先の動き，本を支える両手の所作などは，脳の判断を待たずにすべて無意識に行われている。

それには理由がある。日々の暮らしの中では，大量の情報が五感を通して入力され脳によって処理されるわけだが，そのすべてに脳の情報処理プロセスがフルに対応していては脳がオーバーヒートしてしまうからだ。そのため脳によって重要と判断された５％以外は，無意識の情報処理プロセスに回されることで，我々の日常生活が成り立っていると考えられている。日常行動の中に多少の不便や不足があっても，そのことに関して脳が深く考えることはなく，それまでの経験や学習の成果から脳内に蓄積された有効な回避行動が採用され，意識されることなく目的が達成されているのである。

この無意識な動作にこそ潜在ニーズが潜んでいる。人間はそこに多少の不便があったとしても，最終目的を達成できるように，意識することなく工夫をこらして自分の動作をコントロールし，環境に適応して行動しているのである。消費者としての人間の判断の大部分はこうした無意識の情報処理プロセスの中で行われているので，消費者自身は潜在的ニーズを意識して，それを言語化することが不可能であるし，強い不便を感じることなく生活を続けられる。それゆえ彼らの中に存在する潜在ニーズがグループインタビューにおいて注目される発言として発露することはなく，同様にアンケートの答えの中に見えてくることもないのである。

このような無意識なユーザー行動から潜在ニーズを発見するために有効と考えられているのがエスノグラフィー（Ethnography）である。エスノグラフィーは文化人類学などにおいて用いられる調査手法で，対象とされる部族などの日常行動を彼らの中に入り込み，行動をともにして細部に至るまですべて記述し，そのデータを研究することによって部族の価値観を見出していく。

このエスノグラフィー調査を製品開発や改善プロセスに取り入れたのはゼロックスの研究所PARC（Palo Alto Research Center）である。たとえば新型コピーマシン開発プロジェクトに参加したPARCのエスノグラファーの場合，まず自社の社員がどのようにコピーマシンを使用しているのかをビデオ撮影して調査した。その結果，コピーを取ること自体に苦労している一般社員が多数いることに気付く。調査データを分析した結果，多様な機能をコントロールするために配置された数多くのボタンとコピーのスタートボタンとが区別しにくいという，「一般ユーザー」の中に隠れていた重大な潜在ニーズが発見された。識別しやすいスタートボタンが欲しい，という潜在ニーズである。その解決策として緑色の大きなスタートボタンがデザインされ，製品に採用されたのである。

専門家の視点から開発され出来上がった多機能型コピーマシンは，一般ユーザーにとっては非常に使い勝手の悪い，理解し難い機械になってしまっていたということである。こうした体験を経て，エスノグラフィー的な調査手法は製品開発やプロダクトデザインに広く用いられるようになっていった。

4－3　人間中心のデザイン思考

スタンフォード大学に隣接する小さな街，パロアルトに本社を置くアイディオ（IDEO）は「デザイン思考／Design Thinking」を世界に広めた企業として有名だ。デザイン思考は，人間中心，エスノグラフィーといった考え方をベースに同社が開発した課題発見と解決のための手法である。同社はもともとプロダクトデザインを専門とする企業であり，アップルコンピュータのマウスやパームパイロットなどのデザインを行っている。最近では社会的な問題の解決にも多くの成果を上げるようになっており，デザイン思考が単なる製品開発を超えて，より広範な課題解決のためにも有効であることを証明している。

CEO のティム・ブラウンは同社のホームページで「デザイン思考は，人間のニーズ，テクノロジーの可能性，ビジネスにおける成功という3つの要素を一つに束ねてデザイナーの工具箱から取り出し，それを使ってイノベーションを創り出していく，あくまでも人間を中心に据えたアプローチ」であると定義している。

さらにそのアプローチについて次のように説明している。「デザイナーが行っている思考方法を組織の中に取り込むことによって，商品やサービスを開発する方法やプロセス，さらには戦略までも一変することができる。アイディオがデザイン思考と呼んでいるこのアプローチを活用すれば，人間の視点から最も望ましいと考えられ，技術的な実現性が担保され，経済的にも持続可能という，3つの異なる要素を一点に収斂させることができる。たとえデザイナーになるための訓練を受けていない人であっても，デザイン思考のために工夫されたクリエイティブなツールを使って，無数のチャレンジを行うことが可能になる。」

（https://www.ideo.com/about/　瀧澤による意訳）

デザイン思考のメソッドでは後に述べるような5つのモード（段階）が想定

されている。ただしこれらの各モードは，1が完了したら2に進むというように番号順に順序立て，リニアに進行するものではなく，状況に応じてモード間の往復が繰り返されるということも幾度となくある。そのためゴールが見えないあやふやな状況の中をウロウロさまようような状態が続くこともあるので，分析思考的なフレームワークに沿った作業に慣れている人にとっては，プロジェクトが前進しているかどうか不安になることもある。作業プロセスにおけるこうした違いはあらかじめ十分認識されなければならない。このような状況を容認したうえで，さらに前向きに作業を継続できるかどうか，それがデザイン思考を用いたプロジェクトを成功に導くための重要なポイントの一つである。特に定められた期間内に結論を出すことを求められがちな日本企業においては，デザイン思考プロジェクトを遂行する上で，あらかじめ解決しておくべき大きな課題と言えよう。

【デザイン思考　5つのモード】

モード1：Empathize／共感観察

　デザイン思考の根底にある「人間を中心においたデザイン」という考え方を貫くうえでもっとも重要なのが，観察者があたかもユーザーの目を通してユーザーを取り巻く世界を見られるような視座を持つことである。と言うのも，観察者の目には必ず何かしらのバイアスがかかっているので，そのバイアスを取り去ってユーザーを観察することが重要になるからだ。消費者調査やアンケート結果の分析では辿り着くことのできないユーザーの心の奥底に潜む，まだ言語化されていない隠れたニーズを発見するために，エスノグラフィー的なユーザー観察手法が用いられる。このような共感観察の結果発見された，ユーザーの心に潜んでいた，ユーザー自身も気づいていなかった「本音」はインサイトと呼ばれる。

モード2：Define／課題定義

　インサイトとそこから派生するユーザーのニーズを満たすためにはいくつかの手段が存在するだろう。だがそのすべてを解決することは不可能と考え，まずは実践可能なインサイトとニーズに絞り込み，課題解決のフレームワークを見定めたうえでその先の作業へと進める課題定義という作業が必要になる。この時に作られるのが課題定義文である。

モード3：Ideation／アイデア出し

デザイン思考においてはアイデアが拡大する段階と収束していく段階が幾度となく繰り返される。これらの段階で重要なのは，組織の集合知を一つに集中させてチームメンバーそれぞれのパワーを増幅し，それまでは考えもしなかったような多様なアイデアを数多く出すこと。たくさんのアイデアに刺激されて創造的ジャンプが誘発され，課題解決のためのソルーションへとつながっていく。

モード4：Prototyping／プロトタイピング

一般的にプロトタイプは完成品の一歩手前の製品を意味することが多いが，デザイン思考におけるプロトタイプはまったく異なる。プロトタイプを創りだす作業をプロトタイピングと呼ぶが，デザイン思考においてはプロトタイピングを素早く，繰り返し行うことが重要である。その目的は，曖昧なイメージとして個人の頭のなかだけに浮かんでいるアイデアを，誰もが実際に見て触れることのできる「物体」へと「見える化」することにある。その結果，アイデアの良し悪しを早い段階で判断して，可能性のないアイデアを捨てること，その一方で可能性のあるアイデアを次々に改良していくことが可能になる。ゆえに特に初期におけるプロトタイプはダンボールやガムテームなど身近にある材料を使って手作りされる。また社会的な課題解決プロジェクトにおけるプロトタイピングの場合は，メンバーによるロールプレイやシナリオ作りなどが行われることもある。

モード5：Test／テスト

プロトタイピングの結果限りなく完成品に近づいたと考えられる製品やサービスであっても，それがまだ未熟な状態であると考えてユーザーの暮らしに沿った文脈の中で確認するのがテストモードである。テストの目的はプロトタイピングされた製品やサービスの精緻化にある。その結果，時にはもう一度プロトタイプのモードへと戻されるケースもでてくる。また想定されるユーザーがプロトタイプを使用する状態を見て，あらたなインサイトへと導かれることもある。

すでに述べたように，各モードは１が終わったら２へ，２が終わったら３へと順をおってリニアに進められるとは限らず，３から１へ戻ったり，それが何回も繰り返されることも少なくない。つまりスパイラル状にぐるぐる廻るという表現が適切なのだろう。それゆえ一定のフレームワークを一つ一つ埋めていくタイプの，従来の分析思考的なマーケティングプロセスに馴染んだ人にとっては，カオスな状況が続くように感じられて不安になることも多い。

それは，分析的思考が左脳をおもに使うタイプのメソッドであるのに対して，デザイン思考が右脳を集中的に活用させるタイプのメソッドであるから，と考えられる。ビジネスにおいて右脳を活用することに不慣れな場合，そのような不安な感情が生まれやすい。脳科学においては右脳と左脳の違いについて，以下のように理解されている。左脳を支配しているのは小さな自己の心や男性的な心で，判断，分析，言語，数値など，事実と細部を認識する能力に長けている。それに対して右脳は本能の意識と大きな自己に支配されており，社交的・女性的・直感的な心で，自由に考える，コミュニケーションの全体像を理解する，といったことを得意としている。従来型の組織において高い評価を得ているビジネスパーソンの大部分は左脳的に優れた人である。それゆえ彼らがデザイン思考を用いて課題解決に臨むためには，従来とは異なるマインドセットと右脳的な曖昧さを受け入れる覚悟が必要になってくる。その覚悟と心構えさえあれば，誰もがデザイナーのようにクリエイティブにビジネスを考えられるようになる，というのがデザイン思考である。

4－4　ヒッピームーブメントとシリコンバレー

1960年代から70年代にかけて，サンフランシスコを中心として全米に拡大していったヒッピームーブメントは瞬く間に世界の先進国に伝播し，その後の世界を変える巨大なエネルギーへと成長する若者文化の創造へとつながっていく。ヒッピームーブメントは当時の米国が抱えていた多くの問題に対する，若者らしい反抗精神を象徴するという一面も持っていた。特に徴兵制によって彼らが巻き込まれることになったベトナム戦争は，多くの若者たちを「目の前にひかれたレールを外れた生き方」へと向かわせた。

歴史上まだ誰も経験したことのない新しい生き方を模索することになった彼らがバイブルとしたのは「ホール・アース・カタログ（Whole Earth Catalog）」というカタログ雑誌であった。同誌を創刊したスチュアート・ブランドは，NASAが独占していた宇宙空間から撮影された地球の写真を公開する運動を一人で始め，成功した人物として有名だ。カタログと銘打っていても同誌に掲載されているのは，森での暮らし方のノウハウや必要なツール，健康的な食事の作り方や役立つ調理器具類，オーガニックな野菜の育て方など暮らしに関わる事柄から，開発されたばかりのコンピュータやそのネットワーク，そして宇宙開発に至るまで，実に多様多彩な情報であった。ここには新しい生き方を探して戸惑う若者たちが，クリエイティブに人生のイメージを拡大して行くことのできる情報が，分野横断的に掲載されていた。

まだインターネットが存在しなかった当時，このカタログ誌は，（スティーブ・ジョブズの言葉を借りれば）紙版のグーグル的存在として若者たちの大きな支持を獲得していった。専門性や領域という概念を超えて集められた情報は，新しい暮らしをデザインするための栄養源として，当時の若者たちの創造力をかき立てて新しい世界を創造するエネルギーになったのである。ホール・アース・カタログは1968年に創刊されて1974年まで発行されたが，その最終号の裏表紙には「Stay hungry, Stay foolish」という言葉が記されており，癌を告知されたジョブズがスタンフォード大学で行った講演で引用されて再び注目を集めることになった。

（http://www.wholeearth.com/index.php）

同誌からはその後の米国社会に大きな影響を与えるムーブメントや人材・組織がいくつも生まれている。たとえば，最終号発刊記念パーティをきっかけとして75年に活動を開始した「ホームブリュー・コンピュータ・クラブ(Homebrew Computer Club)」もその一つ。これは当時，軍や大企業に独占されていたコンピュータを，個人がDIYで組み上げ活用できるパワフルなツール=パーソナルコンピュータとすることを目指した運動で，その後のシリコンバレーにおけるテクノロジー文化の基礎となった。実際このクラブにはシリコンバレーで活躍することになる多くの才能が集まっていた。ポータブルコンピュータ「オズボーン1」の開発で有名なアダム・オズボーン，そしてアップルコンピュータを創業したジョブズとウォズニアックという二人のスティーブも熱心な会員であった。もう一つ忘れてはならないのが「The WELL」と呼ばれる「ホール・アース・エレクトリック・リンク」だ。インターネットが普及するはるか以前の1985年，ホール・アース・カタログ関係者らの電子会議室として立ち上げられ運営されたサービスである。ホール・アース・カタログから生まれたこれらの「種」はやがてサンフランシスコ・ベイエリアのあちこちで芽を出し始める。

ジョブズに限らず，その後シリコンバレーを創り上げていったアントレプレナーの大部分はヒッピームーブメントの中で青春時代を過ごし，それまでとは全く異なる価値感で人生を切り開いた若者たちである。「レールを辿らない人生」はこの時代の若者として，ある意味，当然の生き方でもあった。そして当時，東部エスタブリッシュメントに対抗する文化圏およびビジネス圏としての発展を目指していたサンフランシスコ・ベイエリア地域では，スタンフォード大学などのサポートを得て，数多くのスタートアップが創業されていった。さらに急速に普及するコンピュータとインターネットは，彼らにとって世界を変えるための強力な武器として，重要なサクセスファクターになっていった。こうして出来上がったのがシリコンバレーである。

ところで，ホール・アース・カタログを廃刊したスチュアート・ブランドはその後，サイバネティクス運動への関与を急速に深めていった。MITのメディアラボ所長の伊藤穰一氏は「Journal of Design and Science」というメディアラボが創刊したオンライン学術誌でスチュアート・ブランドやサイバネティクスに触れ「現在メディアラボが目指す『脱専門性（Anti-disciplinary）』の元になっているサイバネティクスの起源とその系譜の多くはもともとMITに流れるものであり，その痕跡は現在のメディアラボに多く残されている」と語っている。

しかしサイバネティクス自体は成熟度を増すとともに高度にアカデミックになってしまい，スチュアート・ブランドの言葉を借りれば「退屈すぎて死に絶えてしまった」のである。しかしその多岐にわたる影響のなかからやがてデザイン思考が生まれ，それに取り組んだ研究機関の一つであるメディアラボにも深く浸透している。伊藤穰一氏はデザイン思考について「今日メディアラボにおける分野横断的で実践的な慣行」と評価している。

（http://jods.mitpress.mit.edu/）

5　おわりに

大学が創り出すことのできる人材はいくつかの型に分類できる。たとえばI型と呼ばれる人材は，一つの分野に専門特化したタイプの人材を指している。特定の分野で研究を進め，その分野での専門家として活躍するタイプである。しかし社会が一層複雑になってくるのにつれて，T型と呼ばれる人材が注目されるようになってきた。一つの領域に深く根ざしつつ，他の領域に対する理解力があり豊富な知見を持つ人材である。さらに最近では，H型人材という考え方も生まれている。2つの領域をつなぎ合わせるような才能を持った人材という意味である。H型人材はバウンダリー・スパナー（boundary spanner）と呼ばれることもあるが，要するに領域と領域とをSpan（橋をかける）できる能力を備えた人材である。

そして前述したように，MITメディアラボにおいては「脱専門性」という考え方が提示されるようになった。伊藤穰一氏は「我々は伝統的な分野の間に存在する隙間に入り込んで研究しているか，分野とか領域という従来的な概念を超越した部分で研究をする人材を集めるようになっている。メディアラボに来るのは，他に行き場のない人だけにして欲しい」とまで言い切っている。

これから生まれる新しい世界においてビジネスをデザインできるのはどのような人材なのか。ビジネスをデザインしようと考える人々にとって，本稿がその答えを探すための一助となれば幸いである。

【注】

1）BはBenefitのB。B Labという認証機関による認証を受けた企業もBコーポレーションと呼ばれるため，その区別は複雑になる。もっともその大部分が各州の税法の下でも認められたBコーポレーションであるために，ここでは区別せずにBコーポレーションと表記する。

2）この場合の技術という概念はエンジニアリングと製造にとどまらず，マーケティング，投資，マネジメントなどのプロセスを広く包括するものである。イノベーションとは，これらの技術の変化を意味する。

参考文献

クレイトン・クリステンセン（2000）『イノベーションのジレンマ』翔泳社。

サリム・イスマイル他（2015）『シンギュラリティ大学が教える　飛躍する方法』日経BP社。

ジル・ボルト・テイラー（2009）『奇跡の脳』新潮社。

ピーター・ティール（2014）『Zero to One』NHK出版。

Johansson, Frans（2006）*The Medici Effect : What Elephants and Epidemics Can Teach Us About Innovation*, Harvard Business School Press.

参考ウェブサイト

アルファベット社

https://abc.xyz/

フランス・ヨハンソン

http://www.fransjohansson.com/

ホール・アース・カタログ（アーカイブ）
　http://www.wholeearth.com/index.php
IDEO社
　https://www.ideo.com/about/
Journal of Design and Science MIT Media Lab
　http://jods.mitpress.mit.edu

第3章
ビジネスデザインと実践哲学，社会理論との関連
―マネジメント実践的転回のパースペクティブ―

宮下篤志

1　はじめに

「選択と集中」という語彙を検索すると，日本経済新聞では過去１年間で103件[1]がヒットし，１週間に２～３回程度は使われていることになる。事業は絞り込むことで競争優位を明確にするが，一方，環境が変わったとき当該範囲に留まってしまうと衰退が余儀なくされるという危うさも抱えている。また，専門性を発揮するため細かく部分的に設計された仕事の成果が問われることになり，担当業務以外との関係性の希薄化に直面する。

一方，ビジネスをデザインするとは，主体者の目に見える，見えないを問わず様々な関係性の中で，世界の分割不可能な連関を統合的に捉え，考察し，実践するマネジメント（Management as Practice）が前提にある。そこで，われわれはビジネスの行為主体者として，分業ではあるけれども，ビジネスデザインを理論的および実践的に捉える場合，分業と統合という概念を乗り越える必要があるのではないか，という疑問が本節の執筆動機である。そのために，いかなるディスプリンが必要で，それをどのように実践に転移していくべきか？という問いを検討することにチャレンジしていきたい。

まず，援用すべき経営学の理論として，実際に，「人々が何をやっているのか？」というミクロ的な行為に着目する。しかし，これまでの主流とされる戦略研究の多くは，戦略の行為やその結果に対して，どのような論理的根拠があるのか，といった実証的な研究であった。この流れはどちらかというと，マクロ的に示されたビッグアイデアや基本命題を観察分析し，それらを概念化することで発展してきたといえる。この過程で，マネジメントにおける人々のプロセスというミクロの行為に対する基本命題は，必ずしも確立はされていなかった（Johnson, 2007 : 5, 訳 6）ともいえる。しかし，次第に実践の研究が数多くなされてきており，この流れは，2003 年に米国の経営論文集である，Journal of Management Studies 誌の 40 巻に端を発し，2007 年に Johnson たちが “STRATEGY AS PRACTICE”（邦訳は 2012 年）として発刊し，多くの研究者を引き入れ，重要な流れへと繋がっている。

これらの研究は，20 世紀米国に萌芽した，実践哲学であるプラグマティズムおよび社会理論，特に社会構成主義の視点からの思想である「実践的転回（practice turn)」という幅広いムーブメントに参与することで，人間の行為から戦略を見出す学際的研究方法に端を発する。この中心の考え方の一つは，言説（Discourse）が行為を表すという考え方から，戦略化（Strategizing）が実際に行われることに人々はどのように携わっているのか，二つは，彼ら彼女らはどうやって戦略的な成果に影響を及ぼしているのか，という 2 つの方向から様々な解明が進められている。特に，様々な関係性の中で，環境の変化という制約を受けながらも，努めて進化していくためには，言語を媒介として，従来までの考え方や概念に新しい経験や試みを塗り重ねていくという，能動的であり反省的な観点に立っている。

本節は，実践のマネジメント現場では分業という狭い範囲の中で行為しながらも，ビジネスをデザインしていくという関係性を紡ぐ全体性について深める。そのために，人々の行為というミクロ的視点が全体というマクロ的見地に連関しているのかについて一考察を試みる。

内容は，第 2 項で，マネジメントの実践，とりわけ実践としての戦略研究がプラグマティズムおよび実践の社会理論と深い関連があることを示す。このことによって，実践の戦略（Strategy as Practice）の領域を明らかにする。第3項で，実践としての戦略研究を実務家向けに展開する方法論の一つとして，「実践哲学対話」の現場およびその理論形成について述べ，対話によって社会が構成されていくことの重要性，とりわけマネジメントの進化との関係について明らかにする。そして，戦略を媒介として実践する人や行為の現場に真剣に向き合うための研究方法の理論的な見地に触れながら，ビジネスデザインという行為が目指す進化の可能性を模索する。

2　実践戦略と哲学，社会理論との関係

2－1　実践の戦略に至る理論的経緯とその概要

1970年頃から盛んになってきた戦略論の勃興期は，産業を中心として見る世界から，80年代にかけて産業の全体から企業の競争優位なポジションを巡る議論に移行した。その後80年代後半から90年代になると，企業の内面にある資源が模倣困難になることで競争優位を見出した資源論が盛んに議論されるようになってきた。次第に，マクロ的な部分から企業というミクロに亘って展開されるようになってきたのである。さらに，この理論が環境の変化に対する動的な資源に着目したダイナミック・ケイパビリティ論に発展する[2)]。この理論は「革新的なルーティンの統合，構築および再構築をする組織の能力」とされ，それらは暗黙の行為であるから，競争優位となることを強調している。

しかし，資源ベース論がこれまでも反論をされてきたように，研究者が理論の中で競争優位性をもたらす特定の活動を発見できなかったり，発見しようとしなかったりすれば，結果的には，ダイナミック・ケイパビリティ論まで発展した理論は実務家にとっても役に立たず，トートロジー（同語反復）で終わってしまう危険性は否めない。たとえば，暗黙であるから競争優位であるといった一元的な議論である。

そこで，人々が暗黙の中で「何をやっているのか？」といった，実践としての戦略（strategy as practice）の分析が必要となってくる。従来の戦略研究が結果に対してどのように論理的根拠があるのか，その証拠を示すための研究で

あるのに対して，実践としての戦略は，人間のミクロの行為を分析するアプローチであり，組織のメンバーのより日常的な戦略の実践を解明していくものである（Johnson et al, 2007 : 6, 訳7）。

この源流は，マーチとサイモン（March and Simon, 1958）やサイアートとマーチ（Cyert and March, 1963）といったカーネギー学派による研究にあると考えられる。彼らは，経営における人々の認知プロセスおよび組織のルーティンや能力からの研究をしている。特にサイモンは，「経営理論の中心テーマは，人間の社会的行動における合理的側面と非合理的側面との境界にある」とし，最も重要な前提は，「限定された合理性」（bounded rationality）であることを明らかにした（Simon, 1997 : 訳184）。そして，人は合理的に意思決定をするが，しかしその認知力および情報処理力には限界があるため，「現時点で満足できるものから意思決定をしておく」という，サティスファイシング（satisficing）という概念を打ち出し，プロセスの重視を強調する（Simon, 1997）。

彼はマネジメントにおける人々の行動理論を明らかにし，実践の戦略に繋がる重要な研究の潮流を生み出したのである。その一つは今日，センスメーキングとして定義されている，新しい認知をプロセスに転換する行為であり，二つは組織のルーティンおよび能力に関するものである。限定合理性を前提にすれば，行為者が自らを取り巻く世界を感知（センシング）することにも限界があり，その中でもプロセスに転換するためには，合理的であろうとするのである。また行為者は新しいプロセスについては，1から計算するよりも，過去のルーティンを拠り所とする傾向が高いと，完全合理性を否定する。サイモンが着目した行動理論は，ミクロの位置に同居しており，後の実践の戦略研究に大きな影響を及ぼしているといえる。

さて，現代の実践の戦略研究は，マネジメントにおけるミクロの行為に着目しながら研究が深められてきたが，Johnson et al（2007）は，これまでの実践の戦略の位置づけを明らかにするために，戦略経営の研究領域を示している（図3－1）。このフレームワークは，縦軸の下がミクロレベル，上がマクロレベルであり，横軸の右側は「どのように戦略は実現されるか」というプロセスであり，左側は「どのような戦略か」を考える内容である。

図3－1　戦略経営の分解図

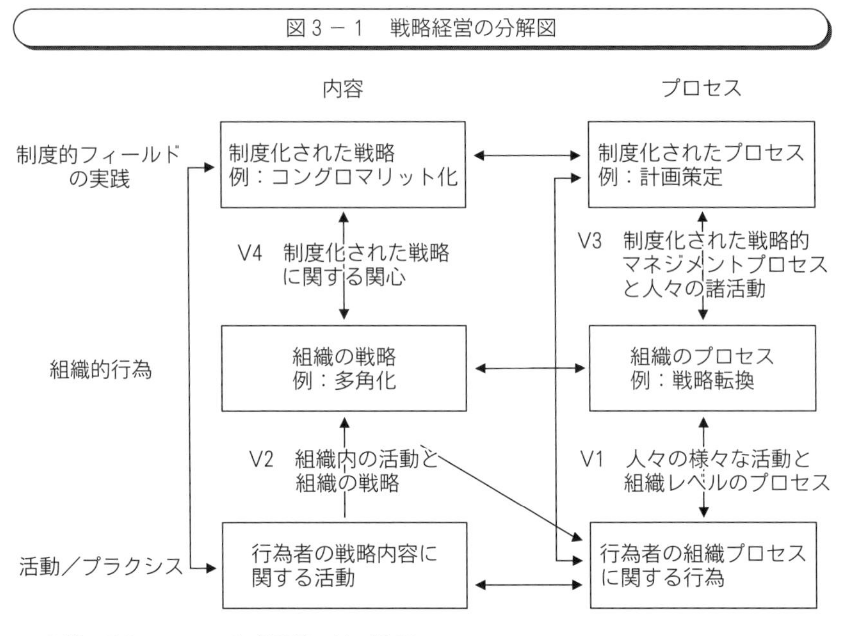

出所：Johnson et al（2007）：18，訳23.

図中のV1は人々の活動が組織プロセスやシステムにどのような影響を与えているかについて重点がおかれ，V2は人々の活動が，いかに組織の戦略に裏打ちされているかを示している。Johnsonらは，この領域はミクロの活動との関連であり数多くの研究機会があると捉えている。一方，V3は制度化された戦略的マネジメントプロセスと組織内の人々の活動を示し，V4は制度化された戦略に関する関心といった，ミクロとマクロを繋ぐ距離が長い概念である。そのため，彼らによればV3およびV4は，実証的な研究はこれまで行われておらず，豊富な研究機会が眠っていると指摘している。そして，図3－1を示すことによって，実践としての戦略は，右下の行為者の組織プロセスに限定するのではなく，他のパートとの関連の中で，人々が何を行っているのか，を探究すべきだと強調している。

例えば，ヤマト運輸の経営者であった故小倉昌男は宅急便の創始の頃，競合との差を次のように語っている。「…本当にサービスというものは目に見えにくい。ゆえに，本当に差別化できているかどうか常にチェックする必要がある。ヤマトでは，一つひとつの荷物について追跡し，翌日配達の達成度合いを調べ，留守宅が多い事実にぶつかった。そこで『在宅時配達』を展開し，ライバル郵便小包と決定的に差をつけたのである」（小倉，1999：117）。

宅配便の創始の頃は，配達というルーティンには，荷物の受取人が不在というのは含まれていなかった。そこで，不在者への再配達という新たなルーティンを加えることで，（配達というルーティンを）進化させたのである。ルーティンを組み換えることで新たな知識が生まれ，これがイノベーティブな行為に繋がったと捉えられる。これらは，図3－1におけるV2の組織内活動と組織の戦略に位置するものと考えられる。

2－2　実践的な理論

前述のように，実践の戦略（Strategy as Practice）は，人間のミクロ的な行為に着目することから，実践的転回の様々な学際的な研究と関連している。具体的には実践哲学としてのプラグマティズムおよび実践の社会理論など「幅広い知的ムーブメント」（Johnson et al 2007：31，訳41）に参与する意識が高まっていることを明らかにしている。このムーブメントの中心的なパースペクティブは，行為をする主体者（人や組織）に着目しながら，そのミクロの活動に分析主体をおき，どのようにマクロ的な観点に繋がるのか，そして，それがいかなる実践的な影響の可能性があるのかを引き出すことであると考えている。しかし，Johnsonらは，戦略研究者については，「知的ムーブメントの流れに大きく乗り遅れている」とも指摘し，マネジメントにおけるミクロの活動に着目した実践的転回の研究領域が広がっていることを強調している。

■プラグマティズムとの関係

まず，プラグマティズムの流れから説明してみよう。一般的にアメリカやイギリスの哲学は「分析的」であるという特徴をもつ。この過程は，哲学が「真理」を探究してきたので，曖昧さを極力取り除き，「正しさ」をより厳密に追求してきたのである。分析哲学が探究の対象とするのは，論理的かつ経験的に検証し得る「有意味」な領域であり，詩的で曖昧な表現は「哲学」とみなされない。一方で「大陸哲学」は，ヨーロッパで発展し，日本では現代思想とよばれるもので，「合理的思考」に対して批判的で，自然科学に対しても懐疑的である。そして，明晰な文章よりも，主観と客観の区別をしない両義的観点から捉え，かつ詩的な表現が好まれたのである（大賀，2015：18-20)。

このような流れの中で19世紀の後半にアメリカで，プラグマティズムが萌芽する。パース（Peirce)，ジェイムス（James)，デューイ（Dewey）は，様々な方法で哲学が実践的であることを強調してきた。「プラグマ」とは，ある探究に対して行動を意味するギリシア語である。プラグマティズムは，一つの完全な正しさの探究を放棄し，「それなりの正しさ[3)]」を無数に生み出そうとする方向にシフトし，ある考え方が何を生み出し，人々をどのような行動に導いてゆくのか，ということを重視する。

プラグマティズムを確立した一人であるデューイは次のように述べている。「世界は一面から見れば疑いもなく一つである，しかし他面から見ると同じく疑いもなく多である。世界は一にして多である一種の多元論的一元論を採らざるを得ないではないか。あらゆるものはもちろん必然的に決定されている，けれどもわれわれの意思はもちろん自由である。すなわち一種の自由意志的決定論こそ真の哲学なのである」(W. ジェイムス，1957：21-22)。彼は，合理論のように一つの唯一の体系をつくってしまい閉鎖的になることではなく，古い真理が新しい真理の付加によって成長していく，特に，人間の知識は実践から見出されるものであり，人間による活動を知識創造であると考えたのである。

では，究極の唯一の正しい真理を探究することを否定するプラグマティズムは何を目指すのであろうか？　彼らは，暫定的な解を終わりなき対話によって，今まで誰も気づかなかったような，「世界」についての新たな観点を生み出すことを目指すと考えるのである。そのような手法で導きだされた「世界」についての観点からは，その時点で最も「うまくいく説明」(有賀，2015：183）が採用されるが，やがて常にそれは修正され，進化をしていくのである。

プラグマティズムはその後，実証主義や分析哲学によって水面下に追いやられたが，ローティー（Rorty）やパットナム（Putnum）などによって，ネオ・プラグマティズムとして盛んに論じられることになる。特に，ローティーは，我々が連帯を広げるためには，対話的な実践が必要であり，異質な他者との対話を通じて，新たな思考を得ることを常に志向することによって，我々はある種の倫理を達成できると考えたのである。

■実践の社会理論との関係

プラグマティズムの進展と同様に，人間と社会との関係を分析する社会理論においても，人間の行為というミクロ的転回に着目した理論が盛んになっていた。社会理論の実践的転回は，ピエール・ブルデュー（Pierr Bourdieu），ジーン・レイヴ（Jean Lave），エティエンヌ・ウェンガー（Etienne Wenger），ミッシェル・フーコー（Michel Foucault），アンソニー・ギデンズ（Anthony Giddens），K・J・ガーゲン（K. J. Gergen）を挙げることができる。これらの社会理論は，日常的なあらゆる活動に関心を寄せているのが特徴で，社会的実践の中で，人間の行為は言語，スキルおよび共通理解を通じて，行為の概念を形成し，それらが実践されることで社会が構成されるというものである。

ブルデューは，実践の概念としてハビトゥスという概念を用い，人々の日常的な行為は，一方で習慣的な拘束を受けているから，ある種の傾向性を持っていることを説明している。それゆえに，完全にランダムな動きではなく，構造的でもある。しかしもう一方で，変化する状況の中に対応できる即興性をも備えたものであり，「構造化された構造であると同時に構造化する構造（structures structurantes)」であると定義した（Bourdieu, 1980 : 訳 83)。ブルデューの言うハビトゥスは，知らず知らずに歩き方や喋り方が学習されるように，暗黙的に学習した身体が生み出す行動様式としての実践を表現する。しかし，行為がルーティン化され，あるパターンの中に行為の傾向性が織り込まれていく側面と，他方で状況の変化における瞬時の判断や，状況の細かな変化に対する微調整をする側面があることが強調される。

レイブとウェンガーは『状況に埋め込まれた学習』という著書の中で，マネジメントの研究方法にもその分析方法が援用できることを示唆した。彼らは，「実践共同体」における人々の学習という行為に着目し，コミュニティーの一員になっていくことが学習であり，それらは社会的に生じたものであり，その活動は共振しあう関係にあるということを強調した。事例研究として，徒弟制の学習に着目し,「正統的周辺参加（Legitimate Peripheral Participation)」と呼び，暗黙知による学習によって知識を概念にしていることを見出したのである（Lave and Wenger, 1991)。

さらに，実践の戦略研究領域で参照すべき重要な理論として実践社会理論の一つである，社会構成主義がある。この理論は21世紀に入った頃よりイギリスや北アメリカで着目されている。その中心となる考え方は，慣習的な知識は客観的で歪みのない観察に基づいているという見方を疑い，世界のありままの観察によって明らかにされることや，存在しているものは我々が知覚しているから存在するといった前提を排除し，その見え方の前提を絶えず疑うように注意を促すのである（Burr, 1995 : 訳4)。そして，言語に着目し，言語はわれわれ自身を表現する手段であるだけではなく，人々が互いに話し合う（対話する）とき，世界は構築されるという考えである[4]。

この理論の提唱者の一人である，アメリカのK・J・ガーゲンは次のように4つのテーゼを明らかにしている（Gergen, 1999 : 訳72-76)。

① 私たちが世界や自己を理解するために用いる言葉は,「事実」によって規定されない。(言葉が事実を構築している)
② 記述や説明，そしてあらゆる表現の形式は，人々の関係から意味を与えられる。
③ 私たちは記述したり説明したり，あるいは別の方法で表現したりする時，同時に自分たちの未来をも創造している。
④ 自分たちの理解のあり方について反省することが，明るい未来にとって不可欠である。

これらの研究が着目するのは，構造よりも「過程」であり，人々の社会の特質についての問いから，知識の一定の現象ないし形態が，相互作用の中で人々によって「どのように」獲得されるのかという考察に移行されると考えている(ibid,. : 訳12)。

■実践の戦略との関係

これまでプラグマティズムや実践の社会理論を振り返ってきたように，両者は分野こそ違え，日常を出発点にした人々の実践的な活動をミクロ的に捉え，物事を成し遂げるために必要なスキルを参照するアプローチである。そのため，現実の流れるダイナミズムの中で，唯一の絶対的な見地からの解を避け，組織を創りあげていくことを尊重し，そのプロセスを分析し，さらにマクロ的見地に繋ぐ試みをしている。

上述の理論的な背景から，実践の戦略研究の学際的な広がりが示唆されている。Johnson らは，実践哲学および社会理論と関係付けながら，この研究分野を図３－１に適応させながら分類している。一つは「ミクロ－プロセス」領域である状況学習からのアプローチ，二つめは「ミクロ－内容」領域であるセンスメーキングという感知を戦略やオペレーションに転移するアプローチ，三つめは「プロセス－マクロ・ミクロ間」領域であるアクター・ネットワーク理論である，その理論の特徴は，戦略の行為者は人的なものにとどまらず，モノ（例：コンピューターや手順など）も含みながら，行為者を追っていくというものである。そして四つめは「プロセス・内容－マクロ寄り」領域の制度理論である。制度理論は，組織がどうあるべきかを広範な環境の中にある制度的ルールや文化的な規範が決定づけるというもので，組織ルーティンからはマクロ的になっている。

実践の戦略はこれらの分類の結果，社会的な諸制度がどのような戦略のミクロなエピソードをつくるのかという点だけでなく，「いかなる対話や文脈・状況が組織の生成を促すのか」を解明しながら，経営理論はどのような役割を果たし，また実務家が効果的な戦略策定者になるスキルや技術とは何か，までをも示唆するマクロ，ミクロ的見地の幅広いリサーチ・クェスチョンが提起されており，マネジメント研究の新たな実践分野が広がっているのである。

例えば，サムラ・フレデリクス（2003）が Journal of Management Studies 誌において，マクロ的戦略を構築する担当者たちが，どのようにして同僚との相互作用を通じて戦略の方向性を同僚たちに納得させるための修辞的な方法を用いているかを調べるために，ミクロ的な会話分析を行っている。彼女は，相互作用における会話を重視することは，インタビューに基づいて行う類推とはまったく異なったものであることを強調し，こうした方法には緻密な会話の記録が不可欠であるという（Samura, 2003 : 142）。そして彼女の研究が現在も評価されている点は，ミクロ的な転回をマクロの理論と繋げているところにある。

研究対象は，あるフランス企業の製造子会社における5カ年の経営戦略策定を舞台にしている。登場人物は6名の担当者で，その中でSA氏（役員ではない）の言動が，周囲にどのように影響を与えながら，戦略が策定されていくのかのプロセスについて詳細な記述をし，組織エスノグラフィーの中で繰り広げられた会話を分析している。この研究は，対話による言葉が「小さな1歩」に次の「1歩」が重ねられ，次第に戦略思考法の実践をみせたとしており，実践的転回でプラグマティズムや社会構成主義が強調するところの，言葉を通じて，次第に状況を変化させていく，つまり，言葉と状況の巧みな相互関係を意識的に使って，戦略策定というマクロ的な結果に結びつけたことを明らかにしたのである。

3　実践哲学対話のマネジメントへの効用と課題

3－1　マネジメントにおける「対話」と実践的展開

前節までは，実践の戦略について理論的な見地からのアプローチを試みた。そこで本節では，実務家にとってマネジメントの実践的転回におけるこれまで論じてきた内容との関連について検討していきたい。その事例として，対話による進化を促す，「実践哲学対話」の方法論の適応を考える。この流れは，われわれがこれまで考察してきたように，「対話」（Dialogue）によって学習を重ねて社会を構築していく，プラグマティズムおよび社会構成主義の流れを前提とする。そして，対話を推進していくために，哲学の批判的思考を援用しながら，多元的な考えを尊重し，異なる要素を繋ぎながら組織を進化させていくというマネジメントの課題に適応させることを目指すものである。

私たちは，「何かを記述したり説明したり，あるいは別の方法で表現したりするときに，自分たちの未来をも創造している」（Gergen, 1999）との見地から，現実は言葉のやり取りを通じて知が生成され，組織の方向性や戦略などがそれらによって築き上げられていくと考えることができる。同様な見地からプラグマティズムの哲学者であるジェームスは，私たちは各々の経験から多様な価値観を抱いているけれども，つねに自己と他者が影響を与え合い，お互いに変化し続けていく可能性を重視しており，様々な差異を持つ人々が互いに分断された状態を目指しているのではなく，お互いの違いを理解し合い調和することで生み出される一つのハーモニーであると考えていた（ジェームス，1957）。

「実践哲学対話」の具体的手法は，従来からの批判的（critical）アプローチの応用である。組織のメンバーを，予め設定された文脈に埋め込まれた中で対話をしながらダイナミックに考え方が動いていく進化を期待できる。それは多角的理解（multiverse）と定義され，一つの同じ現象，例えばある問題が幾通りにも記述され，理解されることを意味している。そのため，さまざまな人がどのように自分の記述や説明を作りだしているかを理解するために対話を繰り返すことが必要なのである（Andersen, 1991：訳53）。

研究ではこれまで行ってきたことや，現在推進していることを観察し分析することでその目的を成すことはできるが，「実践哲学対話」はその「場」で生成していく第一人称的行為といえる。そこで必要となるのが，これまで実践哲学を探究してきた，「哲学プラクティショナー」の存在である。この哲学プラクティショナーが対話を深める役割をしながら，台本にはない参加者のこれまでの経験や価値観から発せられる組織的なディスコースを深めて，考察を一つひとつ進化させていくプロセスを辿るのである。

これまで「実践哲学対話」は，社会的な活動での適用が主であったが[5)]，筆者らは，この活動を戦略構築など企業活動に応用し始めている。この先進は米国にあり「哲学コンサルティング（Philosophical Consulting）」などと呼ばれ，企業や団体を「学習する組織（learning organization）」に変えることを標榜して活動したり，経営リーダー育成に活用されたり，あるいは経営理念やビジネス倫理などの研修とも結びつきながら，世界で発展を続けている（宮下，2016：137）。しかし，日本はビジネスと哲学を切り離してしまう傾向があるのか，この分野では，世界的な潮流からは2周回遅れとまで言われてきた。

実践哲学対話の目的は，時間の経過と共に，対話を「重ね合わす」「場」を形成することによって，言葉と背景となる状況の関係性が紡がれ，考察が深まって強い実践に繋ぐ未来をつくり出すことである。

3－2　実践哲学対話

哲学対話から実践への繋がりについて，「対話を通して，あるテーマに真摯に考えを巡らせるときには，そのテーマに対して真摯な姿勢が生まれ，自分の人生を吟味して生きることにつながる。これを“哲学の実践”という」（河野哲也講義資料）と，対話は人の生き方を吟味することを明らかにしている。そして進化していくためには，多義性を重んじ，対話などのコミュニケーションを確保するシステムをつくり，言葉の力を認識して他者を信頼することの重要性を強調する[6]。

図3－2は，実践哲学対話のスイートスポットである。

図3－2　『実践哲学対話』のスイート・スポット

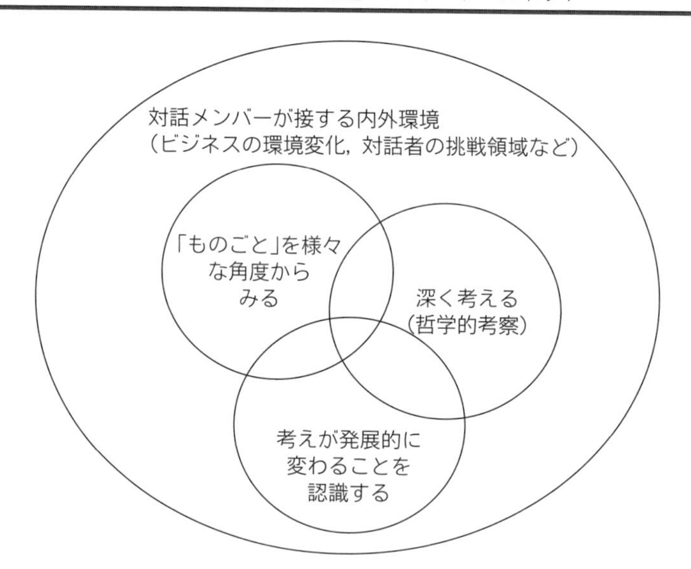

出所：宮下（2016）：141。

図3－2における右の円の領域である「深く考える」領域は，プラグマティズムにおける「自由意志」に対応するもので，「新しい意見は古い真理に頼るとともに新しい事実を捕らえねばならない。…だから古い真理が新しい真理の

附加によって成長してゆく」（ジェームス，1957 : 71）。つまり，これまでの経験を基準にしながら語り，対話から従来の考察と重ね合わせ，新たな考えの出現が期待される。図3－2下の円の領域の「考え方が発展的に変わることを認識する」領域は，「私たちが世界や自己を理解するために用いる言葉は，『事実』によって規定されない」（Gergen, 1999 : 訳 72-76）にあるように，対話によって環境の変化の認知や参加者との相互作用によって変わってくることと対応している。これらは，実践の戦略の概念の一つである「センスメーキング」に繋がるもので，複雑な戦略状況を感知するプロセスが，対話によって徐々に進化することと似ている。図3－2左の円の領域の「ものごとを様々な角度からみる」領域は，前述の多角的理解（multiverse）に繋がるもので，われわれは，見たことのないものや考えたこともないものが常に存在するということを認めながら対話をする重要性を示している（Andersen, 1991 : 訳 53）。

実践哲学対話は，参加者から発せられる言語を否定することなく，一歩，一歩変化を認識しながら，考察が変化，形成されていくプロセスからの組織学習を実現できることを意味する。レイブとウェンガーは，多くの実践で行われている，教える方が一方的に話す教授学的構造化では，学習者にとって，どのように状況が構成されているか，それがどう知覚し，今後の学習に影響を与えるかについて見通しが得られなくなることを指摘する（Lave and Wenger, 1991 : 訳 99）。実践哲学対話に参加する人たちは，現在進行中のプロセスの中を，クリエイティブに（創造性豊かに）進んでいき，プロセスというミクロ的行為から状況的な関係性をつくることが可能となる。

3－3　実践哲学対話からのマネジメントの効用

本項では，「実践哲学対話」を企業のマネジメントに取り入れた現場を見ることによって理解を深めたい。マネジメントは意思決定の連続であるが，一回で完結することは稀であり，現実は一つひとつの考察および対話などを重ねるプロセスの結果として行われている。集団合議制による意思決定を標榜しているのではないが，最終的な意思決定も何らかの議論や対話が繰り返されているはずだ。

筆者らはある企業の幹部研修において，東京都八丈島町においてフィールド・ワークを行い，人口減少という厳しい社会に直面しながらも，近未来の営利組織および社会のあり方の提言を行った。その研修の概要はビジネス・プランを策定してそれらを八丈島の方々に発表し，批判的討議を受けながら，現場主体のビジネス創造および再生のマネジメントの観点について学習を深めるというものであったが，受講生がこの現場で学習した要素を，所属する企業の文脈にどのように適応するかは，個々に深い考察をさらにする必要があった。そこで，哲学プラクティショナーとして，上智大学文学部哲学科の寺田俊郎教授をお招きして，価値観の相違がでるであろう，「ビジネスにおける志」という課題で「実践哲学対話」を行い，多義性を表層させながら，考察の進化を試みたのである。

前提として，八丈島におけるホテル経営者の話から，廃業したホテルを買い取り，産業として観光業を隆盛させるとの「志」に触れたことがきっかけであった。以下は対話の概要のみを紹介する。

（P：プラクティショナー，この日の参加者は18名であった。全員が発言しているが要点に留めている）

P　　　：「ビジネスにどうして志が必要なのだろうか」
　　　　　という問いがなされた。

受講生：「経営者であれば，高い志をもって社会や人々に貢献できるのかを考えなければならない」
　　　　　との意見が多かった。

P　　　：「そもそも志が高い低いは誰が，どう判断するのか」
　　　　　と，さらに進化した問いが立てられることになった。

受講生：「個々人が持っている志を，どのように会社としてまとめるのかが経営として大事なこと」
　　　　　と，次第にアクションラーニングを受講生のビジネス環境の文脈に持ってきている。

受講生：「しかし，大きな組織では出る杭は打たれる。当社では自分の志をマ

　　　　ネージしてしまうのではないか」
受講生：「でも，そこに安住すると楽」
P　　：「志とは，欲求の延長線上にあるのだろうか」
受講生：「志とは，共に持つことが出来る。伝えていくことができるもの」
受講生：「スタッフの各々の存在価値を認める，認め合う。そこで初めて同じ志をもてるのかな」
受講生：「（人々に）影響を及ぼす範囲が広ければ広いほど，（その人の）志は高いのではないか」

マネジメントは，利益を上げていかなければ空論になってしまうが，それを実現するためには「志」が必要であるということはよく耳にする。しかし，「志」とは一体何なのだろうか？　という深い問いにはなかなか答えられない。この企業では「志」や「理念」を利益の追求と同様に行動規範に定めているが，対話を進めていくと「志」という概念について，受講生の中に様々な考え方が存在することが明らかになる。日常の業務では，教える教わる行為と本人の学習の観点における対立が無視されるため，そこからの発展が曖昧になってしまう傾向にある（Lave and Wenger, 1991：訳 100）。これは所謂組織の DNA といわれているように，同じような思考や行為をもった人々が輩出され，組織内ではそれらがクローン化していく現象を生み出す。

実践哲学対話は，参加するコミュニティーにおいて，様々な状況と多様な関係を伴いながら学習するプロセスを重視している。それは幅広い理解をすること，環境の変化を認識すること，認知を修正しながら進化することを目指すものであり，従前の事実的な知識のかたまりを「受容」することからの脱却を図る。

本項の対話事例を振り返ってみよう。当初はマクロ的な考察をしながら，「志」という概念を社会や人々に貢献できる要素として対話がされていたが，「志」を受講生の企業というミクロに適応させると概念が変化し，「出る杭は打たれる」という象徴的な事例から，「志」は妥協の産物で軟化してしまうのではないかという，逆のパターンに触れる。これらは，対話の参加者が八丈島という「状況設定」から「参加者が所属している組織の状況」に文脈を変化させた結果である。その背景となる状況と言葉は，人々の関係の中でどのように用いられるかによって，その意味が擁護されるのであり，意味は，人々の同意，交渉，肯定によって作り出せるものと考えている（Gergen, 1999 : 訳 73）。つまり，言葉の背景には明示されていないルールが存在し，生活様式の中に埋め込まれているのである。「実践哲学対話」では，ファシリテーションをする哲学プラクティショナーによって，視点や視座を変化させながら対話を進化させている。

この対話によって，「組織をマネジメントしていくためには志が必要である」，といった前提を疑問視し，「明らかだ」とされているものを疑い，八丈島の社会的状況と参加者の企業組織の状況という別の枠組みを受け入れ，さまざまな立場を考慮してものごとに取り組む姿勢を見出すのである[7)]。「出る杭は打たれる」といった文脈の存在でさえも奇異に捉えず，「伝えていく」という行為，「スタッフの各々の存在」という知覚，「認め合う」という認識を備えながら，対話が環境との相互関係に広がりを見せている。そして，「影響を及ぼす範囲が広ければ広いほど，志は高いのではないか」という暫定的な合意に至るのである。

これら一連の行為は，言葉の認識とその対話の背景となる関係性を考えることを，動的に行い，比較的順応性のある解釈のスキームを形成している。対話のプロセスを通し，「志」という概念が追加または変化し，対話者が認知した要素の結合，修正を通じて，再定義されたのである。対話は，自分たちの理解のあり方について反省的見地を導くことができ，「未来」を形成することに不可欠な要素である。

「実践哲学対話」は，戦略策定をするプロセスや，意図せずして起きる事故やコンプライアンスから逸脱した場合の反省的見地，および前述のように研修学習課題と現場学習を繋ぐときに適合する。昨今，日本におけるビジネス社会は「結果が全てである」という言葉をそのまま鵜呑みにしてしまい，プロセスを認識する行為がそっくりと抜けてしまっている場合が多い。結果の重視は必要不可欠であるが，そのことによってプロセスが劣位になるということは本末転倒である。実践哲学対話の手法は，プロセスを批判的に捉えることによって言葉と状況の相互関係の深さを認識，進化する契機となる。

4　組織的進化をデザインする

4－1　進化することを認識する

私たちは何らかの組織に属しており，人々との関係性によって進化していくことが促される。とりわけ企業という組織は，常に，今日より明日，明日より明後日というように進化しながら，他社よりも優れた競争優位性を保とうとする。哲学者であるクーンの理論を援用すれば，「人々の進化はあるパラダイム（特定の理論，事物に対する考え方，方法）という基本的な思考の枠組みに依拠して行われるが，それによって解明し得ない困難に逢着すると，それまでのパラダイムに大幅な変更が生じることがある」という。クーンはこれを「科学革命」と呼んだ（大賀，2015：182）。また，社会構成主義の立場は，私たちすべてを取り巻くものは独立して存在するのではなく，全容は見えないけれども関係性の中で存在していると考えており，未来をつくるためには，異なる可能性に対して，批判の目を向けることだと強調する。

1980年代の半ばにおけるインテル社のDRAMからマイクプロセッサーへの戦略転換は，日本企業による攻勢に対して，自社のケイパビリティの限界を疑ったパラダイムシフトによって，進化している。またその逆にコダック社は，デジタル化の時代を見出しながらも，銀塩フィルムの将来を疑っていなかったためパラダイムを転換することができなかったともいえる。ここで言う，「疑う」ことは否定を意味するのではなく，これまでの歴史や伝統を正しく理解することが前提になっていることを見落としてはならない。そのためには「対話」によって，今まで思いもつかなかったような「世界」についての新たな観点を獲得し，しかしそれは常に修正されてゆくことで進化をする，とプラグマティズムは考えている。

マネジメントにおける進化を捉えていくなら，対話の中にそのチャンスが眠っており，周囲の状況との関係性を認識しながら，ダイナミズムを起こす言葉としての機能に着目することだと考えられる。特に経営学の主な対象である企業組織においては，経営者およびその周辺の人たちの対話を中心とした言説（Discourse）にもっと着目することが，研究者および実務家には必要であり，全体を捉えることは難しいけれども，関係性を認識しながら，現実を疑うことで，現状の概念を広げることが可能となるかもしれない。本節では，ものごとが流れていくプロセスに着目し，言説から相互作用の中で知識が創出されていく可能性を指摘した。それは，人々が従前から持っているのではなく，共に行うことで生成されるものである。

進化は，過程であり完成されたものではない。企業組織における進化もある一点を切って分析する静的構造ではなく，われわれが運命的に生き抜く動的構造であり，常に歴史的な時間の流れの中での進化の過程であることを認識することが必要である。

4－2　実践のマネジメントをデザインする

冒頭の議論に戻れば，実践の戦略研究は，マネジメントの現場におけるミクロの行為に着目し，それらがどのような結果，マクロ的視点に結び付いているかを解明することが目的であった。このことは実務家においても，結果に結びけるプロセスを重視しながら，それを漸次的に進化させることがマネジメントの大きな課題であることを示している。

われわれが接していると思っている状況は一部であって，目に見えない概念や事象が存在することを認識し，努めてその視点を関係性の中で広げるということである。そのためには，研究者も実務家も「外へ出て，その目で観察」し，複雑に絡み合っている多くの事象のベールをはがしていくことに意味を見出すことが必要である。

企業組織では様々な言葉による対話が行われており，喋り方や沈黙の仕方，情報の交換，これまでの逸話や物語が利用されている。それらは，同時に周辺の歴史や文化などの制約を受けており，そのプロセスに埋め込まれた言語として解釈することが求められるのである。

したがって，実践のマネジメントをデザインするとは，企業は様々な環境との空間的な相互依存の関係にあり，実践の行為の一つひとつが歴史的・環境的な制約を抱えているとの認識の上に立ち，絶対的な正解という一つの結論を追い求めるのではなく，複雑な状況を読み解く深い対話から実践を繰り返し，検証を重ねることで「より正しい」方向性を見い出し，組織の進化をデザインすることであるといえる。

5　おわりに

実践としての戦略は，マネジメントに携わる人々の行為と，お互いの相互作用に着目したプロセスに着目したミクロ的視点が，言動を通して互いに対話することで構築され，進化することと考え，それらの結果をマクロ理論に繋げることで理論的な生成を試みてきた。今日，グローバル化によるハイパーコンペティションが激しくなり，人々の対立は深まっているのも事実である。このような状況において，対話という新しい資源は，知識の転移や同化のプロセスではなく，組織的進化を果たす多様なレパートリーを築く可能性を秘めている。現状維持と変化の対立点を見出し，その歪みを乗り越えることで組織の進化が起きると考えられる。

立教大学ビジネスデザイン研究科が育成する人材像である「スペシャリスト・ゼネラリスト」とは，関係性を深く捉えながら（ゼネラル的見地），正誤といった言語の二分法ではなく，歴史的背景を正確に把握し，現在を疑うという（スペシャルな）見地で，新しい未来を形成していくパースペクティブを持つことであろう。そしてわれわれは分業に依拠した限定された立場であっても，批判的かつ創造的な対話を続けるプロセスから，ものごとの関係性を紡ぐことで，全体性を捉えながら，ミクロからマクロ，マクロからミクロの双方の視点を持って，未来への進化をデザインしていく努力を怠らない必要があるだろう。

【注】

1）日本経済新聞朝刊，夕刊（2015年5月6日～2016年5月7日）。日経テレコンから検索。

2）ダイナミック・ケイパビリティに関する研究は緒に就いたばかりといってよい。進化論に結びついた理論であるため，そもそもの起源はミクロ・レベルで生じた様々な活動がマクロ的な効果を生み出す可能性がもつ重要性があるといわれている。しかし，現在の研究では，観察可能で，多くは文書化されている組織のシステムや単純化されたルーティンに依拠しており（Gavetti, 2005），実践としての戦略の研究領域と考えられる。

3）「それなりの正しさ」とは，多くの人がそれを「正しい」と見なしているものを，暫定的ながらも「正しい」ものであるとすること。つまり，プラグマティズムは絶対的に正しいものなど存在しないという懐疑主義の立場にたつ（大賀，2015 : 56）。

4）社会構成主義は，言語を自分自身と世界の経験の構造化する仕方をもたらすのであり，われわれの使う概念は，言語に先立つのではなく，言語によって初めて作られると考える。そしてわれわれの考える「人である」ことの意味は，いつでも異なった状況で構築された可能性があり，さまざまな言語と，人格性のきわめてさまざまな理解の仕方が存在する世界に住んでいる，というのが前提となる考え方である（Burr, 1995 : 訳 52-53）。

5）ここ数年，日本でも実践哲学の活動が大学の哲学教授らを中心とした哲学プラクティショナーによって盛んになり，「哲学対話」を実施する NPO 法人や一般社団法人の設立もみられるようになってきた。例えば，立教大学文学部教育学科の河野哲也教授，上智大学文学部哲学科の寺田俊郎教授らは，学校教育の現場で哲学対話を実施し，「子どものための哲学対話」をクラスで行うことで，思考力や発言力の向上，クラス運営へのプラスの効果，さらにはいじめの減少などにも成果を上げてきている。また，東日本大震災の被災地などでも「哲学カフェ」を開催し，人と寄り添う哲学者として人生に関する深い考察を引き出す哲学対話のファシリテートを行っていることで有名である。

6）河野教授は，実践哲学対話で不正が多い組織の反省的見地を扱った経験から，これらの組織は硬直的でコミュニケーションをシステムとして採り入れていない事例が目立つと指摘している。

7）私たちが「事実」「真理」「正義」「どうしても必要なもの」として受け入れてきたものすべてを，疑うという覚悟が必要だという（Gergen, 1999）。しかし，伝統を否定するのではなく，歴史的，文化的に創り出されたものであることを正しく理解し，言葉によって，異なる伝統をも理解し認めることだと考えている。そのためには，異なる伝統間に共通基盤を形成する対話が必要と結実をしている。実践！哲学対話はこの「対話」に切り込んでいる具体的手法であることが理解される。

参考文献

大賀祐樹（2015）『希望の思想　プラグマティズム入門』筑摩選書。

小倉昌男（1999）『経営学』日経BP社。

ジェームス，W.　桝田啓三郎訳（1957）『プラグマティズム』岩波文庫。

宮下篤志（2016）『進化デザイン戦略』晃洋書房。

Andersen, T.（1991）*The Reflecting Team : Dialogues and Dialogues About the Dialogues*, W. W. Norton & Company.（鈴木浩二監訳『新装版リフレクティング・プロセス：会話における会話と会話』金剛出版，2015年）

Bourdieu, P.（1980）*LE SENS PRATIQUE*, Les Editions de Minuit, Paris.（今村仁司・港道隆訳『実践感覚Ⅰ』みすず書房，1988年）

Burgelman, R. A.（2002）*Strategy Is Destiny*, The Free Press.（石橋善一郎・宇田理監訳『インテルの戦略：企業変貌を実現した戦略形成プロセス』ダイヤモンド社，2006年）

Burr, V.（1995）*An Introduction to Social Constructionism*, Routledge.（田中和彦訳『社会的構築主義への招待―言説分析とは何か』川島書店，1997年）

Cyert, M. and March, G.（1963）*ABEHAVIORAL THEORY THE FIRM*, Prentice Hall, Inc.（松田武彦・井上恒夫『企業の行動理論』ダイヤモンド社，1967年）

Gergen, K. J.（1999）*An Invitation to Social Construction*, London : Sage.（東村和子訳『あなたへの社会構成主義』ナカニシヤ出版，2004年）

Johnson, Gerry, Ann Langley, Leif Melin, Richard Whittington（2007）*STRATEGY AS PRACTICE*, Cambridge University Press.（高橋正泰監訳『実践としての戦略』文眞堂，2012年）

Lave, J. and Wenger, E.（1991）*Situated learning : legitimate peripheral participation*, Cambridge University Press.（佐伯胖訳『状況に埋め込まれた学習：正統的周辺参加』産業図書，1993年）

March, James G. and Herbert A. Simon（1958）*Organizations*, New York : John Wiley & Sons, Inc.（土屋守章訳『オーガニゼーションズ』ダイヤモンド社，

1977年)

Samura-Fredericks, D. (2003) Strategizing as lived experience and strategists : everyday efforts to shape strategic direction, *Journal of Management Studies*, 40, 1, pp. 141-174.

Simon, H. (1997) *Administrative Behavior : A Study of Decision-Making Process in Administrative Organizations*, Fourth Edition, The Free Press. (二村敏子・桑田耕太郎・高尾義明他訳『【新版】経営行動』ダイヤモンド社，2009年)

第4章
ビジネスモデルの構造化
—人工知能（AI）の実用化による影響を踏まえて—

張　輝

1　はじめに

近年，ビジネスモデル（Business Model）の最前線といえば，2010年に創業し，2015年6月現在，企業価値は5兆円に上り，5年で50カ国以上に進出した，Uber社のシェアリングサービスモデルがしばしば取り上げられる。一方，2008年に創業し，Google，MICROSOFT，MIT，NASA，MAKEZINEなどとも多様な協力関係を持ち，世界屈指のハードウェア製造都市である，中国深センに本拠を置くモノづくりの新興企業である，Seeed Studio社のビジネスエコモデルが世間に注目されている。

Uber社のビジネスモデルは別として，Seeed Studio社は3つの事業ごとのビジネスモデルを持ち，その一つは，すべてのメーカーのためにあらゆるリソースを提供するという理念の下，基本的に完成品の在庫を持たず，オープンパーツライブラリというパーツごとの在庫を持ち，それらを組み合わせることで，多様なプリント基板を即座に作れるような体制をとっている。この点は，実は日本で高成長が続き話題となっている「ものづくりの，明日を支える」を謳っている，ミスミ社のビジネスモデルに共通する。

考えてみれば，このミスミ社のビジネスモデルも，実はトヨタ社の「かんばん方式」に類似する。自動車生産には前工程（材料を加工し部品にすること）と後工程（部品が組み合わさって完成車になること）が分けられて考えるが，機械部品200万アイテム以上を持つミスミ社も，トヨタ社の「かんばん方式」のように，特定の完成品になる後工程については，注文に応じて生産管理を行っている。興味深いのは，ビジネスモデル特許（Business Method Patent : BMP）[1]も取られたトヨタ社のかんばん方式は，実は米国のスーパーマーケットのモノの流れからヒントを得たという，異分野からの「知の新結合」の結果である。

製品や技術などのコモディティ化が進み，企業間の競争はビジネスモデルの競争へと変容して来た中で，ビジネスモデルとは何か。「繋がりすぎた社会において物事は光の速さで進む」[2]激動の時代では，事業を創造する者にとってはフロンディアであるとも言われるビジネスモデルは，何を視座にどのようなものと可視化するのか。ビジネスデザインにおいて重要な内容である事業構想，とりわけビジネスモデルの構築はどのようにすればよいのか。さらに加えて，今日，急速に実用化が進み出し，経営に「創造」と「破壊」をもたらし，新たなビジネス革命を引き起こしつつあるとも言われる，人工知能（Artificial Intelligence : AI）の進化は，ビジネスモデルの構築とはどのような関係にあると捉えればよいのか。

本章では，まず，ビジネスモデルを語る主な先行者の考え方を整理しレビューしたあと，ビジネスモデル論の持つべき視点について私見を述べる。次に，今日における AI の技術的可能性やその本質を確認し，事例も含めて AI の実用化によるビジネス（応用分野＆産業）への影響について俯瞰する。そして，前述した私見や AI による影響も踏まえて，筆者なりのビジネスモデル論を考えようと，ビジネスモデルの「構成要素」としてではなく，その「構造的諸要素」の可視化によるビジネスモデルの構造化に光をあてて，仮説的な考究を試みる。最後に，本稿の限界を明示して本章を結ぶ。

2　ビジネスモデルを語る先行者と私見

2－1　先行研究の概要

ビジネスモデルという用語は，1990年代中盤から後半の IT（Information

technology）の発展に伴って広く米国で普及した（Mahadevan, 2000）。日本においても，2000年10月にビジネスモデル学会が発足された頃から注目が集まり，実務界をはじめ活発な議論が見られたが，ビジネスモデル論に関する研究は全体的になお発展途上にある。その中で，ビジネスモデルの構成要素をめぐる研究は多く，これは，ビジネスモデルとは何か，というビジネスモデルの「概念」を説明するために考えるものと，ビジネスモデルはどのような中身を持つか，というビジネスモデルの「内容」を明らかにするために考えるもの，という2つの視点に大別することができる。

近年において，ある特定の時点におけるビジネスモデルの構成要素の明確化に当てられる「静学」的ビジネスモデル論のほか，そもそもビジネスモデルには時間軸や変化といったダイナミックスにかかわる性質が備えており，これに応じて考えようとする「動学」的ビジネスモデル論も提起されている（吉田，2011；張，2012；根来，2014）[3)]。この動学的ビジネスモデル論という視角でいうダイナミックスが指し示すものの種類と相違に関し，①ビジネスモデルの創造過程，②構築されたビジネスモデルの自己強化過程，③ビジネスモデルの再構築・進化過程，④ビジネスモデルの歴史的形成過程，というように分類した意欲的な考察[4)]もみられる。

ビジネスモデルの構成要素をめぐる研究の視座についていうと，従来に比べ大きく変わっておらず，①経営学でいう経営戦略論やビジネスシステム論（事業システム論），加えて競争戦略論といった文脈に着目して展開するものと，②日本においてビジネスモデルについての議論が白熱し，ネットビジネスの隆盛を極めた2000年頃に新聞，書籍，セミナーに頻繁に登場された米国発のBMPとの関連から論じるものと，③ITの発達と活用も活かし，ビジネスモデリングに注目してビジネスモデルを構築する経営工学的なアプローチから研究されるもの，と大きく3つに分けられる。

2015年12月現在，米国におけるマハデェベン（Mahadevan, 2000），アミット＆ゾット（Amit and Zott, 2001），ジョアン・マグレッタ（Joan Magretta, 2002），アファー（Afuah, 2003），マーク・ジョンソン（Mark W. Johnson, 2010），ゾット，アミット＆マッサ（Zott, Amit and Massa, 2011）と，日本における寺

図4－1　ビジネスモデルの構成要素をめぐる研究の現状

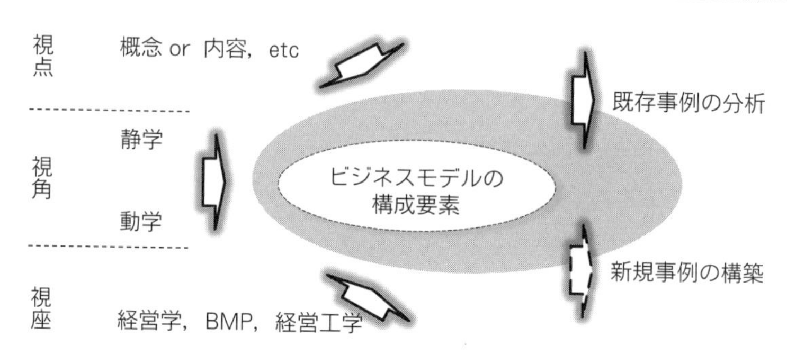

出所：張（2016）。

本・岩崎（2000），利根川（2004），松島（2004），安室（2007），張（2012），根来（2014）をはじめとする，多くの先行者が色々なアプローチからビジネスモデルに関する考え方を語り，多様な示唆を示している。ビジネスモデル論の活発化は，ビジネスモデルの定義の多様化，産学に身を置く論者の多層化，学際的研究も提起される論法の複合化をもたらしている。

これは，近代メーカーの手本を作ったフォードの「垂直モデル」，多ブランド化やファッション化を推し進めたGEの事業部制による「分散モデル」，任天堂がファミリーコンピュータで編み出した「プラットフォーム・モデル」，素材力や開発力を活かしたユニクロの「SPA（Specialty Store Retailer of Private Label Apparel）モデル」，中国市場を制覇し10数年で世界最大級のネットビジネスを作ったアリババの「無料モデル」などについての研究によって，さまざまな業界のビジネスモデルの見える化，理論的フレームワークの形成，及びそのイノベーション意識の高揚に資してきた。一方，既存の代表的な事例に対する具体的な分析が多く展開されているのに対し，新規事例の創出に資する構築法に対する研究は不足している。

2－2　筆者の時代認識と問題意識

周知の通り，日本での企業経営の視点から戦後という時代を見渡すと，最初の半世紀弱とその後の20年余りで明暗がくっきりと分かれた70年間であった。前者の時代は日本企業と日本経済が目を見張るような成長を遂げ，造船をはじめ自動車や半導体で次々に生産量や建造量の世界一の座を獲得した。こうした個別産業の躍進にとどまらず，日本の企業経営を素材にした「企業文化」（Corporate Culture）論はまず米国にて提唱され，終身雇用に代表されるような日本的経営そのものが世界の手本になった。

ところが，いわゆるバブル景気が崩壊した1990年代前半を転機として，長い停滞の時代に突入し，よくいわれる「失われる20年」の幕開けである。そこで，企業や経営者が過去の成功体験にとらわれず，デジタル化は，モジュール化，ソフトウェア化，ネットワーク化になってきた今の時代において，新しい価値を生み出すイノベーション力の強化を大切にし，新規事業の創出や「賞味期限切れ」のビジネスモデルのチェンジに踏み出すことが強く求められ，ビジネスモデル論の登場がこれに呼応した。

実際，世の中では，「ビジネスモデル」という言葉は，①「ビジネスの特徴を一言で表わす」ために，マスメディアで多用されていること，②「ビジネスのプロセスを理解する」ために，専門的な文献にてビジネスの事例講評として多用されていること，③「ビジネスの分析を行う」ために，ビジネスモデルの定義に沿って行われた学術文献で多用されていることがある，といわれるが，筆者はこれらに④を加えた。すなわち，④は「新規ビジネスの創出に資する」ために，「事業構想」に直結させる場合に用いる言葉である，と提起した（張，2012）。

既存事例のビジネスプロセスを理解することやビジネスの分析を行うことは，新規の事業構想にも繋がるとはいうまでもないが，レッドオーシャン（Red Ocean）となっている既存市場というより，とくに市場創造が必要とされる今日，もう一歩進んで新規事例の創出に資する「構築法」の研究も重要となる，と期待される。

前節で述べたように，ビジネスモデルを語る先行者の多くは，ビジネスモデルの「構成要素」に光をあてて論じている。構成要素の明確化は何かの新しいビジネスモデルを構築する際に重要な視点を提供することになる，と理解できる。一方，規制緩和やITの発達，金融技術の発展によって業界の垣根が壊れてしまったことや，動くビジネスを踏まえて考えると，構成要素は何かという要素還元論的な分析に止まらず，諸要素間の「構造的な関係性」やそれらの「相互作用」について考える視点が重要である。

もちろん，製造業，流通業，飲食業，娯楽業，ネットビジネス，教育ビジネス，スポーツビジネス，音楽ビジネス，バイオビジネス，介護ビジネス，知財ビジネスなど，様々な業態やビジネス形態などが多様に存在し，そこの事業特性，視点，利益単位，切り口，業界業種，機能などのどちらに視点を置くことによって，それに応じたビジネスモデル論，とりわけビジネスモデルの構造的諸要素間の具体的な関係や，激動的な社会の中で呈示される細かな相互作用はさまざまになる。

しかし，たとえば，「シリコンバレー」を生んだ米スタンフォード大学の「創業モデル」，ゼロックスをサービス会社にした「従量制課金モデル」，最強のビジネスマシンとも称されるIBMが生んだ「水平分業モデル」，イノベーションの連続で発展が続ける「セブンイレブンモデル」，470年以上の歴史を有する老舗の「虎屋モデル」など，新規事業の立ち上げと既存事業の再編，大手企業のサービス開発とベンチャー企業の立ち上げ，研究成果の事業化と事業再編の分社化，国内中心の経営とグローバル経営，ITを活かした事業といまだにITに縁の薄い事業などに対し，ビジネスモデルの構造的諸要素，とりわけビジネスモデルの「構造化」に光をあてて考えることが，新しいビジネスモデルの構築，言い換えれば事業構想に資する，と考える（張，2012）。

以上をまとめて言うと，ビジネスモデル論，とりわけビジネスモデルの構成要素ではなく，構造的諸要素を考える際に，動学的ビジネスモデル論のアプローチの下で，新規事業の創出や既存事業の再編などという事業構想に資するよう，分析するとともに構築への提案，何が要素かという同時に構造的諸要素間の関係性や相互作用，ビジネスモデルの「構造化」，そしてこれらの変化をもたらす外的・内的要因に着目することが重要だ，ということである。

3　人工知能（AI）の実用化による影響

3－1　人工知能（AI）に着目する理由

動学的ビジネスモデル論が求められる理由は，一定の時間軸で見たビジネス自体が動いているからというだけではなく，ビジネスモデルの置かれているビジネス環境（事業からみた場合は外部要因の一つというもの）が激変しているから，というのも一つである。いまでいう大きく変わりはじめ，しかも今後も変わり続けるだろうという外部要因の一つは，やはり経営に「創造」と「破壊」をもたらし，2020 年に付加価値創出は 30 兆円と期待され（IoT・ビッグデータ・AI・ロボット。日本再興戦略 2016），2030 年に市場規模は 86 兆 9,600 億円に拡大する（EY 総合研究所）と予測される AI の急速な実用化による影響である，と言っても言い過ぎではなかろう。

AI 言葉自体は 1950 年代から存在し，工学研究者だけでなく映画や SF 小説などの多くのメディアを通じて，そのイメージだけは流布されてきてはいるが，実は明確な定義がなく，利用されているテクノロジーもさまざまなものが混在しているという。そこで本章では，AI とは，「見る，聞く，話す，考える，学ぶ」など，人間が持つ様々な知的能力を，コンピュータやロボットなど各種マシンの上で実現する技術のことである，という定義を援用する[5)]。技術進化の歴史から見ると，現在は「第３次 AI ブーム」といわれ[6)]，今回のブームの背景には，50 年に一度しか誕生しないと称されるディープラーニング（Deep Learning，深層学習）の進化という要素技術的ブレークスルーがあるからであり，その性能がレベル４まで飛躍的に向上した（後掲表４－１参照）。

このように，AI の性能が飛躍的に向上した今日，AI が自動的に運用するファンドの台頭（米国金融市場）や恋愛相談も AI が解消する（NTT レゾナント）など，多様な話題になっており，運輸，卸売・小売，建設・土木，金融・保険，生活関連，広告，情報サービス，電力・ガス・通信，医療・福祉，エンターテイメント，教育学習支援といった諸分野への応用が期待されている。これは，出願された特許からは企業の本気度や戦略的な方向性が見えるという意味で，

表4－1　人工知能（AI）の発達レベル

レベル	AI能力定義	応用先例示	譬え
1	単純な制御プログラム	温度の変化に応じて機能するエアコンや冷蔵庫など	言われた通りにやるアルバイト
2	対応のパターンが非常に多いもの	将棋のプログラムや掃除のロボット，質問に答える人工知能など	自分の頭を使って言われた通りにやる一般社員
3	対応パターンを自動的に学習するもの	検索エンジンやビッグデータ分析で活用される。機械学習を取り入れたものが多く，特徴量は人間が設計する	教えられた着眼点でうまいやり方を見つける課長
4	対応パターンの学習に使う特徴量も自力で獲得するもの	ディープラーニングを取り入れた人工知能が多く，高度な分析が可能	着眼点も自分で見つけるマネジャー

出所：松尾（2015）[7]と安宅（2015）を基に筆者作成（2016）。

平成27年度に特許庁が発行されている『特許出願技術動向調査報告書』を確認しても，同じことが言えるし，AIの応用可能な産業分野は実に多彩である（後掲表4－2参照）。さらに，車業界におけるAI人材の争奪に象徴されているように，日本に止まらず世界的AI競争が始まっている（後掲図4－2も参照）。

一方，AIに関する議論に目を向けてみると，機械が人類を支配するという極度の悲観論から，SF映画で得描かれる夢の世界が実現するという楽観的な展望まで実にさまざまである。さらに，今年3月にソウルにてAIが韓国の棋士を勝ったことから，AIが人間の能力を超えて暴走する，といった脅威論も喧伝されたり，それには至らなくても様々な事業や雇用に破壊的な影響をもたらすのではないか，といった危惧も囁かれている。いったいAIはどこまでできて，何ができないのか。実用化に急進するAIはビジネスに，ビジネスモデルの構築にはどのような影響をもたらすのか。

安宅（2015）によれば，深層学習を含めたAIが広まることによって人間の知覚能力と認知的な仕事が劇的に機械にサポートされるようになり，マネジメ

表4－2　出願特許から見たAIの応用産業分野

項番	大分類	小分類	項番	大分類	小分類
1	公共分野	交通・運輸	9	企業分野	法務
2		通信	10		商取引
3		電力・ガス・水道	11		経営・管理
4		気象・環境	12	生活分野	娯楽・ゲーム
5		防災・防犯	13		健康・医療
6	企業分野	金融	14		教育
7		製造	15	汎用	
8		農林水産	16	その他	

出所：特許庁（2015）。

図4－2　AIに関する特許出願の国籍別件数

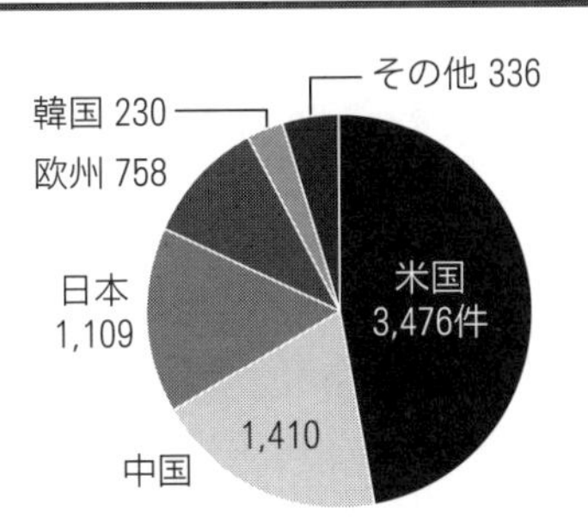

出所：特許庁（2015）。

ントの概念を変革するという。すなわち，①経営資源は「ヒト・モノ・カネ」から「ヒト・データ・キカイ」へと変化し，②目指す姿を設定し，正しい問いを投げかけることが業務の中心になり，③異常値対応が重要な責任になり，④全体をどう制御するかが大切になり，⑤ソフトなスキルがこれまで以上に重要になる，と言った点である。

一方，安宅（2015）は，人工知能の実現に必要な基礎技術には，機械学習，データマイニングの他にも，人間が普通に使っている言葉をコンピュータに処理できるようにする「自然言語処理技術」，画像をコンピュータに処理できるようにするための「コンピュータビジョン」，手や身体の機能の実現を図る「ロボテックス」などがあり，これらの技術のすべてが連動的に実用化までできていかなければならないと指摘し，現在，2020年，2030年というフェーズごとに変化していくと予測している。

安宅（2015）はまた，①AIには意思がない，②AIは人間のように知覚できない，③AIは事例がすくないと対応できない，④AIは問いを生み出せない，⑤AIは枠組みのデザインができない，⑥AIにはヒラメキがない，⑦AIは常識的判断ができない，⑧AIは人を動かす力，リーダーシップがない，とも指摘し，AIの限界を明らかにした。

前掲表4－1で示されたように，AIは「言われた通りにやるアルバイト」というレベルから「着眼点も自分で見つけるマネジャー」というレベルへと飛躍して来たが，機械学習技術やデータマイニングの他，自然言語処理技術，コンピュータビジョン，ロボテックスといった関連技術が新たに日進月歩にならない限り，課題解決プロセスにおいて多数の「できない」ことも存在する。これらの点は，AIがビジネスにどのような影響をもたらすかを考えるうえで重要な視点になるだろう。

3－2　事　例

2014年10月9日，経済産業省は「天気予報で物流を変える～業界初の試み，食品ロス削減・省エネ物流プロジェクトがスタート」を題とする発表の後，日経新聞をはじめ100以上のメディアに報道された。その後，2016年4月25日，経済産業省は「需要予測の高度化・共有により返品・食品ロスの削減に成功」を題とする新たに発表した。日本国内における売り残りや期間切れの食品，食べ残しなど，本来食べられたはずの「食品ロス」は年間500万トンから800万トンに上り，これは世界の食糧援助量（年間約390万トン）を上回る量と言われている（農林水産省，2015）ことを踏まえていうと，いかに意義あるプロジェクトかと理解できる[8)]。

同発表によると，プロジェクトの結果，①食品ロスを20〜30%削減，②商品輸送で発生するCO_2を半減，③AI技術による消費者の購買行動解析に成功した。今後も需要予測の精度を向上し，その情報を製・配・販で共有すること等を通じて，食品ロスを削減するとともに，余剰生産，配送，蔵置，廃棄等で発生しているCO_2を削減することが期待されるという。

ところで，なぜ「天気予報で物流を変える」事業に取り組もうとされているのか。実はここでいう天気予報とは一般にいう気温情報ではなく，当該事業の実施主体である日本気象協会（JWA）は，「アンサンブル予測（Ensemble Prediction）」[9]という専門的な手法をベースにしながらも，更なる技術開発したうえで行っているものである。

また，同発表によると，2年目にあたる平成27年度ではAIも活かした実証実験を実行し，消費者の購買行動解析ができた。その結果，①小売店における全商品の売り上げデータと気象の関係を分析した。それにより，気温との関連性が高く，企業において需要予測による効率化が見込まれる，優先カテゴリーとして，飲料・鍋物等があることが明確になった。②AI技術を活用した汎用的な需要予測モデルにより，小売店における来店客数予測の精度が従来の解析手法に比べて約20%向上した。③Twitterの位置情報付きツイート情報から，人はどのような気象条件の時に「暑い・寒い」と感じるのかを分析し，より商品の需要に直結する体感的な暑さ・寒さを表す体感気温を作成した。

いうまでもなく，小売店における売り上げの変化は一般にいう気温以外もさまざまな要因（変数）がある。このため，予測モデルの高度化は，AI技術を用いて，アンサンブル予測で言う気象データのほか，POS（Point of Sales，ポイント・オブ・セールス）データ，SNS（Social Networking Service，ソーシャル・ネットワーキング・サービス：Twitter，Mixi，Facebookなど）データ及び気象データの解析を行い，需要予測モデルの高度化を進めた。

このプロジェクト自体は事業化を目指して計画通りに進められているが，ここでいうこの事例を通じて意味するのは，ビジネスモデルの構築や創出そのものに対してではなく，後に述べるビジネスモデルの構造的諸要素の関係性などに影響することである。すなわち，AI技術を用いて行ったことによってはじ

図4－3　JWA予測モデルの高度化におけるAIの位置づけ

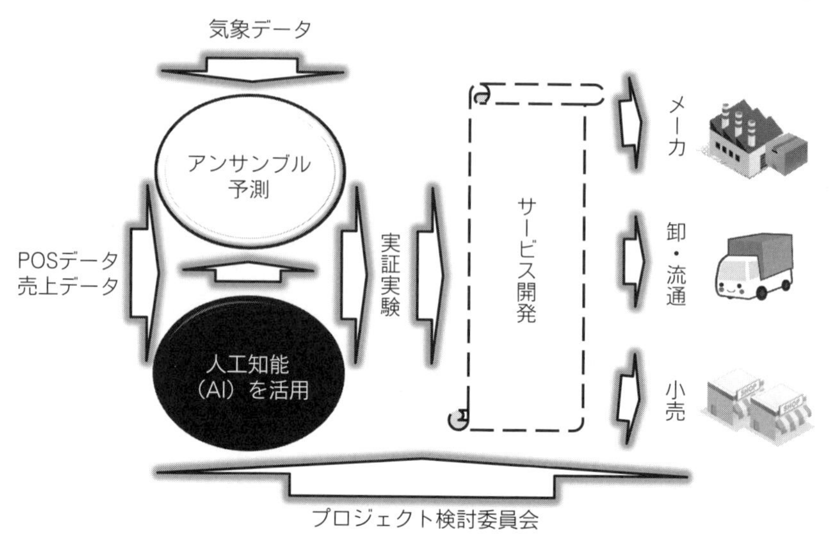

出所：張（2015）。

めて，需要予測モデルの高度化が実現した。現在のところ，これは開発中のサービスを行う意思決定そのものを代替することではなく，意思決定への確かな支援になるのは期待できよう[10)]。

4　ビジネスモデルの構造化への仮説

4－1　構造的諸要素とその関係性

筆者は以前，ビジネスモデルの構造化検討が重要であると指摘し，その視点として，①持続的な顧客満足，②連鎖的な収益方策，及び③協働的な実施枠組，といった3点を提起した（張，2012）が，これ以上の具体的な検討は進まなかった。ここでは，動学的なビジネスモデル論を念頭に置きつつ，先行研究や実務経験も踏まえて，既存事例の分析より新規事例の構築という志向性をもつものとして，ビジネスモデルの構造的諸要素は「出発点」，「設計法」及び「駆動力」というように分けて考え，これらの諸要素による連動ができてはじめてビジネスモデルの構築に直結する，と発展的な仮説を提唱する。

具体的には，まず，出発点とは「想定顧客」を指す。次に，設計法とはマーク・ジョンソン（2010）の4つの箱説，すなわち①顧客価値提案，②利益方程式，③主要経営資源及び④主要業務プロセス，というのをベースにする[11]が，筆者は，その順番を以下の通りに変更すると同時に，表現を簡潔化する。すなわち，①想定顧客向けに提案する「顧客価値」，②提案した顧客価値を実施する「業務手順」，③効果的な業務手順の実行に必要な「経営資源」，及び④これらの要素が持続的に回るように必要な「事業収益」，というのである。最後に，駆動力とは①戦略，②マーケティング，③イノベーションを指すものとする。

図4－4でいう出発点となる「想定顧客」は事業機会の創出に繋がり，「利益」の源泉にもなる（水野，2013）要素であり，ビジネスモデルを構築する原点である。実際，いままでない技術の開発に成功したから事業化したい時，地域再開発の計画が決まったことに乗って新規出店したい時，前節で述べた気象データを用いAIも活かした新規サービスを開発したい時，何かの偶然のきっかけは確かに新技術や新商機，また新手法ではあるが，しかし，これはビジネスモデルを考える際の出発点ではなく，アイディアとしてのきっかけに過ぎない。時々の偶然に生じたビジネスのアイディアからビジネスモデルの構築となっていく場合，想定顧客は誰，という出発点に戻って考えるのが必要である。これは，回転寿司（安さ重視）か，鮨屋（味や雰囲気重視）のどちらかを求める想定顧客によっては，その後の展開が全て変化しうるからである。

設計法でいう諸要素間の関係性については，基本的に図4－4で示す通りであるが，補足しなければならないのは3点である。第一に，顧客価値，業務手順，経営資源，事業収益という時計周りの順で一方的に示しているが，現場ではその逆回りという可能性もあるし，それぞれの要素の間でも逆回りする場合もある。第二に，図4－4では一周すれば完成するというイメージを生むかもしれないが，実際は一周してまた一周するというスパイラル的な検討プロセスになる。これは，「新しいビジネスデザインは，これまでとは異なる仕事やその仕組みを考え，知識や経験の結合方法を提案することである。この設計には，

図4－4　ビジネスモデルの構造的諸要素及びその関係性

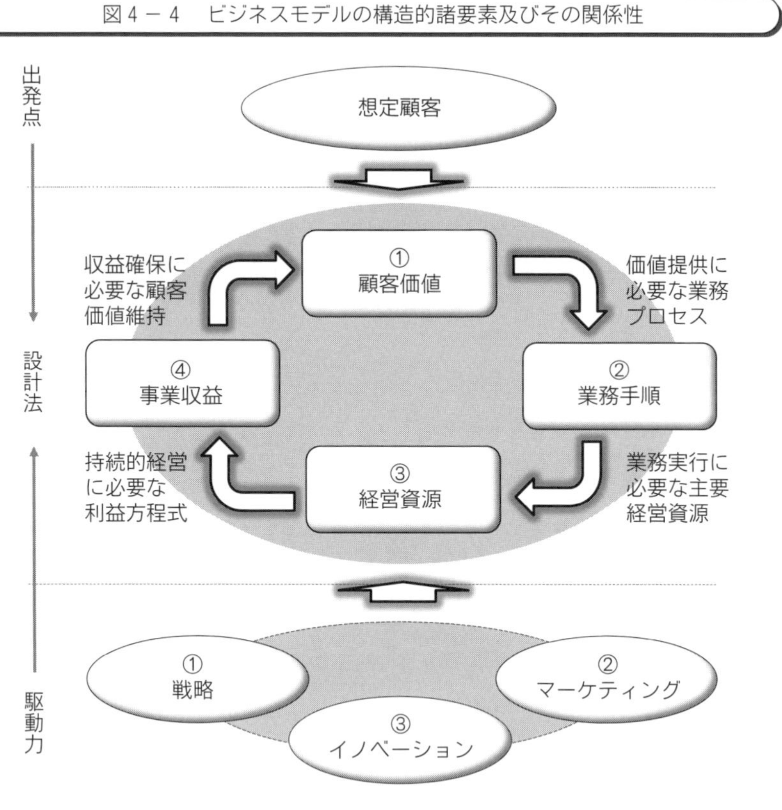

出所：張（2016）[12]。

一義的な解のない試行錯誤的なプロセスを伴う。」（亀川，前掲第1章参照）からである。第三に，ビジネスモデルを設計する際に「戦略」を考えるべきである，という考え方も存在するが，筆者は「ビジネスモデルの議論には戦略を含まない」（Joan Magretta, 2002；Zott & Amit, 2008）立場をとっており，設計法では触れない。

では，描かれたビジネスモデルの設計図から実動するビジネスへと変身させるためにはどのようにすればよいか，筆者は，駆動力となる①戦略，②マーケティング及び③イノベーションが必要であり，そこでいう戦略はとくに競争戦略と市場創造戦略が重要となる，と考える。この3つの要素間の関係性は一対一ではないし，この3つと設計法にある諸要素との関係も一対一ではない。業界を越えた戦いに直面する中で，戦略，マーケティング，及びイノベーションは前述した設計法の全要素に浸透するものであり，動学的ビジネスモデル論を支える要素でもある，と筆者は考える。

4－2　AIの実用化による構造的諸要素への影響

まず，前述したように，ビジネスモデル構築の出発点は事業機会の創出に直結する「想定顧客」にある。実務の世界では，ビジネスモデルの構築（というより発想）は必ずしも想定顧客から出発するとは限らないが，しかし，結局のところ，想定顧客という原点に立ち戻って考えなければならない。また，このビジネスモデルの原点たる想定顧客のところでAIとはどのような関係かといと，AIの実用化，とくにビッグデータとしてのデジタルデータの解析によって，想定顧客はどこに存在する可能性が高いか，という潜在的ターゲットの顕在化にも資する，と期待できるだろう。

次に，ビジネスモデルの設計法についてであるが，顧客価値，業務手順，経営資源及び事業収益と提示したが，AIとの関係からいうと，事業収益という要素と直接関係しない以外はいずれも関係するだろうと考えられる。顧客価値に関しては前述した想定顧客と類似する点もあるが，AIを活用することで，いままでできないビッグデータの解析や新たなニーズの発見などが考えられる。また，工場などで使われる産業用ロボットと違い，日常生活や小売店の店舗などで使われるAI搭載のロボットによる接客の現場を考えれば，事業やサービスによってはビジネスモデルの業務手順や「活きる知財戦略」（張，2014）のプロセスが変化され，効率性だけではなく，面白みを表す側面も存在する。なお，AIによって，前述した「ヒト・モノ・カネ」から「ヒト・データ・キカイ」（安宅，2015）へと変化するというのも経営資源を考えるうえで重要になり，競争的優位性の確立にも影響する。

最後に，ビジネスモデルの駆動力とAIについてであるが，この駆動力は「絵の餅」とも言われる設計図となっているものを作動させるということと，ビジネスモデルの「持続性」を担保する観点からの考えでもある。戦略やマーケティング，そしてイノベーションと提示しているが，AIにもっとも期待しうる効果のひとつはマーケティング，とりわけデジタルマーケティングのところだろう。人の趣味嗜好や考えが凝縮されている自然言語（テキスト）を専門的に解析できるAIは，万事を解決し，人間がお手上げの状態になるとは考え難いが，「着眼点も自分で見つけるマネジャー」のように，業界の垣根を越えた新発見が得られることにも期待できよう。

ビジネスモデルを設計図から実動させるためには，競争戦略や市場創造戦略が不可欠である。車の自動運転というように，AIの実用化によって，結果的に競争戦略や市場創造戦略の実効性を保障することになる場面は考えられる。

しかし，AIの実用化によってイノベーションに直結し，またはイノベーションを誘発する，ということは十分ありうると考える。本章の冒頭で提起しているSeeed Studio社も，ミスミ社も，トヨタ社の「かんばん方式」のいずれも，異業種や異郷地からの知との新結合の結果であるように，ビジネスの世界では，さまざまなモデルの組み合わせが創造をもたらしているし，AIの実用化によって新結合はより一層活発になる。

4－3　構造的諸要素からビジネスモデルの構造化へ

筆者は仮説として，ビジネスモデルとは「顧客満足を利益に変換し進化するビジネスの構造化である」と設定した（張，2012）が，本章では，ビジネスモデルの構造的諸要素及びそれらの関係性などについて，AIの急速な実用化による影響も加えた検討によって，「ビジネスモデルの構造化」について探索してみた。

ビジネスモデルの構築は企業か事業，またはサービスの規模，段階，業種，環境などによって細かい部分が異なってくるので，一概に言い切るものではない。しかし，AIも含めて，技術の進歩や時代の変化は，連続的か非連続的かは別として，本章で述べたビジネスモデルの構造的諸要素は時間軸や異文化の中で，季節の風物詩のように，強弱の変化はあると言っても，構造的諸要素自体が必要でなくなることはないと考えたい。

たとえば，資生堂の想定顧客に向けた価値提案ではあるが，日本ではマーケティング部門と研究開発部門の共同作業で開発が進められるが，70カ国以上も進出している海外ではマーケッターが上位にあり，研究開発部門はそれに従って商品をつくることになる。日本では機能や品質が重視されることから研究開発部門の力が強いが，海外では細かい品質より商品全体の世界観といったコンセプトが重視されることから，マーケッターが主導的な役割を演じている。このように，国内外の想定顧客に向けた具体的な価値提案方法には差があるものの，「想定顧客」に向けた「価値提案」や「業務手順」などという構造的要素レベルで考えると，何の差もない，と言える。

実務を想定すれば，ビジネスモデルには一定の時間軸とともに変化する，あるいは環境変化に伴い，変化せざるをえないという動的な性質がある（吉田，2011)。そこで，どのようにビジネスモデルを構築していくべきか，というのではなく，ビジネスモデルの構造的諸要素を明らかにしたうえで，優れたビジネスモデルの4条件，すなわち，①効率性（Efficiency)，②補完性（Complementarity)，③囲い込み（Lock-in)，④新奇性（Novelty）という要所[13]に留意しつつ，構造的諸要素間の関係性に着目し，動学的にビジネスモデルの構造化を眺めるのが重要である。

これらは，既存分野の細分化や新たな領域の誕生などが多くみられる今日，また今後も，新規事業の立ち上げや新規サービスの開発，ひいては既存事業の再編などに必要とされる事業構想，すなわちビジネスモデルを構想するうえで不可欠である，といってもよかろう。多様性を持つビジネスモデルの「要素論」を追求するというよりは，普遍性を持つビジネスモデルの「構造化」に光を当てたほうが有益である。

日本でも，世界でも，世の中は実に多彩な建築構造物が存在している。しかし，どんなに形が違っても，建築構造物を対象として，構造設計の基礎となる構造力学の基本は同様である。ビジネスモデルについても，「儲かる仕組み」と考えるか，「ビジネスの設計図」と考えるか，「顧客価値創造の枠組み」と考えるか，社会的課題や時代的要請などに立脚された想定顧客に応じて，多種多様に構築されると考えるが，この構築の基礎となる力学はビジネスモデルの構造的諸要素及びその諸要素間の関係性である。これが明らかになると，ビジネスの構造化は臨機応変に自在に進められることになるのである。

5　おわりに

2016 年 4 月 23 日，春風の吹きぬける東京大学伊藤国際学術センターにて開催されたビジネスモデル学会 2016 年春季シンポジウムの第二部において，第 4 回日本ビジネスモデル大賞の発表会並びに授賞式が行われた。当学会は，「独創性」，「持続性」，「共感性」の 3 つの観点から，第 4 回の受賞企業にリンカーズ株式会社を選定した。同社前田佳宏社長は受賞挨拶の中で，日本のものづくりの復活を目指して，ビジネスマッチングに粘り強く取り込み，夢を持つ挑戦力や，二度の失敗を乗り越えた今の独特なビジネスモデルを創り出す日々について披露した。

本章は，ビジネスモデルの構造的諸要素を語る米国及び日本での先行者の考え方を確認しレビューした後，ビジネスモデルの構築，これに必要なビジネスモデルの構造的諸要素間の関係性，及び AI の実用化による影響を踏まえて考えてみた。リンカーズ社を例とする多くの起業家の物語を踏まえて思い起こせば，静学的なビジネスモデルの平面的な「構成要素」としてだけではなく，動学的なビジネスモデルの立体的な「構造的諸要素」として，かつ，静学と動学を統合するようなビジネスモデル論，とりわけビジネスモデルの「構築法」の探索が重要である。これに資するように，筆者は，出発点，設計法，及び駆動力という構造的諸要素間の「関係性」を提起し，そこに光をあて，AI や IoT などの実用化から影響されるビジネスモデルの内生的な能動性についても探ってみた。よって，ビジネスモデルの進化メカニズムの究明にも資することになれればと期待する。

本来ならば，本章で述べた構造的諸要素及びその関係性のそれぞれについてもより掘り下げて，また一定の時間軸や空間の中で，業種や事業段階などを踏まえて深耕するべきところは少なくない。

例えば，まず，顧客満足に直結する「顧客価値」をいう場合，製品優位の思考からサービス優位の思考へと転換され，交換価値よりも体感価値や経験価値などが求められる中で，いかに真の顧客価値を創出するのか。また，「つながる経済」とも言われる今日，AIはIoTやビッグデータなどと関連し合い協働する場合，顧客価値の提供に必要な「業務手順」，すなわち主要業務プロセスや，いわばBMPへの波及をどのように掴むのか。「環境変化は企業組織の規模や境界を変化させる」[14] という中で，主要業務プロセスと主要経営資源の最適な組み方というもう一つの境界をどのように捉えていくのか。

また，ビジネスモデルを語る多様な考え方に共通する「収益モデル」，すなわち「事業収益」の確保に関連し，例えば，「AKB48商法」とも言われるやり方の本質とは何か，あるいは，収益モデルの構造化というサブモデルの構築に必要な視点は何なのか。また，「競争戦略」についていうと，多くの製品にセンサーやハードウェア，ソフトウェア等々が搭載された昨今，これら「接続機能をもつスマート製品」が普及されるIoT時代では，その競争戦略の在り方[15]や，それがいかにしてビジネスモデルの持続性，言い換えればその競争的優位性を担保していくのか。さらに，「イノベーション」を考えると，AIの活用や時代の変化などによって，イノベーションを誘発する要因についてどのように捉えていくのか。枚挙にとどまらないが，これらの内容については，紙面の関係で本章では省略する。

世界を見渡せば，ディープラーニングの研究が進むことによって生まれるチャンスは，インターネット分野よりもむしろ，物流や小売り，そして製造業など，日本企業の強みを発揮できる分野である（松尾，2015）[16]。今日こそ，日本企業は現状を突き抜けてさらに飛躍するためには，個々人の潜在意識の下に眠っているビジネスシーズを喚起し，絶え間ないビジネスモデルの創生やイノベーションが必要であり，その際，統合的なビジネスモデル論，とりわけビジネスモデルの構造化を支える構造的諸要素及びその関係性に着目することが事業構想，ひいてはビジネスデザインを具現化する有効な「力学」である。

【注】

1）ビジネスモデル特許（BMP）とは知的財産法上の用語ではなく，いわゆるメディア用語であるように思われる。もともと米国では「ビジネスメソッド（Business Method）」の特許と呼んでいる。

2）詳細は，アレックス・ペントランド（Alex Pentland）（小林啓倫訳，2015）『ソーシャル物理学』草想社を参照。

3）吉田孟史（2011）「ビジネスモデル進化論〜知識創造的学習の観点から」『青山経営論集』第46巻第1号，pp. 91-106，張（2012），根来龍之（2014）『事業創造のロジック』日経BPを参照。

4）足代訓史（2015）「ビジネスモデルの分析射程：ダイナミックスの観点の分類」『大阪経大論集』第66巻第4号，pp. 173-184。

5）増田貴司（2016）「『つながる経済』がもたらす産業の新潮流」『TBR産業経済の論点』東レ経営研究所。

6）1回目のブームは1956年から60年代，2回目のブームは1970年代後半から80年代にかけてであった。1回目のブームは，米ソ冷戦時代にロシア語の機械翻訳のため，米国政府が自然言語処理による機械翻訳の研究に莫大な予算を投下したことではじまり，10年ほど研究が続いて結果が現れず沈静化した。第2次ブームは，当時一大ブームであった意思決定支援システムと並行して，その弱点を補うため，エキスパートシステムが注目されたことがきっかけである。

7）松尾豊（2015）「人工知能テクノロジーの現状と可能性」『WORKSIGHT』No. 1。

8）2014年9月に始まった同プロジェクトは予定として3年間計画であり，我が国の最終エネルギー消費量の約2割を占める運輸部門の省エネルギー対策を進めるため，物流分野等で，効率化に向けた先行事業を行い，その成果を幅広く展開することで省エネルギー対策を進めることを目的としている。

9）ある時刻に少しずつ異なる初期値を多数用意するなどして多数の予報を行い，その平均やばらつきの程度といった統計的な性質を利用して最も起こりやすい現象を予報する手法である。

10）平成27年度にこのプロジェクトの参加されたメーカー等は，相模屋食料（敬称略，以下同），Mizkan，ネスレ日本，キッコーマン食品，ポッカサッポロフード&ビバレッジ，伊藤園であり，卸売事業者は，国分グループ本社，川崎近海汽船である。また，小売事業者はココカラファインヘルスケア，国分グローサーズチェーン，ローソン，バローホールディングス，カメガヤ，マルエイ，新日本スーパーマーケット協会である。関連事業者としてはサントリービジネスエキスパート，アットテーブル，シグマクシス，あおぞら銀行，イーシームズ，インフォマティカ・ジャパン，チェンジ，サン・プラニング・システムズである。AIを担当されたのは，産業技術総合研究所，国立情報学研究所，及び早稲田大学である。なお，学識経験者として参加しているのは，気象庁気候リスク対策官，東京都市大学教授，テクニカルソリューションズ社長，及び筆者（プロジェクト検討委員会委員長兼ビジネスモデル担当）である。

11）マーク・ジョンソンは，顧客価値提案，利益方程式とは異なり，主要経営資源と主要業務プロセスを一緒に論じているのが特徴的である。氏は，この2つの要素は非常に密接に絡んでおり，上手くかみ合うことになってはじめて顧客価値提案や利益方程式との協働が効き，よってビジネスモデルの成功に繋げられるからである，という。

12）これは，筆者がビジネスモデル学会主催第12回イブニングセッション（2014年11月14日）にて講演した「活きるビジネスモデルの底流を探る～研究と実務の両面からアプローチ」で示した素案に，その後手を加えたものである。

13）Amitt, R. & Zott, C.（2001）“Value Creation in E-Business”, *Strategic Manegement Journal*, Vol. 22, pp. 493-520.

14）亀川（2015），pp. 63-81。

15）マイケル E. ポーター，ジェームズ E. ヘプルマン（2015）「IoT時代の競争戦略」『DIAMOND ハーバード・ビジネス・レビュー』ダイヤモンド社，第40巻第4号，p. 38，小林啓倫（2016）『IoTビジネスモデル革命』朝日新聞出版（第2刷），pp. 217-245。

16）松尾（2015），p. 68。

主要参考文献

安宅和人（2015）「人工知能はビジネスをどう変えるか」『DIAMOND ハーバード・ビジネス・レビュー』ダイヤモンド社，第40巻第11号，pp. 43-58。

亀川雅人（2015）『ガバナンスと利潤の経済学』創成社。

張輝（2012）「ビジネスモデルの定義及び構造化に関する序説的考察」『立教DBAジャーナル』No. 2，pp. 19-36。

張輝（2014）「日本企業における知財戦略の在り方について」日本知財学会『知的財産イノベーション研究の諸相』コンテンツ・シティ出版，pp. 2-16。

松尾豊（2015）「ディープラーニングで日本のモノづくりは復権する」『DIAMOND ハーバード・ビジネス・レビュー』ダイヤモンド社，第40巻第11号，pp. 61-68。

水野誠（2013）『マーケティングは進化する〜クリエイティブな Market＋ing の発想〜』同文館出版。

Christensen, Clayton M. and Michael E. Raynor（2003）*The Innovations's Solution*, Harvard Business School Publishing Corporation.（玉田俊平太監修／櫻井裕子訳『イノベーションの解』翔泳社，2005 年）

Johnson, M. W.（2010）*Seizing the White Space, Business Model Innovation for Growth and Renewal*, Massachusetts : Harvard Business Press.（池村千秋訳『ホワイトスペース戦略』阪急コミュニケーションズ，2011 年）

King, Gary, Robert O. Keohane and Sidney Verba（1994）*Designing Social Inquiy : Scientific Inference in Qualitative Research*, Princeton : Princeton University Press.（真渕勝監訳『社会科学のリサーチ・デザイン〜定性的研究における科学的推論〜』勁草書房，第 1 版第 9 刷，2012 年）

Mahadevan, B.（2000）"Business models for lnternet-based e-commerce," *Long Range Planning*, 43(2-3), pp. 247-261.

Timmers, P.（1998）"Business models for electronic markets," *Electronic Markets*, 8(2), pp. 3-8.

Zott, C., R. Amit（2008）"The Fit between Product Market Strategy and Business Model : Implications for Firm Performance," *Strategic Management Journal*, Vol. 29, pp. 1-26.

Zott, C., R. Amit and L. Massa（2011）"The Business Model : Recent Developments and Future Research," *Journal of Management*, 37(4), pp. 1019-1042.

第2部

ビジネスデザインと戦略・組織

第5章

ミッション経営の要諦
―ミッション経営が競争優位となる根源的分岐点とは何か―

田中道昭

1　はじめに

「ミッションは重要なのではない。それがすべてだ。」と言われるくらい経営では重要視されている。もともとは外資系企業がマネジメントの概念として使っていたものが，最近では多くの日本企業も，IT 企業など比較的新しい企業から，旧財閥系企業など日本を代表する老舗企業までが自社のミッションがいかなるものであるかを鮮明に掲げ始めている。

ミッションとは,「使命」や「任務」と訳される。「企業におけるミッション」とはすなわち,「企業の使命や存在意義」ということだ。

ミッションとは企業だけに使われる概念というわけでもない。ミッションとは，国家・社会・企業・人などの主体が，世界観・歴史観・人間観などからそれぞれの主体における使命・存在意義・在り方を定義したものなのである。

ミッションを明文化し，組織に定着させようと腐心している企業は多い。しかしながら，多くの企業はミッションの本質をほとんど理解しないままミッションを掲げ，形だけに終わってしまっているケースも少なくない。さらには，ミッションが本当に組織に浸透し，競争優位にまで高められている組織は決して多くはないだろう。

企業におけるミッションとは，その企業の果たすべき使命であり役目を明確にすること。そこからさらに企業が存在する意義は何か？　何のために自分たちは活動しているか？　という根本的な命題にまで立ち返ることになる。ここまで突き詰めて初めて，本来のミッションと呼べるものになってくると言えるだろう。

ミッションとは企業の存在意義であることから，必然的に普遍性，社会性を帯びた概念と言える。顧客に対してはもちろんのこと，広く社会全体にとって自分たちの活動はどのような意味と意義を持っているのか？　翻って自分たちはそもそも何者であるか？　企業の存在の根本を問い，それを明確にしたものがミッションなのである。

このようなことからも，ミッションは策定して掲げるだけでは何らの意味をもたない。ミッションにより事業が定義され，組織や社員のDNAとなり，顧客や社会に貢献するだけではなく，ビジネスとしても成功することで初めて高く評価されるものであるのだ。

本稿では，立教大学大学院ビジネスデザイン研究科でミッション・ブランディングを中核とするコーポレート・マーケティングを担当する研究者としての立場，そして，これまで多くの企業のミッションを経営者とともに練り直し実行してきた実務家としての立場から，ミッションが事業を定義し，イノベーションまでをも起こすためのプロセスを考察し，ミッション経営が競争優位となる根源的分岐点とは何かを提示していきたい。

2　ミッションの意義

2－1　ミッション，ビジョン，バリュー

ミッションはビジョンやバリューとともに経営理念や経営哲学と称され，3者が混同されて使われることも多いことから，ここではまず3者の区別を明確に提示しておきたい（図5－1参照）。

ミッションは，人や組織の存在意義や使命であり，最上位概念となる目的関数である。ミッションが目的であるのに対して，ビジョンは目標であり，人や

図5－1　ミッション，ビジョン，バリュー

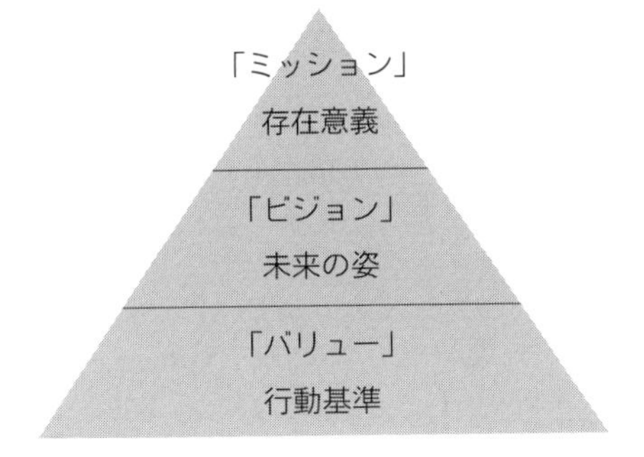

組織の中長期的な夢や目標を表象したものである。最後にバリューとは，人や組織の価値観であり，人や組織の行動指針として機能しているものである。

ミッションは最上位の概念であり，存在意義，存在目的を明らかにしたもの。それに対してビジョンとは，ミッションを前提にして，具体的に将来企業がこういうふうになるという像を明確にしたものである。ミッションが存在理由や存在目的といった本質的な概念だとするなら，ビジョンはそれを実現する上で自分たちの会社がどのような会社になるべきか，どうなりたいかを明らかにしたものである。そしてバリューとは，ビジョンを実現するにあたっての行動指針と呼ぶべきものである。企業のなかの一人ひとりが，どのような価値判断で，どのように行動するべきか。あるいはどんな行動を取ってはならないか，その基準を決めたもの。実際には，社是とか社訓などという形で表されることも多い。

2－2　ミッションは企業の価値観の最上位概念

それではここで，ミッションの概念を普段のビジネスに即して整理してみることにしよう。

企業には経営理念や経営方針，業務目標や日々の行動指針まで，さまざまな価値基準，行動規範が設定されている。これらの概念と，ミッションとの関係をはっきりさせておくことが必要だろう。

ミッションとは，会社の存在意義であるということは前にも述べた。ミッションとは，その企業が社会に対して持っている「使命」であり，同時に「自分たちはこれをやらなければ会社として活動する意味はない」とさえ言える本質的なものだ。だからこそ，あらゆる経営方針や目標，行動指針も，当然これを基本にして生まれてくるべきものだと言えるだろう。

ミッションとは，経営を執り行う上でも，社員が会社の一員として活動する上でも，一番大切で根源的な価値基準だということなのである。

この関係をわかりやすく理解するために，NLP ニューロロジカルレベル・モデルを参考にしてみよう。NLP ニューロロジカルレベル・モデルとはロバート・ディルツという米国の研究者が提案した思考と情報処理の枠組みである。このモデルによれば人の思考と情報の枠組みは一番下の「環境」から，一番上の「使命・自己認識」まで5つの段階に分かれる（図5－2参照）。

一番下の「環境」とは，自分を取り巻いている状況や場所などで，Where, When に相当するものである。自分がいつ，どこでどうしているかということ

図5－2　NLP ニューロロジカルピラミッドのフレームワーク

個人におけるフレームワーク		組織における戦略フレームワーク
Who? に相当。自分は誰なのか，自分の存在理由，目的，使命。	使命 自己認識	ミッション
Why? に相当。自分が大切にしていること，信じていること。	信念・価値観	経営理念や経営方針
How? に相当。方向性，可能性，能力。	能力・戦略	経営戦略や事業戦略
What? に相当。特定の行動。	行動	事業計画や事業活動
When? Where? に相当。いつどこでどうしているか。	環境	日々の活動や業績

出所：ディルツ（2006）。

である。2段目が「行動」でWhatに相当する概念であり，どんな行動を取るか，何をするかということである。3段目が「能力・戦略」で，Howに相当する概念であり，どうやって行動するのか，その方向性や可能性，能力にあたるものである。4段目は「信念・価値観」で，Whyに相当する概念であり，自分が大切にしていることや信じていることを指している。そして最上位が「使命・自己認識」，Whoに相当する概念であり，自分の存在理由，生きる目的や使命という部分になるのだ。

人の思考のレベルはこのような5段階に大きく分けられていて，この枠組みの中で情報を処理し行動するというのがNLPニューロロジカルレベル・モデル理論だ。

たとえば，ある人物が飛び込みで営業活動をすることになったとする。まず，いつ，どこのエリアのどんな家を回るかというのが，一番下のWhereの部分。次にどんな営業スタイルを取るか，こちらの商品の利点をわかりやすくプレゼンするのか，あるいは相手のニーズをひたすら聞くことから始めるのかといった行動が2段目のWhatの部分。その行動を可能にするために，どんな能力が必要なのか，自分自身の能力を考えたときにどんな方法が最も効果的かといった戦略を考えるのが3段目のHowの部分。4段目のWhyの段階はなぜ，そのような行動を取るのかということで，たとえば売上を上げるため，新規顧客を開拓するためなど，行動の目的を考える段階。そして最上段のWhoの段階は飛び込み営業をするということが，自分や自分を取り巻く環境のなかで，どういう意味を持つのか，自分の存在意義を前提にして，一連の行動の意味や意義を捉える段階だ。

これを見てわかるのは，どの段階の行動を取るかは，人によって，レベルによってさまざまだということではないだろうか。

たとえば，入社したばかりでまだほとんど営業の経験がない新入社員の場合，第2段階の「どんな営業をするか」，第3段階の「そのために必要な能力や手段は何か」といった考えを持たずに，とにかく目の前の家に飛び込んで営業するかもしれない。このような人は，このモデルの最も下のレベルで行動していることになる。上司から言われたことをただ盲目的に作業としてこなすレベルだ。

これが2年，3年と，経験をある程度積んだ社員になれば，少なくともその仕事に必要とされるノウハウと自分の能力を分析し，どのような営業を，どのような地域に，どのような方法で行うかを考えて動くことだろう。第3段階の枠組みから仕事に取り組んでいるということになる。

さらに上の役職である課長や部長になれば，その営業活動が会社のなかでどのような目的や意味があるかを考えるようになるだろう。たとえば部署としてどれくらいの売上を上げるためだとか，新規顧客をどれだけ増やすためなどといった，会社としての目的や目標を考えながら判断するようになる。これは第4段階から仕事を捉えているということになる。

最後には，自分のなかでどのような価値を持っているのか，自分を取り巻く環境，すなわち社会のなかで，どのような価値を持っているかまでさかのぼって考えられるようになる。飛び込み営業をすることで，自分の営業能力を高める。あるいは自分たちの商品を広めることで，社会に対して何らかの利益をもたらしたいなど，より広く根本的な視点から自分の行動を捉えるという人は，第5段階，最も上位の概念から仕事を捉えているということになるだろう。

これらのことから言えることは，より上位の段階から物事を捉えて行動している人ほど，行動に一貫性と統一性を保てるということだ。

第1段階で仕事をしている新人は，行きあたりばったり，出たとこ勝負の営業をせざるを得ない。第2，第3と段階が上がるほどに，自分のやるべきこと，やらざるべきことが明確になっていく。第4段階，第5段階になれば，自分の軸が定まっているので，目の前の状況が変化しても，それほどブレることなく行動することができるはずだろう。

ディルツは，このモデルをそのまま企業経営にもあてはめられると考えた。

一番下の第1段階が日々の活動や，それによって達成される業績にあたる。第2段階が事業計画や事業活動，第3段階が経営戦略や事業戦略，第4段階が経営理念や経営方針，そして最上位の第5段階がミッションとなっているのだ。

ミッションとは，経営理念や経営方針よりもさらに上の，最上位の概念だということなのだ。

ちなみに，ここでいう経営理念とは，その会社の信念やモットーに近いものと考えて差し支えない。その企業や組織が大切だと考えていること，信じていることを指す。たとえば「顧客第一主義」だったり，「自由で斬新な発想を大切にする」など，その企業の基本となる考え方，信念や主義を指す。

ミッションとは，そのような理念を必然的に生み出すところの，さらに上の概念である。たとえば「顧客の満足と幸福を実現し，社会の発展に寄与する」というミッションを持つ企業が，それを具現化するための信念や主義思想として「顧客第一主義」を唱える，というように対比される。

このように見るとミッションと企業理念，経営理念の違いと関係がはっきりするのではないだろうか。これまでの企業の多くは，このミッションと企業理念を混同して使ったり，ミッション的な要素が欠落していたケースが少なくなかった。あえてこのようにモデル化し，ミッションと経営理念，経営方針を分けることで，ミッションの優位性と大切さがわかってくる。本当のミッションが定まれば，その下の概念は自ずと定まってくるのだ。

個人に置き換えてみると，よりわかりやすいだろう。自分の使命，果たすべき役割が明確な人は，誰に言われなくとも自ら為すべきこと，為さざるべきことが認識できているものだ。為すべきことがわかっているから，どう行動するのが一番良いかも自ずと明確になる。そこから日々の行動や過ごし方も決まってくる。

企業も，本当のミッションが定まり，組織に定着していれば，経営理念も経営戦略も日々こなすべき仕事も自ずと定まってくるはずなのである。

なお，図5－3には，ミッションやビジョンから，経営戦略，マーケティング戦略，マーケティング戦術に至るまでの戦略フィロソフィーの全体構造を添付しておく。バリューは企業の経営者や社員に対する行動指針として機能するものであることから，ピラミッドの底辺を構成していることに留意していただきたい。

図5－3　戦略フィロソフィーの全体構造

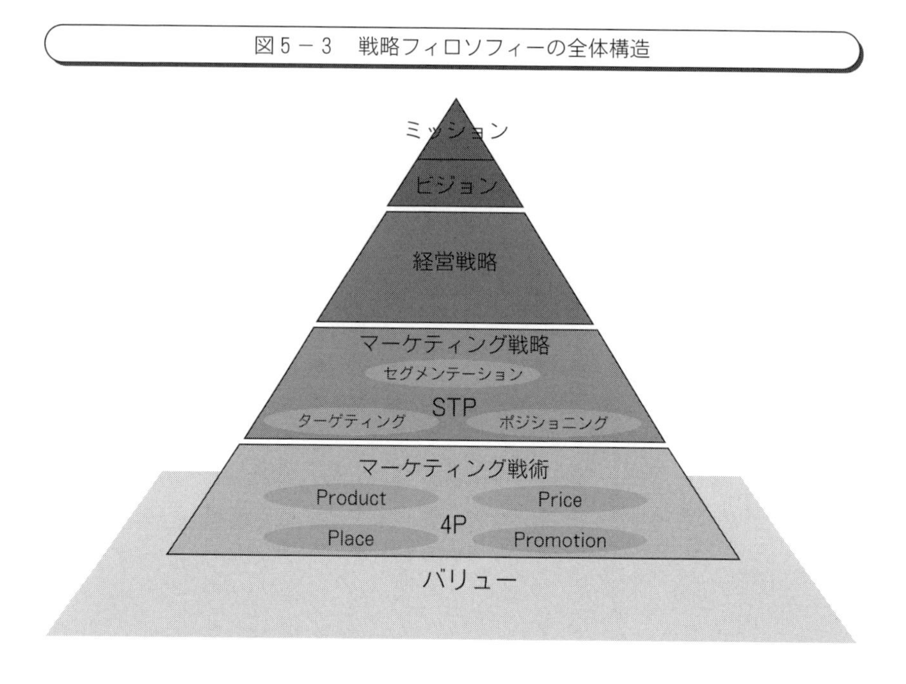

2－3　マーケティング3・0を可能にするミッションの重要性

マーケティングの神様と呼ばれているフィリップ・コトラーが新時代のマーケティングとして提唱しているのがマーケティング3・0という概念である。このマーケティング概念において，コトラーはミッションの重要性を説いている。

コトラーによると，マーケティングは，大きく3つの段階を踏んで発展していくと言う。

まずマーケティング1・0は工業化時代。工場から生み出される大量の製品を顧客に一方的に売り込むマーケティングの段階を言う。この時代の製品は基本的で画一的なものが多く，いわゆる大量生産大量消費型。まず企業が作った製品ありき。それをいかに消費者に購入させるか。大量生産によって価格を下げることで，多くの購買者に購入を促すという，シンプルなマーケティングだった。

次のマーケティング2・0の時代は，いまの情報化社会のなかにおけるマーケティングである。マスメディアが発達し，十分な情報を持つようになった消費者は，自らの嗜好と目的に合わせて製品を選択する。消費者の嗜好は細分化し，マーケティングはそれに合わせてより複雑な対応を迫られる。STPや4P，4Cの概念など，今日のマーケティングの基本的な概念が生み出されたのもこの段階である。

マーケティング1・0が製品中心のマーケティングであったのに対して，マーケティング2・0は顧客志向のマーケティングだ。顧客がどんな製品を望んでいるのかを分析し，それに対応した商品を作り売り込む。ただし，その顧客志向は，あくまでも企業が製品やサービスを，消費者にいかに購入させるかという一方的な視点に立っているもの。消費者は企業にとって受動的なターゲットであるという点では，マーケティング1・0と本質的に変わりがない。それに対して，マーケティング3・0の時代が到来していると，コトラーは説く。

マーケティング3・0とは，消費者自身が主体的に価値を作り出していく時代。背景にあるのがツイッターやフェイスブック，YouTubeなどのソーシャルメディアの発達だ。ごく普通の市民が，マスメディアに劣らない発言権を持った時代だ。それによって消費者の意見や感想が，ストレートに社会に広がるようになってきた。すると，これまでのような，消費者を一方的なターゲットとして捉えたマーケティングではなく，消費者と企業がお互いに協働しながら価値を作り出していくマーケティングに変わっていかざるを得なくなる。消費者自身も，もはや単なる「消費」者ではなく，クリエイティブに主体的に商品やサービスを主張し，生み出していく時代になっていく。

さらに，グローバル化が進み，世の中が広く開かれることによって，これまでの安定した国家や社会の枠組みが揺らぎ始めてくる。すると国家のアイデンティティ，一人ひとりのアイデンティティが危機に陥る。また貧富の差の拡大や，環境問題など全世界的な問題や危機が高まる時代でもあるのだ。

これからの企業は，そのような不安に応えるため，これまで以上に社会的コーズ（大義，主張）が求められているとコトラーは言う。企業の社会的責任や社会的意義がクローズアップされてくるなかで，マーケティング3・0は，それらに対応した新しいマーケティングなのである。

社会的コーズとしてすでに耳慣れているものに，地球温暖化や環境問題，貧困問題などがある。また，東日本大震災以後とくに自然エネルギー，再生可能エネルギーなどが注目されているが，これらの社会的コーズに積極的に関わり，態度を表明する企業が消費者の支持を得るようになってきている。たとえば自国の貧困撲滅を謳い，これまでの常識を覆す融資活動を実現したバングラディシュのグラミン銀行などは，その典型的な例である。

マーケティング3・0を可能にする経営とは，どんな経営なのか？　コトラーはそれこそがミッション経営だと説く。ミッションとは企業の存在意義であり，社会的な使命や役割を明確にしたもの。これからの消費者は単に商品やサービスを支持するのではなく，そのような企業の精神やマインドに共感し，支持をするようになる。逆にミッション意識がなく，自社の利益のみを追求する企業は支持を失う。

社会の変化により，消費者のニーズがさらに高度化し，企業自体がミッション・ビジョン・バリューをもち，それらに本気で取り組む全人的存在であり，かつその提供する商品にもそれらが練り込まれていることを求めているようになっているということ。これがマーケティング3.0の意義なのだ。

時代の流れ，マーケティングの変化……，ミッションは，これからの経営になくてはならないものになってきているのである。

3　ミッション経営に不可欠な要素

3－1　ミッション経営に不可欠な3つの要素

これまで多くの企業のミッションを経営者とともに練り直し実行してきた実務家としての立場からは，ミッション経営に不可欠な要素としては，以下の3点が重要であると考えている（図5－4参照）。

すなわち，ミッションが実際に提供している商品・サービスのなかに練り込まれていること（=USP商品），実際に現場の社員の行動や顧客サービスにも練り込まれていること（=USPサービス），そして組織的な仕組みとして実際の

図5－4　USP商品，USPサービス，USPツール

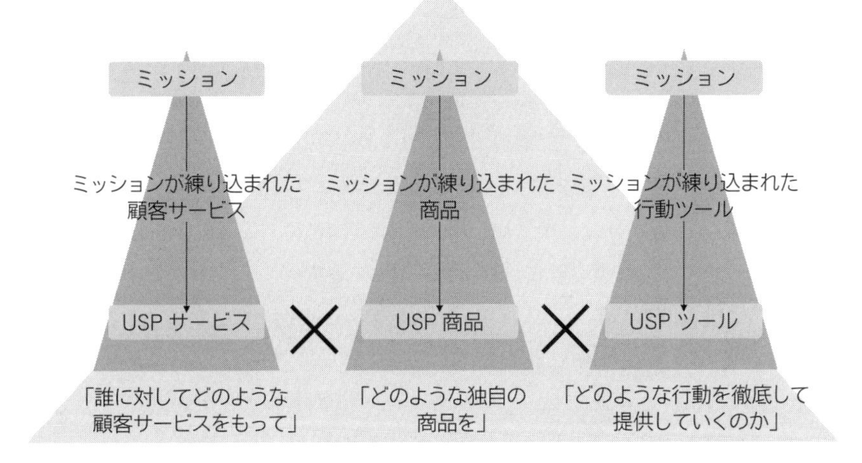

マネジメントシステムやツールのなかにも練り込まれていること（＝USPツール）の3点である。

ここでUSPとは，Unique Selling Propositionの略であり，独自の価値提案という意味である。Propositionのなかには，狭義のマーケティング戦略であるSTP，すなわちセグメンテーション，ターゲティング，ポジショニングのポジショニングも埋め込まれている。つまりは，ミッションとは決して抽象的なものにとどまっているものではなく，独自の事業モデルのなかで，独自の価値提案として，商品・サービスや社員の行動と表裏一体となって提供されるべきものなのである。もっと具体的に述べると，ミッションの主語や主体を変えたら，他の競合他社，増してや業種さえ違う会社のミッションにでもなってしまうようなものにとどまっているとしたなら，そのようなミッションでは独自の価値提案を行うのは困難であるということなのだ。

商品・サービスの背景には，コーポレートブランドが存在し，商品・サービスブランドと一体化している。優れたブランド企業の商品・サービスは，単に商品・サービスだけが優れているのではなく，一流の品質を維持するための企

業活動やその背景としてのミッションに支えられているのである。これこそがUSP商品である。

現代の企業においては，顧客に提供しているものが商品かサービスかにかかわらず，顧客に対してホスピタリティーを提供していくことまでもが求められている。ホスピタリティーを顧客に提供するのは現場の社員であり，本物のホスピタリティーとは，その企業のミッションが実際に現場の社員の行動のなかにUSPサービスとして提供されていることを意味するのである。

さらには，企業のミッションが一時的や属人的にではなく，継続的かつ組織的に商品・サービスや現場の社員の行動に練り込まれていくためには，それが継続的かつ組織的な仕組みとして組織や社員のDNAにまで高められていることが必要である。これを私は実務的にUSPツールと呼んでおり，良品計画（無印）のMUJIマニュアル，リッツカールトンホテルのクレドカードなどがミッション経営を仕組み化したUSPツールの事例として指摘できる。

3－2　経営の誠実性

誠実という概念は，多くの経営者が目標としている言葉である。欧米においても，インテグリティ（Integrity）という誠実を表す概念は，多くの企業の社是に用いられている。東洋思想においても，西洋思想においても，誠実という概念を調べていくと，「思っていることと言っていることとやっていることが一致すること」と定義されていることに到達する。「経営の誠実性」という概念は，企業において，ミッション・ビジョンから経営戦略，事業戦略，機能戦略，実際の商品・サービスに至るまで高い一貫性が確保されていることを指す言葉である（図5－5参照）。企業においては，ミッションを実現していくことが，その存在意義や使命であると位置付けられる。その使命や価値観が明快で社会性も具備している場合に，ミッションは従業員・顧客・株主からの求心力や共感性の源泉として機能する。もっとも，その大前提としては，実際のビジネスが使命や価値観に忠実であること必要であり，これが「経営の誠実性」の意義となるのだ。即ち，ミッションと実際の企業行動や商品・サービスとの間で高い一貫性が確保されている場合，従業員はビジネスに対して自信と誇りを

図5－5　経営の誠実性と戦略ピラミッド

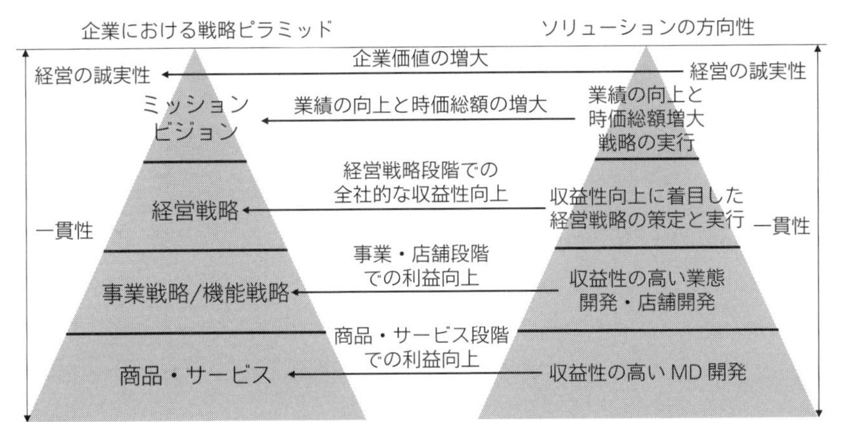

商品・サービス段階での利益向上，事業・店舗段階での利益向上，経営戦略段階での全社的な収益性向上まで，現場のオペレーションレベルから会社全体の事業収益性向上まで，一気通貫で業績の向上を実現，あわせて時価総額の増大を図っていく

持ち続けることが可能となり，顧客や株主もその企業に対して共感をもち，応援していこうと考えるようになるわけだ。その反対に，見栄えのいい理念・ビジョンを掲げているものの，実際のビジネスはその使命に忠実ではない場合，不誠実な実態が企業の内外に自然と透けて見えてしまい，せっかくのミッションも逆効果となってしまう。このように，一人一人の人間にとって重要な概念である誠実という言葉は，「法人格」という人格を有する企業にとっても大切なものであるのだ。

3－3　経営者と社員の使命感がエンゲージメントする

ミッションが最高に力を発揮する条件，それは経営者が策定したミッションと，社員一人ひとりのミッションが一致していることである。

エンゲージという動詞は「参加する」とか，「～に従事する」といった意味であるが，そこには何かに対して積極的に賛同したり支持するという前提が置かれている。

ミッションにおいては，このエンゲージ，あるいはエンゲージメントという概念が，極めて大きなカギを握っている。

とはいえ，ほとんどの企業がミッションや経営理念を掲げているものの，肝心のエンゲージメントが希薄で，社員が置き去りにされているケースが多いのである。

エンゲージメントとは，言い換えれば経営者，会社，社員の三者の使命感，ミッションが一致しているということである。経営者が社会貢献を使命感として掲げているのに，社員が個人の営業成績だけを気にしていたり，逆に社員が社会貢献を使命感として仕事をしようとしているのに会社全体が利益至上主義だったりと，それぞれの向いている方向と足並みがバラバラであっては，エンゲージメントができているとは言えないだろう。

たとえば，よくある不一致のパターンとして，社員の仕事に対する姿勢が挙げられる。仕事は収入のための手段として割り切り，与えられた仕事はそつなくこなすが，自ら仕事を創り出そうとしないタイプの人たちがいるとする。彼らのプライオリティは仕事そのものではなく，余暇の充実や会社以外のコミュニティでの活動であったりする。そして，仕事は生活のための収入を得る手段になっている。

このような価値観を持っている社員を，一概にやる気がないとか，仕事が嫌いなダメ社員という烙印を押してしまっては，もはやエンゲージメントは不可能になってしまうだろう。

そうではなく，まず彼らの価値観，ミッションが違う方向を向いているということを認識する。そして会社の使命とは何かを鮮明にした上で，彼らが会社でどういう役割をもち得るのか，お互いの可能性を探りながら詰めていくことが大切なのだ。

ここで重要なのは，後で述べるように，このような社員の自己実現上の要求を顕在化するように働きかけることだ。

リーダーシップ論においても，ミッション経営においても，「社員がやる気がない」というのは社員が問題なのではなく，リーダーが社員のやる気を引き出せていないことが問題であると考えるべきなのである。

4　ミッションが事業を定義し，イノベーションを起こす：ミッション経営が競争優位となる根源的分岐点とは何か？

4－1　ミッション経営が競争優位となる根源的分岐点とは何か？

ミッション経営に不可欠な3つの要素を指摘したが，それではミッション経営が組織において競争優位となる根源的分岐点とは何なのであろうか。

この問いかけは，ミッションの意義や本質とは何かという同義と言えるくらいにミッション経営においては最重要なものと言えるだろう。

ミッションの本質でもあり，ミッション経営が組織の競争優位として機能している企業の共通点には，そのミッションが企業や経営者の使命となっているだけではなく，一人ひとりの社員の自己実現上の目標ともなっていることが指摘できる。

掲げられたミッションが，企業の使命や存在意義のみならず，一人ひとりの社員における自らの職への哲学やこだわり，さらには人としての在り方の目標にまで高められ実際に行動としても実践されていること。これこそがミッション経営が競争優位となる根源的分岐点なのだ。

組織におけるミッションは，社員レベルにおいて自分自身の自己実現上の目標にまで高められていない限りは，断じて組織や社員のDNAとして定着することはないのだ。

ミッションを壁に掲示することや朝礼で唱和すること自体には何らの意義はなく，社員一人ひとりが組織のミッションを自分の職における哲学やこだわり，在り方の目標であると心底から捉え，それらを自ら行動として実践することに意義があるのだ。

それでは，自己実現上の目標や在り方の目標とは何なのであろうか。

そもそも自己実現の欲求とは，有名なマズローの欲求5段階説のなかでも最も高次な欲求とされているものである。

4段階目の承認の欲求までは「不足の欲求」とされているなかで，自己実現の欲求だけが「在り方の欲求」とされ一線が画されているのだ。

この自己実現の欲求は最も高次なものであるとされている一方で，通常は顕在化していることが必ずしも一般的ではない。人としてどのように在りたいかという在り方の欲求である自己実現の欲求は，最も高次であるが故に通常は顕在化されていないことが多いのだ。

ところが，いったん自分自身の自己実現の欲求，つまりは「人としてのどのように在りたいのか」，「組織のなかにおいて自分は仲間や顧客，さらには社会に対してどのように在りたいのか」という在り方の目標が顕在化してくると，セルフリーダーシップが生まれ，自律的に自分自身や周りに対してリーダーシップが発揮できるようになるのだ。

最新のリーダーシップ論におけるリーダーシップの定義の一つは，「リーダーシップとは，自分自身や組織の一人ひとりのメンバーが自分自身にリーダーシップを発揮できるようにしてあげること」というシンプルで明快なものなのである。

そして，一人ひとりのメンバーが自分自身に対してリーダーシップを発揮できるようにさせるものこそが，自己実現上の目標となる優れたミッションなのである。

4－2　ミッションが事業を定義し，イノベーションを起こす

それではどうして優れたミッションは事業を定義し，さらにはイノベーションまでをも起こしていけると言えるのだろうか。

ミッション経営が競争優位として機能する根源的分岐点を超えている企業においては，優れたミッションの存在によって，顧客に対して，ただ単に物理的な「商品」だけではなく，社員一人ひとりの職に対する哲学やこだわりであるミッションが練り込まれた「USP商品」が，つまりは「顧客価値」が提供されているのである。

ただ単に物理的な「商品」や「モノ」ではなく，自らが提供するその「商品」を，より優れた社会環境のなかでフルに生かしていくにはどうしたらいいのかという使命感や問題意識が実際にイノベーションを起こしているのだ。

優れたミッションが組織と社員のDNAとなることで組織と社員には自律的

なリーダーシップが生まれる。社員一人ひとりが自律的に自分自身にリーダーシップを発揮し，周りにもリーダーシップを発揮し，相互にコラボレーションとリーダーシップを発揮し合うことでイノベーションを創造する。

企業や組織の使命にとどまらず，自らの自己実現上の目標にまで高められた優れたミッションのもとで，一人ひとりの社員が「商品」や「モノ」ではなく，そのミッションが練り込まれた商品である「USP 商品」を提供しようと切磋琢磨しているところにイノベーションが生まれているのだ。

創造することやイノベーションを起こすことこそが，人に与えられた本来の生きる意義，すなわちミッションなのであり，それに気がつき，さらには自分自身が自分自身に与えられた天賦のなかでどのように創造やイノベーションを起こすことが自分自身の生きる意義であるのかに気がついたときにこそ，イノベーションが起きているのだ。

真のミッションは，経営者の自己実現の欲求が練り込まれたものなのであり，それが独自の事業モデルのなかに練り込まれ，さらにはそれが USP 商品として独自の価値提案として商品に練り込まれたときにこそ実現するものである。「ミッション×独自の事業モデル×USP 商品」が一体化したとき，そこには真のイノベーションが起きているのである。

ただ単に「商品」や「モノ」を開発しようとしているのか，それとも自らの自己実現の欲求の発露として，自らの事業を通じて社会に貢献していこうとする強い使命感で「顧客価値」を創造しようとしているのか。

自分達の自己実現上の目標であり，自分達の理想の提示であるからこそ，現時点においては挑戦的であるからこそ，それでも社会的意義も大きいものであるからこそ，優れたミッションは自分達や周りの人達を鼓舞し，イノベーションを起こすほどまでに大きな威力を発揮するのである。

5　おわりに：自分の上に大きな存在を置く

これまで，数多くの経営者の人とお付き合いするなかで，気がついたことがある。

成功している経営者，とくに長期的に安定した経営に成功している経営者の少なからずが，あえて自分をトップではなくナンバー2の位置に置いているということである。

経営者とは，組織上は，明らかにナンバー1なのであるから，一体何を言っているのか，なかなかピンとこないかもしれない。

ところが，彼らは気持ちの上で，さらに高い“何者か”を自分の上に設定しているのだ。そして，自分はその下のナンバー2の位置にあえて下げるのである。もちろん気持ちの上なので，周囲の人はそんな“ナンバー1”の存在に気がつくはずもないのであるが……。

ナンバー1が誰なのかは，人によって違う。ある人は歴史上の尊敬する人物だったり，ある人にとっては親や配偶者かもしれない。いずれにしても，自分以外の何者かであることは確かだ。

私の知っているある経営者は，経営上の悩みごとや迷いごとがあると，すでに亡くなって久しい父親に宛てて手紙を書いている。そうやって，手紙を書いていると自分のなかでいろんなことの整理がつくそうだ。心が落ち着いて自然と答えが浮かんできたり，迷いが晴れたりするそうである。

経営者とは孤独な存在だ。トップであるがゆえに，会社のなかではチェックしてくれる人や本音で注意してくれる人はかなり少ないことが多い。とくに，中小企業であればその権力は絶対的なものがある。それだけに，自分と同じ目線で一緒になって考えてくれる存在もほぼ皆無と言っていいだろう。

独断専行，自分が突っ走っているときにブレーキをかけてくれる存在がいないということは，自由である半面非常に恐ろしいことでもある。どんなにスピードが出る車に乗りたいと思っても，ブレーキの効かない暴走車に乗りたいと思う人はまずいないだろう。トップである経営者は，自分自身が暴走車になってしまう恐怖とも，常に戦わなければならないのだ。

自分の上に架空の存在を設定し，心のなかで自分をナンバー２にするということは，自分のなかに自分を超える存在を設定することである。それによって，経営者は孤独や暴走の恐怖から逃れ，冷静に謙虚に経営をこなして行くことができる。

長いこと経営で安定した成績を収めている経営者に，自らの上に自分を超える存在を設定している人が多いのは，このような理由があるからではないだろうか。

逆に，自分がトップであることに何の不安感もてらいもなく，ただ権力を振りかざして好き勝手をしている経営者が長続きしないのも，暴走に歯止めがかからず，孤独のなかで判断を誤ってしまうからだと言えそうだ。

トップであることに溺れるのではなく，あえて自分をナンバー２にする。一歩下がって謙虚にものを見て，判断する習慣をつけることで，より冷静で健全な経営を営むことができるのだ。

行動科学的に見ても，このように自分の上にさらに大きな存在を置くということは，より客観的，相対的に物事を見ることができるというメリットがある。これを専門的に言うとメタ認知と言うのであるが，自分を絶対化せず相対化することで，思い込みやコンプレックスから離れ冷静で，客観的な行動が取れるようになるのだ。

じつはミッション経営とは，このナンバー１の位置にミッションを置くという経営にほかならない。自分たちの使命や役割を明確にしたミッションこそ一番の存在にする。経営者はその下のナンバー２であるとすることで，経営者の独断や勝手な行動は自ずと律されていく。

これから会社をさらに大きくしたい，社会的に認められる存在となりたいと考えている経営者の人は，ぜひ自らをナンバー２に置いてほしい。そしてミッションと言う概念自体をナンバー１に据えてほしい。自分の上に大きな存在をもっている経営者こそが，自分自身のビジネスに対する熱い哲学やこだわりをもつのとともに，冷静で謙虚な経営を続けていくことができるのであるからだ。

ミッションとは，国家・社会・企業・人などの主体が，世界観・歴史観・人

図5－6　ミッション策定クライテリア

チェック欄	ミッション策定クライテリア
	自己実現上の目標（人や組織の在り方の目標）となること
	リーダーシップの指針が埋め込まれていること
	人としての指針が埋め込まれていること
	理にかなっており，誰からも納得される疑義のないものであること
	周りから共感されるものであること
	「強く，好ましく，ユニーク」なものであること
	自分や自社の強みに立脚した自分独自の自分や自社のためのものであること
	STP，特にポジショニングなど事業やマーケティングの事業ドメインも埋め込まれていること
	商品・サービス及び社員の行動にまで一気通貫で練り込まれていること
	人や組織を鼓舞するものであること

間観などからそれぞれの主体における使命・存在意義・在り方を定義したものなのである。

常に自分自身や会社の在り方を指し示してくれるような自分の上の大きな存在。図5－6には，私が企業のミッションを経営者とともに策定していく際の基準としている「ミッション策定クライテリア」を添付しておく。この論考を機会として，一人でも多くの経営者や組織のリーダー，あるいはそれらを目指している人が，「自分の上の大きな存在」と言えるようなミッションにまで自分自身の組織のミッションを練り直していくことを大いに期待したい。

参考文献

田中道昭（2012）『ミッションの経営学』すばる舎リンケージ。

田中道昭（2013）『人と組織リーダーシップの経営学』すばる舎リンケージ。

フィリップ・コトラー（2010），恩藏直人監修，藤井清美訳『コトラーのマーケティング3.0　ソーシャル・メディア時代の新法則』朝日新聞出版。

ロバート・ディルツ（2006），田近秀敏監修，佐藤志緒訳『ロバート・ディルツ博士のNLPコーチング』ヴォイス。

Delts, Robert（2003）*From Coach to Awakener*, MetaPubns.

Kotler, Philip（2010）*Marketing 3.0 : From Products to Customers to the Human Spirit*, Wiley.

第6章
産業財（BtoB）市場マネジメントに関するアプローチの提言
―産業財領域における価値共創営業―

笠原英一

1　はじめに

日本経済の構造的特性の一つとして，完成品メーカーに対してモジュールやパーツを提供しているサプライヤーの役割の重要性が挙げられる。トヨタに対するデンソー，BMWに対するボッシュ，ホンダに対するケーヒン等の活動が，トヨタ，BMW，ホンダ等の完成品メーカーの価値創造プロセスにおいてきわめて重要である。上記のような企業と企業の関係にスポットをあてたマーケティングの領域がBusiness to Business（略してBtoB）マーケティングである。伝統的には，産業財もしくは生産財マーケティングと称されてきた分野である。

その重要性にもかかわらず，上記の企業対企業，つまりBusiness to Businessの領域におけるマーケティングの理論化は，我が国においては著しく遅れているのが現実である。産業財市場における上記の活動については，伝統的に“営業”という概念で語られてきた。産業財営業の本質については，「個々の顧客との関係構築と維持」と狭義にとらえる考え方から，「販売チームの管理」や「販売活動全般」とやや広めに解釈する立場まであり，業界や企業によって解釈は多様である。本稿では営業を文字通り，「営業＝事業を営むこと」と拡張的に定義して，ターゲット顧客企業の理解からはじまり，顧客に対する仮説的価値の探索，コンセプトの開発，ビジネス・モデルの設計，事業戦略の立案，そして市場での戦略の遂行までを含んだプロにセスを丸ごと仕切る活動として捉えている。一言でいえば，産業財市場に関する経営（マネジメント）が本稿のテーマである。

繰り返しになるが，上記の拡張的な定義をベースにすると，営業の範囲は，各種機能を統合して顧客にソリューションを提供することをテーマにしているマーケティングの活動領域とほぼ同じと考えることができる。本稿に関しては何故，副題として「営業」というキーワードにこだわったかというと，最終的にはターゲット市場の評価・選択，それに対する価値提案（バリュー・プロポジション）の明確化，および各論であるマーケティング・ミックス，つまり，製品コンセプト開発，価格設定，販売経路の設計と管理，販売促進の展開等の活動はどうあるべきかを理論的に論じることにはなるが，そのような要素の組み合わせに至るまでに行われているであろう，個々の顧客との仮説探索的な活動にスポットを当てたかったからである。

一顧客との価値創造活動を基に，その活動から得られた仮説を発展させて事業全体を考えるという事例が，少し前になるが日本経済新聞（電子版）に紹介されていた。「NEC，漏水の遠隔探知を世界展開　10か国以上で受注活動」という記事である。同新聞2015年7月14日の記事には，「NEC，米国テキサス州・アーリントン市と共同で漏水監視サービスの有効性を実証」とあった。上水道管に漏水の微細な振動を把握できる通信機付きセンサーを多数接続して，センサーから得られた大量のデーター（ビッグデータ）をクラウドシステムで解析するシステムで，これによって，一般的には数か月以上にわたり放置されることが多い漏水を，発生から一週間以内に検知・処置することが可能になる（NECウエッブサイトより抜粋）という。水道インフラに関する保守管理事業をグローバル規模で展開するという壮大な計画であるが，新聞情報によると，まずは米テキサス州アーリントン市から始めるということである。おそらく営業担当のアーリントン市への訪問からはじまり，同市との地道な仮説検証活動があって，はじめて全体的なグローバル戦略が描けたことは想像に難くない。

本稿のテーマである「産業財市場マネジメント」は，売り手企業，つまりマニュファクチャラーの営業部門を核にして，2種類の組織との結合関係で論じることができる。最初の結合関係が，売り手企業の営業部門と買い手企業との結合関係である。これは外的結合関係である。営業部門を核にしたもう一つの結合関係が，売り手企業内の他部門，例えば，開発や生産部門との結合関係である。この結合関係は，企業内の他部門との結合なので，内的結合関係と表現することができよう。本稿では，主として営業活動の前半のプロセスで求められる外的結合関係にスポットを当て，特に買い手企業と価値を共創するタイプの営業活動についての体系化を試みた。具体的には，買い手企業から構成される産業財市場の特長，その市場における買い手企業の購買行動，買い手企業と売り手企業の間の関係性という3つの分野からポイントを抽出し，産業財市場マネジメントを一つのプロセスとして提示するものである。

図6－1　産業財営業の形態

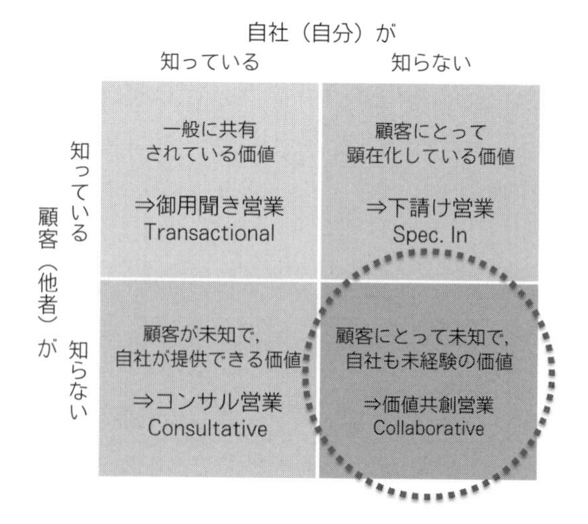

出所：嶋口（2000），Hutt（2004），Ford（1999）
などを基に作成。

2　産業財市場

産業財市場における顧客は大きく，民間企業，公的機関，特殊機関という3つのカテゴリーに分類することができる。本稿では，もっとも市場規模の大きい，民間企業を中心に記述する。民間企業の市場は，製造業，建設業，サービス業，流通業など多岐にわたっているが，産業財市場マネジメントが対象とする最大の市場は，製造業である。製造業のなかでも，大手企業に購買力が集中している。中小の民間企業は，数では圧倒的に多いが，購買額や購買量において占める割合は小さい。大手顧客からの受注額が，売り手企業の売上高の大半を占めるケースが一般的である。またこれらの大手企業は地理的にも集中する傾向がある。いわゆる需要の集中傾向が顕著である。これに対してサービス業は，規模的にも，地理的にも，分散する傾向があり，特定の数社の大手企業に売り上げが集中する傾向はあまり見られない。サービス業については分散化傾向が特徴的である。

民間企業の市場をさらに，「ユーザー」と「OEM＝Original Equipment Manufacturer（完成品メーカー）」の2つに分けることができる。OEMとは，部品やモジュールなどの産業財を他社から仕入れ，それらを組み込んで，最終的にはBtoB市場やBtoC市場に供給される製品をつくる完成品メーカーを意味する。例えば，家電，コンピューター，テレコミュニケーション機器，自動車，計測器，制御機器，自動車用エレクトロニクス関連製品等を製造するメーカーである。インテルはCPUをパナソニックに販売し，パナソニックはそのCPUを自社のレッツノートに組み込んで，完成品としてのレッツノートを一般家庭（BtoC）市場や法人（BtoB）市場に販売する。本ケースにおけるパナソニックがOEMにあたる。

ユーザーとは，購入した産業財を用いて製品やサービスを生産し，それを産業財や消費財として，BtoB市場，BtoC市場で販売する組織である。ユーザーとしての顧客とは，例えば，ファナックから産業用ロボットを購入するアップル，フォルクスワーゲン，森精機のことである。ファナックの産業用ロボットは，スマートフォン，車，あるいは工作機械の一部になってしまうわけではないが，こうした製品を作成する過程，つまり生産プロセスで使われるのである。

3　買い手企業の購買行動

買い手企業の購買行動を，①購買プロセス，②購買主体としての購買センター，③購買行動を規定する要因の3つの視点から論じる。

3－1　購買プロセス

組織の購買行動は，業務の実態から判断して，一つの独立した決定というよりも，複数の意思決定から成り立つ一連のプロセスとしてとらえなければならない。組織の購買には，いくつかのポイントがあり，ポイントごとに意思決定が行われる。下記の1から8までのステップは組織の購買プロセスにおける主要な段階を列挙したものである。

購買プロセスのスタート時点はいつであろうか。単純に考えると，特定の製品やサービスを入手することで解決される問題が企業内の誰かによって認識された時から購買プロセスが始まると考えられる。問題が認識された時点では，まだ，問題解決に向けた具体的な手段が明確になっているわけではない。充足感がなく，解決手段が明確になっていない状態がニーズ（欲求）である。この状態を認識するきっかけとしては，内部および外部の要因が考えられる。内部要因の例としては，例えば，エンジニアリング会社が海外の新規のパイプライン建設およびメンテナンスプロジェクトを遂行する上で，新しい検査の方法が必要になるというような場合である。現在の検査装置の修理費用に財務マネージャーが不満を感じて，新たな機種の採用に踏み切るということもあるかもしれない。外部要因としては，当該プロジェクトの海外顧客から，現地の検査会社を紹介されて，アウトソース可能な業務サービス対するニーズが生まれることも考えられる。また，問題点を意識させて，そのソリューションを提供することを訴えかける広告がきっかけになることもあろう。

ニーズ（欲求）が意識されると，次は，どのような製品やサービスによってそのニーズが充足されるのかということが検討テーマになる。ニーズを満たすことのできる提供物（製品やサービス）がニーズと結びついた状態がウォンツである。ウォンツとは，ニーズを充足する特定の手段（必要財）が明らかになった状態と考えられる。必要とする製品やサービスが明確になったら，次は，多くの業者の中から特定の候補を絞る作業になる。提案された製品の採用が自社のパフォーマンスに大きく影響するというような場合は，より多くの時間と労力がサプライヤーの探索に費やされることになる。買い手があまり情報を必要とせず，とくに購買品が標準品であるようなときは，購買プロセスのいくつかの段階が省略されることも，また，同時並行的に行われることも多い。その場合，購買担当者はカタログをチェックしたり，ウエッブ検索で最新価格を確認したりするだけで済ませてしまうこともある。買い手が多くの情報を必要とするときのみ，売り手企業から提案書を入手し，購買担当者，エンジニア，オペレーターなどによって詳細に検討されることになる。

サプライヤーが選択され，必要量や納品時期などの契約内容が決定されると，購買プロセスの最終段階として，パフォーマンス評価が行われる。評価の結果をもとに，買い手側は，契約の継続，変更または破棄という選択をすることになる。選定業者のパフォーマンスが思わしくない場合は，購買センターは自分たちの評価基準を再検討すると同時に，購買プロセスの最初でふるい落としたサプライヤーを再度検討し直すこともある。

一連の購買プロセスを以下に簡単に要約した。

購買センターによる購買プロセス
（エンジニアリング会社の購買ケース）

1．問題の認識（needs）：エンジニアリング企業の当該プロジェクト・リーダーが新プロジェクトの開始を控えて，検査レベルを上げることを決めると同時に検査可能な条件を緩和させる必要性を感じる。
2．必要財の把握（wants）：同リーダーが，新しい性能のよい検査装置の購入を決める。
3．必要財の記述（specification）：必要とする検査装置の仕様（要求事項）を詳細，かつ正確に記述する。

4．サプライヤー（suppliers）探索：RFP（request for proposal）を作成し，業界の中で認知度が高く，実績もある企業の中から，考慮する価値があるサプライヤーを複数選択する。

5．提案書（proposals）の取得と分析：購買マネージャーや技術部門のスタッフ数名で，サプライヤーから提出された提案書を検討する。

6．提案書の評価（evaluation）とサプライヤーの選択（selection）：提案書を評価し，それに基づき特定のサプライヤーを選択する。

7．注文内容（procedure）の決定：検査装置とその関連機材，および付帯サービスの納品期日を決定する。

8．パフォーマンス（performance）評価：検査装置の納品後，購買マネージャーと技術マネージャーが，提供された装置および付帯サービスについて評価する。

この一連の購買プロセスにおける作業のすべてが，どのケースにもあてはあるわけではない。例えば，購買経験や購買クラス[1)]（buy class）によってプロセスの構成が変わる可能性がある。特定の段階が同時に進行したり，あるいは，途中が省略されたり，場合によっては外部環境の変化や経営トップの感性や直感でプロセスそのものが中止されることもありうる。購買プロセスがフルセットで履行されるかどうか，言い換えればプロセスがどの程度複雑なものになるかどうかは，大きく2つの要素に影響される。一つが，購買クラス，つまり買い手企業の購買経験や知識レベルという要素である。もう一つが，買い手企業の購買に対する関与レベル，言い換えると企業にとっての購買の重要度という要素である。この2つの要素によって購買プロセスは大きく影響されると考えられる。

購買プロセスの複雑性＝f（購買クラス or 購買知識，購買関与レベル or 購買重要度）

購買クラスは，具体的には（1）新規購買（new-task purchases），（2）修正再購買（modified rebuy purchases），（3）単純再購買（straight rebuy purchases）という3種類に大別される。「新規購買」は，ニーズに対する解決策に関する意思決定が過去に経験のないものであるため，意思決定主体が必要とする情報量は多くなりがちである。意思決定に際しては，「拡大的問題解決[2)]」のプロセスを踏むことになる。サプライヤーやその提供物を比較する基準がないため，企業は高レベルの不確実性に直面することになる。そのため，あらゆる購買活動に多くの努力が注がれることになり，調査活動が短期間に集中して行われることも多い。売り手企業の営業は，買い手企業の戦略方向を把握したうえで，その組織が抱える問題について情報を収集することが求められる。新しい製品，サービス，ソリューションの開発につながるアイデアは，実際のところ，新しい買い手企業から得られることも少なくない。売り手企業は買い手企業の戦略や業務やオペレーションとその課題を把握し，問題解決のためのプロトタイプを開発する。そして，それを実際に利用してもらうことで，提供物に関する大きなヒントが得られるのである。

「単純再購買」とは，同じようなニーズが継続的に，または，反復的に生じるような状況における購買スタイルである。買い手企業は経験が豊富で，新たな情報はほとんど必要としないであろう。「単純再購買」では，購買決定に適用する選定基準がすでに確立されており，サプライヤーに関しても限定的な1社または数社に絞り込まれている場合も多いと考える。いわゆる「慣習反復的問題解決[3)]」のスタイルである。

「修正再購買」の状態にある買い手企業は，代替案を再検討することで大きなメリットがえられるかもしれないと感じている場合が少なくない。買い手は，従来のニーズを従来のソリューションで継続的に満たしてきたが，さらに情報を集め，代替的なソリューションを検討するのも無駄ではないと感じている。このような再検討を促す要因はいくつか考えられる。大幅な品質改善やコスト削減を，直接，経営トップから要請されるような場合は，内部的な要因による修正再購買と考えられる。外部要因としては，売り手企業の営業担当によるコストダウンや品質向上，サービス改善の提言などがある。修正再購買は，当然，買い手が既存のサプライヤーのパフォーマンスに不満を抱いている場合に採用されることが多い。「修正再購買」の意思決定プロセスでは，「限定的問題解決」がもとめらる。選択肢は比較的多く，交渉での買い手の立場は強くなる。意思決定が重要な意味を持つことから，購買担当者は積極的に情報を求め，しっかり分析したうえで，ニーズを慎重に検討しようとする。買い手側は，代替案を再検討したほうが得策かもしれないことに気づいているわけで，売り手として，顧客の抱える問題の原因を追求し，是正に向けて迅速に対応する必要がある。とくに有効な戦略として，提案の中に契約履行保証を含めるという方法がある（M. Hutt & T. Speh, 2004）。

購買関与レベル，つまり，その購買活動が，買い手にとってどの程度重要なのかを考察することによっても，購買プロセスの複雑性，そして購買プロセスを推進する主体としての購買センターの規模などを推測することがある程度可能になる。買い手企業にとっての技術的複雑さや市場リスクの度合いなどにより，購買スタイルは大きく異なってくる。売り手企業の営業としては，買い手の購買プロセスを，買い手企業の立場になって，買い手企業の視点から考えることが重要である。買い手が抱える課題や問題はなにか，購買を検討している対象物によって何を達成しようと考えているのか，究極的にはどういう状態にしたいと望んでいるのか，購買センターの一担当者レベルにとどまらず，事業ユニットのトップの視点で考えてみる必要がある。

3－2　購買センター

上記の購買プロセスを主体的に推進するのが，購買センターである。購買センターとは，購買決定に直接的，間接的に影響力をもった人の集合体であり，購買決定に関与すると同時に，購買決定に起因するリスクを共有する人々のことである。購買センターの構成は，購買プロセスと同様，購買クラス（購買知識）や購買関与レベル（購買重要度）によって大きく異なる。一般的には組織図として記述されるようなたぐいのものではなく，非公式的である。また，購買プロセスの過程で必要に応じて購買センターに変更が加えられることも少なくない。

購買センターを構成するメンバーは，調達プロセスを通してさまざまな役割を担う。Frederic E. Webster, Jr., and Yoram Wind（1972）は，これらの役割を，「ユーザー」（使用者），「インフルエンサー（影響者）」，「バイヤー」（購買業務遂行者），「決定者」（購買決定者），「ゲートキーパー」（情報管理者）という名称で説明している。「ユーザー」とは，その名の通り製品を実際に使用するのことである。ユーザーが課題や問題を提起することで，購買行動がスタートすることもある。製品開発の方向性を売り手企業に対して示唆したり，開発のサポートをすることもある。「ゲートキーパー」は，購買センターの他のメンバーが検討するための情報を管理する役割を担っている人である。購買センターへの接触を売り手企業の一部の営業スタッフにのみ限定して，その他には認めないといった対応をとることもある。「インフルエンサー」とは，代替案について検討するための情報を提供したり，仕様を設定したりすることによって購買決定に影響を与える役割を演じる人である。例えば，技術部門のスタッフは，購買決定に大きな影響を及ぼすことが多い。「決定者」とは，正式な権限の有無にかかわらず，実際に購買決定を行う人のことである。購買担当であるバイヤーが購買の正式権限を持っていることもあれば，組織のトップ自らが決定を下すこともある。「バイヤー」とは，サプライヤーを選定し，製品の取得に関係する手続きすべてを実行するための正式権限を有している。購買担当者がこの役割を担う場合が多く，購買業務に関連する管理を担当している。

3－3　購買行動を規定する要因

組織としての購買行動はいろいろな要素の影響を受ける。それを整理したものが下記の図である。購買行動を推進する主体は購買センターであるが，まず，情報源としての購買センターによって想起された売り手企業の集合体から，買い手企業の基本戦略にフィットしており，真剣に検討するに値すると考えられる考慮集合に絞りこまれる。その中から，購買センターを構成する個人の評価基準によって選好が形成され，その評価基準をもとにメンバー間での相互作用が行われ，購買センターという集団での選好に落ち着く。最終的には必要に応じて経営トップの承認を経て組織として特定の売り手企業が選定される。

M. Hutt & T. Speh（2013）は，数ある要因の中から，組織による購買行動に大きいインパクトを与える要素として，①基本戦略，②経営環境・経営資源，③集団としての購買センター，④購買センターを構成するメンバー個人の4つを挙げている。

組織による購買決定＝f（基本戦略，経営環境・経営資源，購買センター，個人）

【基本戦略】

まず，一番目の企業組織として設定した基本戦略であるが，これには，事業領域や事業範囲，その領域や範囲で達成したい売上目標，利益目標，競争戦略としての方向性（コスト vs. 差別化）などが含まれる。こうした方向性は売り手企業の絞り込みに大きく影響すると考える。同時に，購買センターの評価基準に間接的に影響を及ぼすのみならず，メンバー間での相互作用の際のガイドラインとしても機能する。この基本戦略は言うまでもなく，二番目の要素である企業のおかれた経営環境・経営資源に大きく影響を受ける。

【経営環境・経営資源】

経営環境には市場，競合，マクロ環境（政治，経済，文化，社会，技術，環境，法律など）が含まれる。産業財の売り手企業の営業担当が，買い手企業の基本戦略を把握できていない場合は，当該顧客企業を取り巻く経営環境およびその企業の経営資源を分析することをお勧めしたい。企業を取り巻く経営環境と経営資源を検討をすることで，将来の基本方向をある程度推定することが可能になる。

【購買センター】

三番目の購買センターに関しては，メンバーとしていろいろな役割の存在が確認されているが，その中でも，特に購買センターで影響力を持つ人物（キー・パーソン）を見きわめておく必要がある。過去の実務上の経験から，以下のような点に留意することでキーパーソンの認識が可能になると考える。

図6－2　組織による選定に影響を与える要素に関するモデル

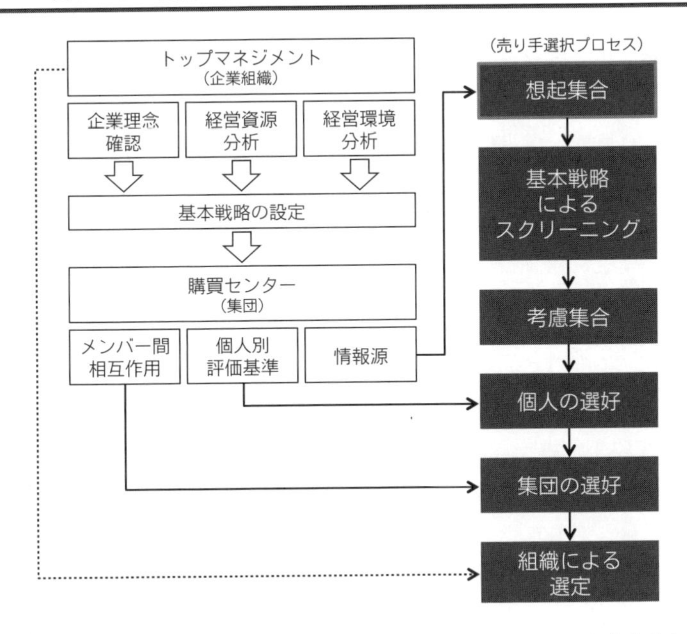

資料：笠原（2016）立教大学大学院ビジネスデザインハンドアウトをもとに加筆修正。

- 個人的利害関係を有する人。例えば，新工場の生産設備の選定では，製造担当幹部が積極的に関与する場合が多い。
- 情報の結節点にいる人，購買決定に関する情報の流れの中心にいる人。
- 専門知識レベルの高い人，他の人々の知識を上回るレベルの知識を所有し，売り手企業の営業担当に対して，最も突っ込んだ質問をする人。
- 経営トップへのつながりをもち，経営の最上層部に直接アクセスできる人。

【メンバー個人】

購買センターを構成するメンバー個人に関しては，製品やサービスを含めた提供物の候補を比較する際に用いる「評価基準」とそのベースとなる「情報処理」がポイントである。評価基準については，上記の購買センターのメンバー間で大きく異なる可能性がある。ユーザーは，迅速なデリバリーや効率的サービスを評価し，エンジニアは製品の品質を重視するのに対して，購買は価格競争力を重視するような具合である。メンバー一人一人が，購買に関する利害，売り手との付き合い，過去の購買経験，基本戦略の理解度，教育的なバックボーン，職歴，社歴などの点で異なっており，当然，提供物に対する評価や評価基準もメンバーよって違ったものになる傾向がある。

購買担当者が参加する研究会とエンジニアの所属している学会から得られる情報は相当異なっているであろうし，業界紙や専門誌にしても，品質管理の専門家が読んでいるものと，経営トップが定期購読しているものでは違うはずである。キャリア上のゴールやビジョンも同じではない。産業財市場で営業活動を実践する売り手企業の営業担当は，情報処理のベースが異なると想定されるメンバー個人間の評価基準に関するコンフリクトに対して，戦略的に対応していく必要がある。例えばミーティングに参加するメンバーに合わせて，企画書の訴求点を変えるとか，買い手企業が掲げている基本戦略の実現という大義に則った提案を，ぶれずにアピールし続けるとかも含めて，高度な戦略が必要である。

評価基準を構成する要素として，サプライヤーが特定の属性を持っていることに関する認知の強さ（もっている＋，もっていない－）をbで表している。ここでのbは認知の強さを意味する信念（belief）のbである。また，各属性に対する評価（評価する＋，評価しない－）をeで表している。重要度評価（evaluation）のeである。対象となっているサプライヤーに対する一貫した反応傾向（好意あるいは非好意）を，態度（attitude）のaで表現している。

信念：b_{ij}＝belief → 対象サプライヤーjがi番目の属性を持っていることに関する認知

評価：e_i＝evaluation → 属性iに対する評価，つまり重要度（評価する＋，評価しない－）

態度：A_j＝attitude → サプライヤーjに対する全体的態度（サプライヤーjの各属性に関する評価と信念の積和）

$$A_j = \sum_{i=1}^{n} b_{ij} e_i$$

この考えを実際のサプライヤーに適応したものが下記の表である。

図6－3　評価基準（例）

各属性の具備レベル（信念）とその評価（重要度）

属性	属性評価 e 評価する+3 評価しない−3	製品の属性 i に関する信念 b 持っていそう+3，もっていなさそう−3					
		サプライヤーA（納期が早い）		サプライヤーB（コスト安い）		サプライヤーC（品質がよい）	
		b_i	b_ie_i	b_i	b_ie_i	b_i	b_ie_i
Q（高品質）	+3	+1	+3	−1	−3	+3	+9
C（低価格）	−1	+1	−1	+3	−3	−3	+3
D（短納期）	+2	+3	+6	+1	+2	+1	+2
総合			+8		−4		+14

b : belief（顕出属性を持っていることに関する信念の強さ，もっている+，もっていない−）
e : evaluation（各属性に対する評価/重要度，評価する+，評価しない−）
A : attitude（対象に対する一貫した反応傾向，好意あるいは非好意）

資料：立教大学ビジネスデザインレクチャーノート　笠原（2015）。

4　売り手と買い手の関係性

産業財市場では，営業担当が買い手企業との関係の窓口になるケースが一般的であるが，買い手企業のニーズを満たすために，技術・設計担当，生産担当，物流担当などのさまざまな専門家が買い手企業とのやりとりに関与する。また，買い手企業内でも購買センターが形成され，購買担当，技術・設計担当，生産担当，物流担当などが，売り手企業とさまざまな情報をやりとりしながら，コンセプト開発から，生産，検査，納品，アフター・サービスという活動を展開している。売り手企業と買い手企業の間で行われる日々の活動にはさまざまな担当者が関わっており，これらの活動から相手に対する学習や適応が進展している。こうした日々の連携活動からもたらされる効果が，売り手企業と買い手企業間の関係持続性の理由にもなっていると考えられる。

産業財市場におけるマーケティング活動を説明する理論の一つに前述の組織購買行動論がある。これは，上記のように購買意思決定が組織によって行われるという，いわゆる組織性に着目されて発展してきた理論であるが，基本的に買い手企業に焦点が当てられており，売り手企業と買い手企業の関係が十分に考察されているとは言いがたい。こうした問題意識から，売り手企業と買い手企業との関係を扱うフレームワークとして関係性マーケティングが展開されてきた。

4－1　先行研究

関係性のマネジメントに関するモデルを構築するにあたり，企業と企業の関係を扱った先行研究を整理しておきたい。具体的には取引コスト・アプローチ（Williamson, 1975），パワー基盤論（French and Reven, 1959），相互作用アプローチ（Håkkanson, 1980 ; Ford, 1998 ; Campbell, 2002 等），経済的アプローチ（Heide and John, 1990 ; Morgan and Hunt, 1994 等），社会的アプローチ（Gwinner, Gremler and Bitner, 1998 ; 久保田，2003 等）のレビューから，関係性にかかわる視点を以下の6つに集約した。①関係性の規定因（不確実性，取引頻度，関係・

表6－1　関係性にかかわる視点

関係性の規定因	前提的要素	促進要素	関係性の質的要素		関係性の効用
			心理的要素	実体的要素	
不確実性 取引頻度 関係，取引特定的投資 適応化（カスタマイズ） 業界特性，企業特性 購買センター構造	関係終結コスト スィッチ・コスト 問題解決能力 相対的パフォーマンス	学習 投資 適応 価値観の共有	信頼 社会的紐帯感 コミットメント	主体の結合 活動の結合 資源の結合	黙従・同調性 継続性，ロイヤリティ 協力・協働 相互作用 顧客シェア 意思決定スピード

資料：笠原（2005）。

取引特定的投資，適応化，業界・企業特性，購買センター構造など），②関係性の前提的要素（関係終結コスト，スイッチング・コスト，問題解決能力，相対的パフォーマンスなど），③関係性の促進要素（学習，投資，適応，価値観の共有など），④関係性の質的要素－心理的要素（信頼，社会的紐帯感，コミットメント），⑤実体的要素（行為者の結合，活動の結合，資源の結合），⑥関係性の効用（黙従・同調性，継続性・ロイヤルティ，協力・協働，相互作用，顧客シェア，意思決定スピード）の6つのグループである。

4－2　関係性にかかわる新たな視点

関係性マーケティングの本質についても考察した。関係性マーケティングのエッセンスは，リレーションシップの質を高めることにより買い手企業の長期志向や協力的行動を強化するということである（Morgan and Hunt, 1994）。つまりコミュニケーションや相互作用が相手に対する信頼感[4)]の醸成に寄与し，それがコミットメント[5)]（関係に意義を認め，継続を願い，それに向けて努力すること）の形成につながっていく。そして信頼性やコミットメントによって買い手と売り手の間に長期志向や協力的行動，更には活動や経営資源の結合がもたらされるという展開である。コミュニケーションや相互作用というのは現象的側面であるが，信頼感やコミットメントは心理的側面である。協力的行動は関係性の結果であると同時に，取引の相手からすればリレーショナルな行為として現象的側面と捉えることもできる（久保田，2003）。関係性マーケティングについては，心理的状態と色々な現象が循環しながら，関係性がスパイラルに発展していく構造として考えることができる。現時点において検証されている関係性マーケティングのエッセンスを循環構造モデルとして以下に示す。

基本的に関係性マーケティングでは，不確実性が高いこと，取引頻度が高いこと，そして関係特定的投資や取引特定的投資が多く行われていること，更には代替製品の入手可能性が低いこと，供給市場が変動すること，購買が買い手にとって重要であること，購買が複雑であること等の条件が存在する場合は，市場取引のコストが高くなり，したがって協働的な交換＝collaborative exchange（Cannon and Perreault, 1999）が選択される傾向があると指摘され

図6－4　関係性マーケティングの循環構造モデル

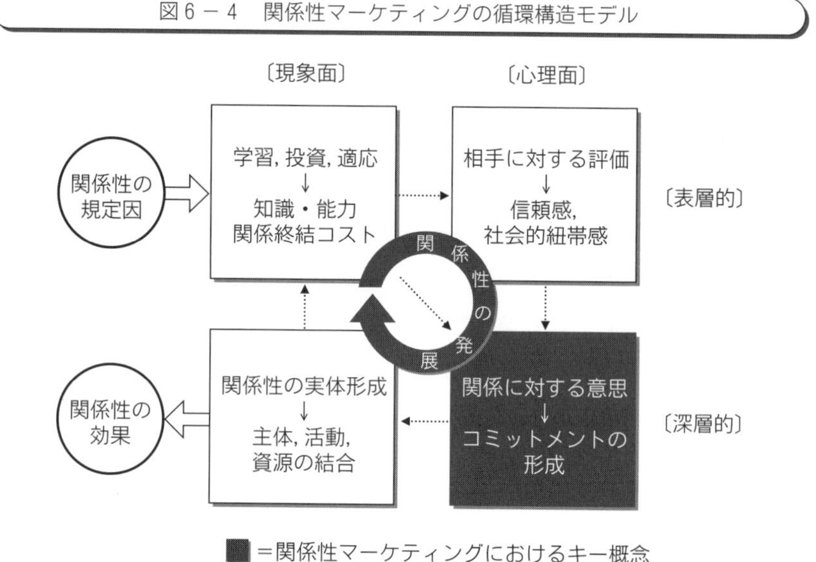

資料：各種関係性マーケティングに関する研究資料を基に筆者作成。

ている。このような条件が存在する際は，関係的な交換を選択することにより取引コストを下げることが可能になることが実証研究によって明らかにされてきた。

こうした経済的なアプローチに対して，社会的紐帯感にも着目する必要があるという提言が，近年特にサービス・マーケティングの分野の研究者からなされている。社会的紐帯感がコミットメントの形成に効果的に作用するということについては，まだ十分コンセンサスが形成されている段階ではないが，関係性マーケティングの研究発展のためには，経済的アプローチのみならず，社会的紐帯感を中心おいた社会的アプローチも含めてバランスをとりながら推進していくことが重要性であるとの指摘も少なくない（たとえば，Håkkanson and Snebota, 1995；久保田，2003)。産業財の売り手企の買い手企業との価値共創をテーマとする本稿においても，その両者間に見られる支援・補完性，相互作用性などから判断し，この紐帯感は重要なキーワードであると考えられる。売り手企業の営業とOEM顧客の関係は，基本的に協働的交換をベースにしていること，そして活動を推進していく過程で，営業に対しては産業財マーケティングのプロフェッショナルとしての能力を前提とした信頼感のみならず，長期にわたる頻繁なコンタクトとそれに基づく相互作用の結果として，一種の友情や尊敬の念が形成されることが少なくないことがヒアリングやインタビューを通した調査から明らかになっている。いわゆる社会的紐帯感をモデルに組み込むことの意義があると考える。

従来の関係性マーケティングの循環構造モデルを基に，新たな要素を加える形で，仮説モデルを構築した。具体的には，社会的紐帯感を関係性の構成要素として加えること，また，Ford他（1998）によってコンセプト化されているものの，十分に実証されてはいない「関係性の実体」（主体の結合，活動の結合，資源の結合）を関係性の中核的な変数として位置づけている。

5　産業財市場マネジメント体系

本稿のテーマである「産業財（B2B）市場マネジメント」では，産業財領域における価値共創の営業活動を，産業財領域における顧客ニーズを理解し，顧客に対する価値を顧客とともに創出し，さらにはそれを市場において具現化していくためのプロセスとしてとらえている。価値共創の目的を達成するために必要不可欠な要素を抽出し，関連性の高い要素を集めて，有機的に機能するサブ・システムとしてまとめた。一つのサブ・システムが一つのステージを構成している。さらに各ステージを統合して，事業機会の探索から，コンセプトの創造，評価，選択から事業化までのプロセス全体をトータル・システムとしてモデル化した。

特に強調したい点が，価値提案に関する仮説の探索（ideation）と検証（test）を繰り返す過程である。候補顧客との相互作用を通じて，仮説的な価値を設定する。その候補顧客に対して，プロトタイピング，観察，インタビュー等を通してその価値提案に関する受容性を検証する。ある程度それが検証されたら，対象セグメントに属していると想定される別の候補企業に同様の価値を提案し，フィードバックを求め，さらなる改善点を明らかにすると同時に，受容性をさらに確かなものにしていく。この繰り返しのプロセスが ideation と test である。営業が中心となって，顧客および自社の技術担当も巻き込んで，上記プロセスを推進する。こうしたプロセスを通して明らかにされるターゲット市場とそれに対する価値提案を基に，事業範囲を確定し，マーケティング・ミックスを構築していく。

本稿では，価値共創型営業活動を大きく4つのステージで整理している。

図6－5　産業財（B2B）市場マネジメントの体系図

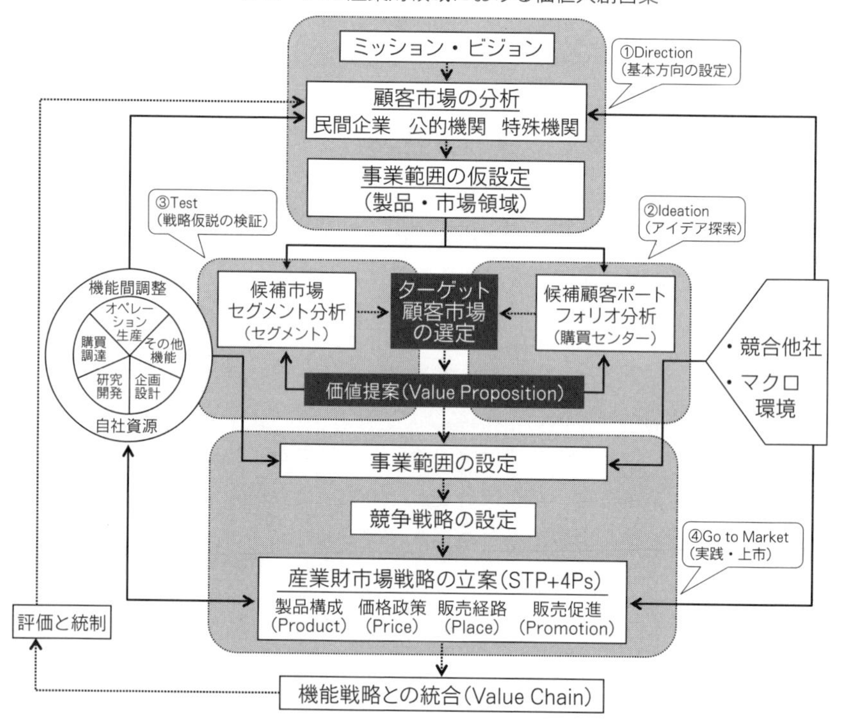

資料：笠原（2015）立教大学大学院ビジネスデザイン研究科レクチャー資料を基に一部修正。

第一が，営業活動の基本方向を定める段階（Direction）である。ここでは，理念やビジョン，現状分析に基づき，営業活動の対象としての事業の範囲，具体的には，どのような製品，サービス，ソリューションをどのような顧客，市場，地域に展開していくのかということを明確にすることが主要なテーマである。このステージにおいては，戦略的マーケティングのアプローチが有効である。このステージにおけるステップは以下の通り。

①Direction（方向づけ）＝基本方向の設定

ステップ①：自社（自部門）のミッション・ビジョンの確認

ステップ②：現状分析（市場，競合，自社，環境）

ステップ③：事業範囲（製品・市場領域）の仮設定

第二のステージが，特定の顧客の選択とその顧客との仮説的価値の共創である。価値提案のためのアイデア創出（Ideation）のステージである。価値提案を考えるためには顧客の満たされないニーズを意識しなければならないが，そのためには，顧客がどのような状態になっていたいのかということを考えながら検討するプロセスが必要である。仮説探索型の調査を産業財市場で展開するためには，購買センターを構成する個々のメンバーの意向のみならず，組織としての基本方向の明確化，つまり基本戦略を把握することがポイントである。また，このステージは，ターゲット顧客との相互作用による関係性を深めていくプロセスでもあり，関係性の規定因，関係性を促進する要素，それによって関係性がどのように質的に変化するか（心理的要素および実体的要素も含めて）を意識しておくが重要と考えられる。こ仮説的価値のやり取りを通して，関係性の効果としての顧客内シェア，顧客内での意思決定のスピード，ロイヤルティ，協力・協同関係が形成されていく。仮説探索型の調査，例えば，営業ヒアリング，現場での観察調査，顧客との研究開発をテーマとした共同プロジェクト立上げなどが有効と考えられる。相手に対するリレーショナルな行動（学習，投資，適応）をとるためにも，顧客企業の立場で，経営環境分析，経営資源分析，およびSWOT分析等を踏まえた方向性の探索をしておくことが望まれる。

②Ideation（アイデア探索）＝候補顧客ポートフォリオ分析
　ステップ④：顧客ポートフォリオ作成
　ステップ⑤：ターゲット顧客（対象アカウント）抽出
　ステップ⑥：ターゲット顧客概要調査／意思決定単位分析
　ステップ⑦：顧客に対する価値提供の仮設定

第三のステージが，仮説的な価値提案を検証する段階である（Test)。同じようなニーズを有していると考えられる顧客の集合体，つまりセグメントに対する何らかの仮説検証型の調査を実施して，ニーズの確かさ，規模，成長性などについて確認していく。第二フェーズの活動から導き出される，仮説としての特定顧客に対する価値提案が，当該顧客と類似するデモグラフィック変数を持ち，同じような基本方向を志向しており，したがって，同じような購買行動をすることが想定されるほかの顧客にも提案することが可能かどうかを検証しながら，仮に可能であれば，n 倍化を進めていく。これが事業としての拡大であり，広義の営業活動（事業を営むという意味で）である。このステージでは，従来型のマーケティングリサーチ，例えば，営業ヒアリング，フォーカスド・グループ・インタビュー，サーベイ調査などが効果を発揮すると考える。買い手の購買プロセスの複雑性は，その組織が同様の購買にどの程度経験をもっているか，そしてその購買がどの程度重要なものかによって決まる。買い手の購買状態が，新規購買，修正再購買，単純再購買のどれに該当するか知ることはきわめて重要である。知識レベル，関与レベルもセグメンテーションの一つの要素として有効と考えらえる。

③Test（戦略仮説の検証）＝候補市場セグメント分析
　ステップ⑧：市場細分化
　ステップ⑨：標的セグメントの明確化とニーズ検証
　ステップ⑩：顧客市場に対する価値提供の確定

第四が，提案すべき検証済みの価値を実際に市場で展開していくステージである（Go to Market）。価値提案を具現化するためのマーケティング・ミックス（製品，価格，販路，販促）を明確にして，更には，マーケティング・ミックスを実現するための研究・開発，企画・設計，購買・調達，生産・オペレーションなどの機能戦略，それを支える組織・制度なども含めて検討する段階である。このステージで特にポイントとなるのが，適切な顧客グループの選択とそのグループに対する適切な価値提案である。具体的な価値を提供するためには，販売チャネルの設計及び管理を含めたチャネル・マネジメントがきわめて重要である。ターゲット・セグメント毎にチャネル・プレイヤーによって提供されている効用が顧客の期待レベルと比べてどの程度なのかを明らかにしておくことが，新たな価値を創出するために必要不可欠である。その価値を実現するために，社内の機能戦略との統合も重要なテーマである。

④Go to Market（実践・上市）＝マーケティング・ミックス構築
　ステップ⑪：事業範囲（製品市場マトリックス）の選択
　ステップ⑫：競争戦略の設定
　ステップ⑬：STP : Segmentation, Targeting, Positioning
　ステップ⑭：4Ps（製品，価格，販路，販促）の設計
　ステップ⑮：機能戦略（Value Chain）との統合

6　おわりに

本稿の執筆を開始したのが，雨季の真っただ中にあるインドのニューデリーだった。空港からホテルに向かうタクシーにも，物乞いの子供がたくさん群がってくる。町中でも，野良犬があちこちに出没する（基本的には大人しいが）。頻繁に電力が途絶え，その都度自家発電に切り替わる。時代の先を行く分散電源かもしれないが，製造拠点としてはまだまだエネルギーに関してはぜい弱である。雨が降ればそれを利用して洗濯が始まるような究極なエコ生活を送っている人も少なくないなかで，20億人の人口のさらなる成長，インフラ改善に対する強い社会的ニーズがある。間違いなく産業財市場としてもこれから更に

発展するであろう。産業財マニュファクチャラーが，最先端の技術を活用しながら，社会インフラストラクチャーのイノベーションに取り組んでいる。本稿の執筆を終えようとしていた頃に，「日立，営業2万人増員，コンサル重視へ転換 AI（人口知能）を駆使して，問題解決」という経済新聞の見出しが飛び込んきた。「AI やビッグデータ解析などの先端技術を駆使したコンサルティング・サービスの提供に軸足を移す」ということである。まさにこのような事業展開には，価値共創の営業活動が必要不可欠と考える。

本テーマに関する研究の一環として，インドをはじめ，インドネシア，マレーシア，ベトナム，フィリピン，シンガポールなどの地域の企業の皆さまに，営業活動という視点からヒアリングさせていただいた。業種は，建設機械，輸送システム，二輪や四輪のコンポーネンツ，海洋海底電線，エンジニアリング，医療器械，交通渋滞緩和のためのシミュレーションシステム，中低層のビルに導入されるエレベーターなど産業財市場といっても様々である。業務で多忙を極めているにも関わらず，取材依頼に対して快くご協力をいただいた。この場をお借りして心から御礼を申し上げたい。業種は様々であるが，個別の顧客企業（現時点では実績はないものの，顧客になりそうなプロスペクトも含めて）との関係から始まり，事業として大きく発展させていくという活動は，BtoB の市場である限り，日本であっても，アジアであっても，欧米であっても基本的にはそう変わらない。これからグローバル展開を志向する日本企業においても，世界共通の産業財市場における営業活動を研究する意義はとても大きいと考える。本稿が，グローバル市場で活躍されている産業財市場のマーケターの方々に何らかの参考になれば，筆者の喜びはこれに勝るものはない。

【注】

1）購買クラス（buy classes）：購買状況と同義で，新規購買，再購買，修正再購買の3類型がある。

2）拡張的問題解決：extensive problem solving

3）慣習反復的問題解決：routine problem solving

4）信頼については，「一方のニーズが他方の行動により，将来的に充足されるという信念」（Anderson and Weitz, 1989），「相手の能力に対する確信と，意図に対する確信という2つの意味」（Andaleeb, 1992）等がある。このほかにも，「信頼とは，相手が役割を遂行する能力もしくは意図を持っているという期待であり，不確実性軽減に寄与するのは，意図を持っているという期待の部分」（余田, 2000），「関係性マーケティングにおける信頼としては，意図に対する信頼が重要。その理由は，信頼の役割は，相手が機会主義的行動をとるかもしれないという不安を低減することにある」（久保田，2003）等がある。当然，能力に対する確信がなければ，関係性の構築を希望することはないと考えられるため，ここでは信頼を「能力に対する確信を前提とした意図に対する確信」と捉える。

5）コミットメントは関係性マーケティングのキー概念であるが，Morgan and Hunt（1994）によって次のように定義されている。「ある当事者がパートナーとの関係について，それを維持するために最大限努力することが当然であるとまでに関係の意義を認める」，「関係が永続することを望み，その関係を維持するために努力すること」

参考文献

笠原英一（2005）「米国マニュファクチャラーズ・レップの関係性マネジメント」柏木重明編『現代マーケティングの革新と課題』東海大学出版会。

笠原英一（2013）『強い会社が実行している「経営戦略」の教科書』KADOKAWA。

久保田進（2003）「リレーションシップ・マーケティング研究の再検討」『流通研究』第6巻第2号9月，pp. 15-33。

嶋口充輝（2000）『マーケティング・パラダイム』有斐閣。

Campbell, Nigel (2002) "An Interaction Approach to Organizational Buying Behavior," *Understanding Business Marketing and Purchasing*, Thomson Learning.

Cannon, J. P. and Perreault Jr., W. D. (1999) "Buyer-Seller Relationships in Business Markets," *Journal of Marketing Research 36* (November 1999), pp. 439-460.

Ford, David (1980) "The Development of Buyer-Seller Relationships in Industrial Markets," *European Journal of Marketing*, 14, pp. 339-354.

Ford, David, Lars-Erik, Gadde, Håkan Håkansson, Anders Lundgren, Iven Shehota, Peter Turnbull, and David Wilson (1998) *Managing Business*

Relationships, Chichester, England : John Wiley & Sons.

French, J. and B. Reven (1959) "The Bases of Social Power," *in D. Cartwright, ed., studies in Social Power*, Ann Arbor.

Gwinner, Kevin P., Dwayne D. Gremler and Marry Jo Bitner (1998) "Relational Benefits in Services Industries : The Customer's Perspective," *Journal of Academy of Marketing Science*, 26(2), pp. 101-114.

Håkansson, Håkan (1980) "Marketing Strategies in Industrial Markets : A Framework Applied to a Steel Producer," *European Journal of Marketing*, vol. 14, No. 5-6, pp. 365-377.

Håkansson, Håkan and Ivan Snehota (1995) "Analyzing Business Relationships," *Developing Relationships in Business Networks*, Routledge.

Heide, Jan B. and George John (1990) "Alliances in Industrial Purchasing : The Determinants of Joint Action in Buyer-Supplier Relationships," *Journal of Marketing Research*, 27(2), pp. 24-36.

Hutt, Michael D. and Thomas W. Speh (2004, 2013) *Business Marketing Management*, Thomson.

Morgan, Robert M. and Shelby D. Hunt (1994) "The Commitment-Trust Theory of Relationship Marketing," *Journal of Marketing*, 58(7), pp. 20-23.

Webster, Jr. F. E. and Y. Wind (1972) "A General Model for Understanding Organizational Buying Behavior," *Journal of Marketing*, Vol. 36(4), pp. 12-19.

Williamson, Oliver E. (1975) *Markets and Hierarchies, Analysis and Antitrust Implications : A Study in the Economics of Internal Organization*, New York : Free Press.

第7章

戦略理論とその実行
―合理性と慣性に基づいたマネジメント―

安田直樹

1 はじめに

知識を得ることと，その知識を使えることは異なる。中国の古い言葉に知行同一という言葉がある。知識を得ることとその知識を用いて何かを行うことは不可分で，本当の知は実践を伴うという考え方である。戦略でも同様のことが言える。戦略は策定されても実行されなければ意味をなさない。したがって，戦略の策定と実行は不可分なはずである。日本マイクロソフトの樋口社長は，「改革を実行するためには組織力が必要」と述べている[1)]。また，日本交通の知識社長は，「基本を徹底して仮説と検証を繰り返して，戦略を実行していくことが重要である」と指摘する[2)]。外部環境の変化が激しい現代においては，企業には環境変化に適応するための，改革を実行する力が求められている。企業組織は人間の集まりであり，その戦略を実行に移すのは組織を構成する人間である。戦略の策定は理論に基づいて合理的に考えることが可能であるが，経営人としての人間は，経済学が前提とするような合理的な経済人ではない。したがって，戦略の実行は合理的な側面だけで論じることは困難である。

戦略の実行において重要な要素は多く存在するが，戦略の実行に関する研究はこれまで主にミドルマネジメントの役割に焦点が当てられて議論されてきた（Wooldridge, Schmid, & Floyd, 2008）。例えば，ミドルマネジメントの戦略の実行に対する関与の程度がその後の企業のパフォーマンスにどのような影響を与えるのかが実証的に明らかになっている（Barrick, Thurgood, Smith, & Courtright, 2015)。一方で，実行の要素やそのプロセスはブラックボックスとして位置づけられていることも事実である。そこで本稿では，ミドルマネジメントなどの人の問題だけではなく，組織やその制度の問題を含めた戦略の実行に焦点を当てる。具体的には，戦略の策定とその実行に着目して，戦略の策定と実行の違い，戦略の実行において発生する問題点とその対応について論じる。

本章の構成は以下の通りである。第2節では戦略の策定と実行の関係を整理する。第3節では，実行の構成要素の検討を行う。第4節では戦略の実行の阻害要因について考察し，第5節でそれらの阻害要因への対応の方向性とコミットメントを醸成するためのリーダーシップの重要性を指摘する。最後の第6節でまとめを行う。

2　戦略理論の要諦と実行の関係

伝統的な戦略理論は主に2つの観点から企業の競争優位の源泉を説明してきた。第一にリソースベースの考え方で，第二にポジショニングベースの考え方である[3)]。リソースベースの考え方は，企業の経営資源や組織能力の重要性を指摘するのに対して，ポジショニングベースの考え方は業界および業界内のポジショニングに焦点を当てている。ここから導かれる戦略に関する一つの主張は，戦略の策定とは企業が自らの強みである経営資源を活かして，他社とは異なるポジショニングを取ることということである。つまり，図7－1に示したとおり，企業の内部環境と外部環境の適合が重要であるという主張である。戦略はトレードオフであることから，総花的な対応を考えるのではなく，外部環境の機会に対して自社の強みを活かして戦略を策定することが重要ということになる。また，戦略論の主張に基づけば，企業は内部組織と外部環境の適合を考慮して，他社と差別化すること，あるいは同じことをより効率的に行うことの2つの考え方があると捉えることができる。これらの戦略の策定に関する考え方は，戦略は合理的に策定されるという前提に立っている。外部環境や競争

図７－１　戦略の策定

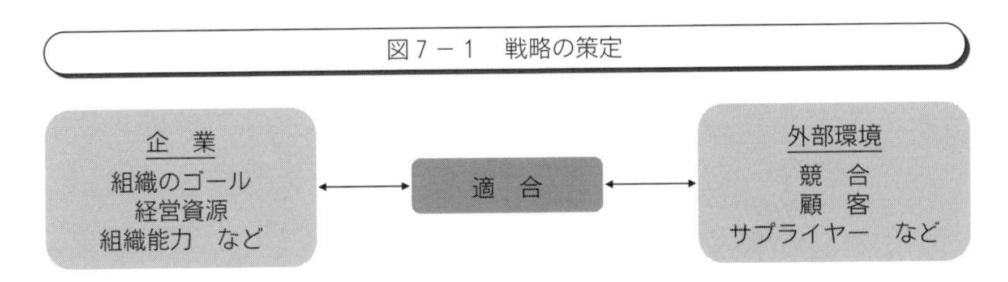

環境を完全に分析しようと思えば，外部環境に存在する何百もの要素を取り上げ，優先順位や実現可能性，予想される影響を一つ一つ検証する必要がある。しかし，外部環境と内部環境の適合が重要とはいえ，外部環境のすべてを正確に認識することは不可能である。一般的には，重要と思われる項目を取捨選択して，それらを分析することによって意思決定は行われると考えられる。考えてみれば当然のことであるが，厳密にはマネージャーは外部環境の一部に傾注して意思決定する。マネージャーは限定合理的（bounded rational）であり，すべての外部環境を認識することはできず，満足できるかどうかという基準で解を見つけると考えられるのである（Simon, 1956）。

外部環境と内部環境の適合の視点は戦略をどのように策定するのかに関する知見を提供してきたが，その実行については多くが語られていないのが現状である。戦略が如何に優れたものであっても，その実行フェーズで問題が発生すれば，その戦略は実現することはない。したがって，戦略の実行は非常に重要な経営課題となる。戦略理論では，強みとなる経営資源や組織能力をどのように手に入れるのかが不明確といった点や，どのように差別化するのかに関する問題は論じられていないなどの問題点が指摘されてきたが，それらは戦略の策定の問題であり，戦略の実行の重要性の指摘は戦略の策定に関する知見に比べると限られている。

3　実行の構成要素

戦略を策定しても，その実行にあたってはミドルマネジメントや現場のコミットメントの欠如といった問題が発生する。どんなに素晴らしい戦略を策定したとしても実行が円滑に進まなければ，戦略策定は価値を持たない。そもそも，「戦略の実行」とは何を意味するものなのだろうか。戦略の実行には数多くの定義が存在するが，例えば，「組織が望むパフォーマンスをコントロールするための組織構造や主要な個々人の行動，組織のコントロールシステムに関する組織の介入の集合体」と定義される（Hrebiniak & Joyce, 1984）。戦略の策定とその実行の相違点は図7－2のとおりである（Collis, 2005）。戦略の策定が分析や計画を意味するのに対して，実行は戦略を遂行することを意味する。策定とは考察を意味し，実行とは行動を示すものである。また戦略の策定が戦略を始めることを意味するのに対して，実行はやり遂げることを意味する。これは同時に戦略の策定が目標設定に基づく概念であるのに対して，実行は目標達成を意図していることを示している。戦略の実行はトップマネジメントレベルの現象ではなく，トップから現場までのすべての組織構成員に関わる問題なのである。これらの要素の比較から，戦略の実行を分析することは，戦略のプロセスを分析することと同義であるといえる（Pettigrew, 1992）。

図7－2　戦略の策定と実行の比較

戦略の策定	戦略の実行
分析と計画	遂行
考察	行動
始めること	やり遂げること
トップ	トップからボトム
目標設定	目標達成

出所：Collis（2005）を訳出。

戦略の策定は上記で述べたとおり，内部環境と外部環境の適合によって説明されるが，戦略の実行は図7－3に示したとおり，策定した戦略を実行に移すフェーズにおける議論を意味する。内部環境と外部環境の適合が重要とする考え方に時間軸の概念を取り入れ，戦略は修正されながら実行されていくと主張する戦略理論に創発戦略がある（Mintzberg, 1987）。1960年代のホンダのアメリカ進出はこの戦略を示唆する非常に有名な事例である[4]。例えば，ホンダは当初，アメリカ進出に際して明確な戦略は有しておらず，250 ccや305 ccの大型バイクを販売する計画を立てていた。しかし，現地で小型の50 ccバイクの需要が存在することを現地に赴いた社員が認識し，ミドルがトップマネジメントを説得して50 ccバイクの販売を開始し大成功を収めるのである。この事例は，戦略の実行におけるミドルマネジメントの重要性と，戦略が実行段階で修正されていく過程を示唆している。この創発戦略の考え方は戦略の実行の要素を一部取り込んでいるものと解釈できる。

図7－3 戦略の策定と実行

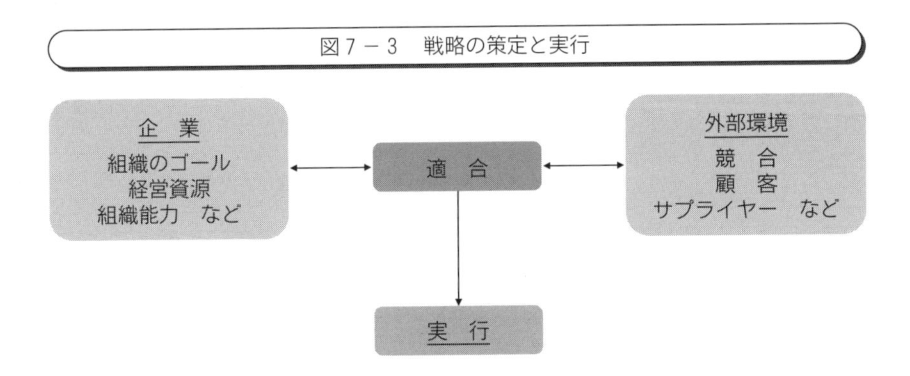

戦略の実行は様々な要素によって構成される。図7－4は戦略の実行の構成要素を示している[5]。戦略の実行には2つの見方がある。一つは組織構造など，組織のハード面に着目する考え方で，もう一つは組織を構成する個人間のコミュニケーションなど，組織のソフト面に着目する見方である。前者の見方は，組織構造，インセンティブ，サポートシステムで構成される。組織構造とは，例えば企業の組織を製造や販売といった機能別につくるのか，あるいは事業部別につくるのかという問題である。また，多国籍企業の場合であれば，地域別の事業部をつくるのか，あるいは製品別の事業部をつくるのかを検討することになる。この組織構造は権限や責任の所在，指揮命令系統を規定するものとなる。同時に，インセンティブシステムなどの評価体系も組織構造に合わせて設

計する必要がある。例えば，子会社に権限を与えた運営をしているのであれば，子会社の業績に連動した評価システムが必要になるということである。また，組織のサポートシステムとは，戦略を実現するために必要となる各種システムのことを指す。ここでいうシステムとは，例えば，予算管理や物流，契約管理などのシステムのことを意味する。当然のことながら，提供する製品やサービスによって必要となるサポートシステムは異なる。これらの組織構造，インセンティブ，サポートシステムは組織のシステム設計や制度設計に関わる事項で，いわば目に見えるハードの部分である。

後者の組織のソフト面に着目する見方は，図7－4における組織文化，人，リーダーシップで構成される。まず，円滑な戦略の実行のためには，組織文化が戦略とマッチしている必要がある。組織文化とは，組織に存在する共通認識や価値観のことを意味し，組織の歴史的プロセスによって創られてきたものと解釈される（Schein, 1999）。そして，次が実行において最も重要な要素と考えられる「人」である。ミドルマネジメントや現場がどれだけ戦略にコミットメ

図7－4　戦略の実行の構成要素

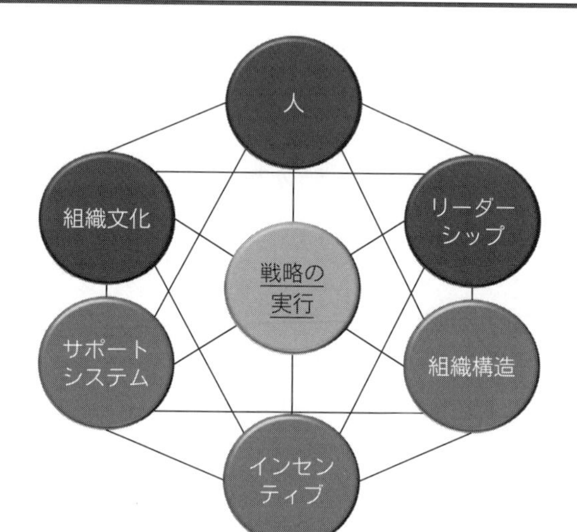

出所：Collis（2005）を一部修正して訳出。

ントしているかなど，個人の感情や認識，モチベーションに焦点を当てた見方である。どんなに素晴らしい戦略を策定したとしても，戦略を実行するのは組織で働く人であることから，人同士の相互作用がどれだけ円滑に機能するのかが重要になる。人間は限定合理的であることから，合理的だと考えられる事柄でも，その合理性を100%正しく判断する能力には限界がある。人間は必ずしも合理的という価値基準に動かされるわけではなく，自分自身の満足を最大化する行動を取ると考えられているのである。リーダーシップは，組織構造やインセンティブなどの組織のハード面の制度設計におけるイニシアティブをどのように取るかという問題に関連する。ここでいうリーダーとは，組織のトップのみを示すものではなく，事業部などの部門毎のリーダーやミドルマネジメントも含めた考え方である。また，より重要なことは，組織文化や人といった組織のソフト面に対して，リーダーシップがどれだけ効果的な影響を与えることができるのかという点である。特に，組織を構成する人に対しては戦略とその実行に対するコミットメントを強化する役割を担う。ソフト面，ハード面の6つの要素は，それぞれが密接に関連しており，戦略の実行には6つの要素の内的一貫性が必要不可欠である。

4　環境，組織，人の問題

戦略の実行の失敗要因は非常に多岐にわたる（Skivington & Daft, 1991；坂本, 2015）。戦略の実行の構成要素は図7－4のとおりであるが，実行を阻害する要因はより複雑である。ここでは組織がトップマネジメント，ミドルマネジメント，そして現場という3つの階層によって構成されていることを想定する。企業規模によってトップマネジメントが意味することは異なる。例えば，事業部制をとっている会社であれば，トップマネジメントは各事業部のトップと考えることができるが，いわゆる中小企業の場合にはまさに社長がトップマネジメントということになる。

戦略の実行における失敗要因として第一に挙げられるのが，環境要因である。これは外部環境が急速に変化することによって，その状況に対応できないということである。策定された戦略がその完結まで一直線に進むことは稀で，実行は各プロセスで修正を加えながら進めるものである。当然のことながら，その過程で環境変化が起これば，戦略策定のみならず実行においても修正が行われるはずである。しかし，急速な環境変化が起きたときにその変化に適応することができず，実行がうまくいかないことが考えられる。第二に，組織文化と戦略が不一致という問題が挙げられる。例えば，現場に権限を委譲することを組織の重要な価値基準に置いている組織で，急にトップマネジメントのトップダウンによる戦略の実行を意図しても，円滑な実行を図ることはできないであろう。この組織文化を変革する作業も実行に向けて非常に大きなハードルとなる。第三に挙げられるのが，ミドルマネジメントあるいは現場の戦略を理解して実行する能力が不足するという問題である。

第四の要因として，ミドルマネジメントや現場のコミットメントの欠如がある。このコミットメントの欠如は様々な要因によって生じ，要素間の影響も複雑である。一つは，戦略が曖昧という問題である。この問題は，戦略そのものの「質」と，ミドルマネジメントや現場への伝え方の問題に分けることができる。戦略そのものの質の問題は，何をするべきかというまさに戦略の策定の問題である。伝え方の問題は，トップマネジメントによる戦略の説明不足がミドルマネジメントや現場に与えるネガティブな影響のことを意味する。これらは，トップマネジメントの能力，資質の問題といえる。コミットメントの欠如を生む要因として次に挙げられるが，個人の慣性による心理的負担である。慣性とは，組織内において現状を維持しようとする力のことを意味する。戦略を実行する際には，何らかの既存のルーティンを変更する必要に迫られる。例えば，既存顧客の対応が業務だった中に新規事業の顧客対応の業務が加わることはルーティンが変化することを意味する。つまり，このルーティンの変更に対して，慣性による心理的負担を感じることよって，コミットメントが醸成されず，実行に移されないということである。次が部門間の対立という問題である。例えば，部門Ａがイニシアティブを持つ戦略の実行に対して，協力すべき部門Ｂが業務量の増加などを理由に協力を行わないケースが挙げられる。先に指摘したとおり，戦略の実行プロセスは，過去のやり方をそのまま遂行する前例踏襲とは異なり，既存のルーティンを変える必要が生じるため，部門に物理的負荷が生じることになるのである。部門間の対立によって，各実行プロセスでコンセンサスを得ることができなければ，コミットメントが醸成されず実行は円滑に進まない。これは組織そのものの問題として捉えることができる。この部門間の対立は，主に２つの要因によって発生する。まず，戦略の実行に伴う個人の権限やコントロールの喪失による実行への抵抗である。例えば，戦略実行に伴う予算編成の変更によってコントロールできる予算が減少するケースなどが挙げられる。これは主にミドルマネジメントに関わる問題であり，個人の利害と組織の利害が対立することによって生じる。この個人の権限やコントロールの喪失も，直接コミットメントの欠如を引き起こす要因となる。また，部門間の対立は，戦略の実行責任をどこの部署，あるいは誰が負うのかが曖昧な場合にも発生する問題である。実行の責任の所在が不明確であることは，強い覚悟を持って戦略の実行にあたる部門や人がいないことを意味し，そのような実行はコミットメントの醸成につながらず，失敗に終わってしまう。そして，この責任の所在が曖昧，不明確という問題は組織構造や制度と戦略の不一致によって発生すると考えられる。例えば，製品も顧客もまったく異なる事業が複数存在しているにも関わらず，機能別の組織構造を採用している場合，責任の所在が不明確で戦略の実行が円滑に進むとは考えづらい。また，多国籍企業が現地化という戦略を掲げているにもかかわらず，地域別の構造を採用していない場合には，戦略と組織構造に乖離が生じていることを意味し，実行は円滑には進まない。さらに，既存の経営資源や組織プロセスとはまったく異なる戦略を実行するにあたり，既存組織内に新しい部署を作っても既存組織内の反対により実行が円滑に進行されないことがある。実行と戦略の適合の問題は，組織の制度面にも当てはまる。具体的には，ミドルマネジメントと現場のインセンティブに関わる評価制度が実行とマッチしていないことが挙げられる。例えば，子会社に権限を与えるような運営をしているのであれば，子会社の業績に連動した評価システムが必要になるが，評価制度と戦略に乖離があれば，権限や責任の所在が不明確となり，その戦略は円滑に実行されない。

これらの問題の構造化すると，図７－５のようになる[6)]。当然のことながら，

図7－5　実行の阻害要因

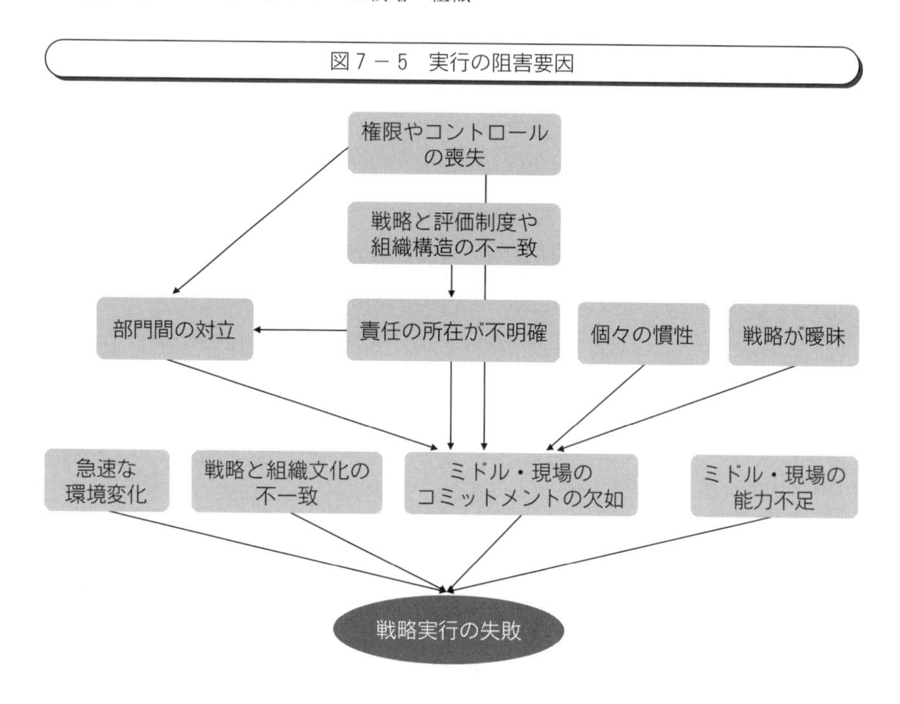

組織特有の事情によって実行が阻害されるケースも存在することから，これらの要素がすべてではない点には注意が必要である。図の矢印は項目間の因果関係を示している。図7－5が示すとおり，直接戦略実行の失敗に影響する要因は4つあると考えられる。ミドルマネジメントや現場の実行に対するコミットメントの欠如は，戦略が曖昧，評価制度と実行がリンクしていない，責任の所在が不明確，部門間の対立，個々の慣性といった多様な要因によって発生する。このように見てくると，戦略の実行に関わる問題は環境，組織，個人的要因に分けることができ，さらにそれらの問題はハード面とソフト面に分類されることがわかる。

5　戦略の円滑な実行のために

5－1　組織の根本的性質

戦略の実行を阻害する要因となっている問題に対してどのような対応を行うことが求められるのであろうか。「問題」とは一般に理想とする状態と現実のギャップのことを意味する。問題を分析する際には，自らがコントロールできる問題とコントロールできない問題に分けて考えることが有効である。環境要因である急速な外部環境の変化はコントロールできない要因として位置づけることができる一方で，その他の要因はコントロール可能な問題と捉えることができる。これらのコントロール可能と考えられる問題は，組織のハード面とソフト面に分類することができるが，当然のことながら対応の難しさの程度は異なる。ソフト面とは，いわば組織を構成する人間に関わる問題であり，対応はより難しい。

ミドルおよび現場の能力不足は，人材確保，人材育成によって解決される問題であると考えられる。これらは組織の制度に関わる問題であることから，いわばハードの要素である。また，コミットメントの欠如の要因の一つである責任の所在が不明確という問題についても，それらの引き起こす組織のハード面の検討が必要である。つまり，組織の制度や仕組みづくりの問題である。戦略と一貫性のあるインセンティブシステム，組織構造設計が必要となることは明白である。例えば，既存組織の経営資源や組織プロセスとはまったく異なる戦略を実行するための組織構造について考えると，スピンオフ組織によって既存組織とは切り離して戦略を実行することなどを検討する必要がある。

ソフト面の問題への対応は相対的に困難であるが，その対応を考えることは同時に組織そのものに内在する根本的性質を理解することにつながる。組織は規模が大きくなるにつれて機能別に分化し，分化によって部門間の利害が対立する状況が生まれるようになる。それにより部門同士がある種お互いを牽制しあうような状況が生まれる。このような状況では，組織構成員は失敗を恐れてリスク回避的になり，「上の人間」の顔色をうかがう状況が蔓延し，部署同士が協力する状況ではなく「うまく物事を収める」という意味で協調する状態に陥る。組織はこのように硬直化する性質を有しており，組織の活性化のためには常にこの状態を変化させる何らかの作用が求められる。

組織文化を考えるということはまさにこの組織が抱える根本的性質と関連する。組織文化と戦略が適合しない場合には，組織文化の変革が求められる。しかし，組織文化は目に見えないものであることから，その変革は非常に難しい。ここでは，この組織文化の変革について，アサヒビールのケースを基に組織のリーダーシップにも言及しながら考えてみたい[7]。このケースは古いケースではあるが，組織文化の変革に対して有用な示唆を与えてくれる。1980年代前半に経営危機に陥ったアサヒビールは，当時まさに硬直化した状況にあった。このときトップマネジメントの地位についた村井社長は，そのような組織文化を改革するために主に2つのことを行った。第一に管理職に経営理念の明文化を命じ，部門間の対立軸に照らし合わせることである。第二に，社員の自覚を高めることを目的としてCI（コーポレートアイデンティティ）導入チームという組織横断チームを結成したことである。このCIチームは，チームメンバー以外の社員を巻き込む配慮もなされながら進められた。このCI運動では，アサヒビールの商標や製品ラベルの変更といった，アサヒビールを象徴するシンボルに関する議論も展開された。ここで重要なことは，トップの村井社長自らが，「社内のあるタブーに挑戦する雰囲気」を社内につくっていたことである。村井社長はコミュニケーションがうまい，近づきやすい人物と評判で，「人たらし」だったと考えられていたのである。こうして，物事をうまく収めるという協調的な組織を，建設的で率直な意見交換に基づく協力的な組織に変えていったのである。その後，村井社長のあとを受けた樋口社長が，改革を強力に実行，遂行していった。この事例は，組織文化の改革プロセスを示唆する有用な事例と考えられる。

Kotter（1996）によれば，企業の変革のステップは（1）緊急性の明確化，（2）強力な変革推進チームの結成，（3）ビジョンの策定，（4）ビジョンの共有，（5）権限の付与，（6）短期目標の策定と達成，（7）さらなる変革の促進，（8）新たなアプローチの定着，のプロセスによって構成される。アサヒビールのケースでは，ビジョンの明文化と変革チームの結成により，危機感の醸成を促し，CIという変革チームの活動によりビジョンの共有を図っていった。そしてさらに重要なことは，変革チームの活動が小さな成功体験の蓄積になっていたという点である。プロジェクト発足当初は変革チームの活動に対してコミットしていなかった社員も，小さな成功体験が蓄積されてその成功体験が共有されることで，コミットコメントを高めていったと思われる。アサヒビールのケースとコッターの主張から，組織の変革には（1）危機感の共有，（2）強力な変革推進チームの結成，（3）ビジョンの策定，（4）ビジョンの共有，（5）権限の付与，（6）短期目標の策定と達成，（7）成功体験の蓄積，（8）成功体験の共有といったアプローチが必要であると同時に，このプロセスを主導する組織を活性化させるリーダーシップが重要であることが示唆される。

ここからはミドルと現場のコミットメントの欠如を引き起こすソフト面の要因について検討していく。まず戦略が曖昧という問題は，先に指摘したとおり戦略の「質」と「伝え方」の2つに分けられる。戦略そのものの質は戦略の策定と密接に関わる問題であることから，実行に焦点を当てている本稿は触れない。戦略の伝え方の問題は，まさにトップマネジメントのリーダーシップの役割である。ここでいうリーダーシップとは，トップマネジメントおよびミドルマネジメント双方のリーダーシップのことである。戦略の伝え方を改善することで戦略が明確になれば，戦略が曖昧であることによって発生するコミットメント欠如の問題は解消する。策定された戦略自体が合理的であり納得できるものであることが大前提となるが，例えば，コミュニケーションの量を改善することで対応できると考えられる。

部門間の対立の問題は主にミドルマネジメントに関わる。この問題の検討のためには先に指摘した組織そのものに内在する根本的性質を考える必要がある。先ほど指摘したとおり，組織は規模が大きくなるにつれて，営業部門や製造部門などに分化した組織となる。組織の分化は，部門間に利害対立が生まれるように組織化されることを意味する。効率的な組織にはパワーバランスが重要で，同時に組織は政治的システムと捉えられる（Eisenhardt & Zbaracki, 1992）。例えば，営業部門が製品の価格をより安くすることを求めるのに対して，製造部門はコストの問題で価格を下げることができないと主張するといった状況である。このような部門間の対立は，一般に組織にとってネガティブなものとして捉えられがちである。しかし，ある種の利害対立によって生まれる最適な解を見つけ出そうとするプロセスがなければ，競争力のある製品やサービスは生まれない。部門間のお互いのチェック機能が働く組織ほど，組織は効率的に機能していると考えることができる。価値のある新しい戦略を実行する際には，既存のルーティンの変更を伴うことから，組織内に抵抗勢力が存在することが多い。しかし，健全な対立は組織には必要不可欠である。つまり，部門間の対立はまったくない方が良い，という前提を問い直す必要があるのではないだろうか。また，組織における部門間対立を考えるときの重要な概念に，組織内政治がある（Eisenhardt & Zbaracki, 1992）。組織内政治とは，当事者が不確実性のある選択あるいはコンセンサスの取れない選択において，自身が望む結果を得ることを目的に組織内で行われる，パワーや資源を使ったり獲得したりするための活動と定義される（Pfeffer, 1981）。この組織内政治も，部門間の対立と同様に一般にネガティブな言葉として捉えられることが多いが，場合によっては組織の意思決定にポジティブな影響を与えると考えることもできる。組織が直面する意思決定には100%正しい意思決定はなく，意思決定のプラス面とマイナス面を検討したうえで実行されるべきものであるため，時間がかかるケースが多い。このような場合，組織内政治によって意思決定が迅速に行われるケースがあると考えられるため，部門間の対立による戦略実行の障害は，この組織内政治の作用によってある程度解消することが可能になる。当然のことながら，当事者がパワーを得るためだけに行う組織内政治は悪である。重要なことは，部門間の対立にしても組織内政治にしても，如何にして建設的な対立と組織内政治を生み出すのかということである。

部門間の対立の要因の一つである権限やコントロールの喪失に対する対応を考えるためには，先述とは異なる組織そのものに内在する根本的性質を考える必要がある。組織とは個人では達成できない目標を達成するための共同体と考えることができる。組織は一般的に一つの目標を持ち，その目標の達成のために動くと想定されるが，組織が持つ目標とその組織に属する個人の目標は必ずしも一致しない（Guth & MacMillan, 1986）。こうした前提のもとに，組織は評価制度の設計や人員配置などの個人を活かすためのコーディネーションを行っている。つまり，ここでの組織の根本的性質とは，組織は組織の全体最適のためにコーディネーションを行っているということである。したがって，組織を構成するすべての個人にとっての最適が同時に達成されないことは，当然のことと考えられる。権限やコントロールの喪失への対応としての第一歩としては，この組織そのものが持つ根本的性質の理解を組織のメンバーに浸透させることが重要ということになる。

5－2　合理性と個人の価値観

最後に，個人の価値観の観点から実行の問題を検討する。これまで述べてきたとおり，戦略実行の失敗をもたらすミドルマネジメントと現場の問題は，コミットメントの欠如と能力不足に分けられるが，前者がより深刻な問題である。なぜなら，個人の価値観に関わる問題だからである。問題の対策が困難になる要因は，①問題に気づいていないとき，②気づいていても解決策や能力が不足しているとき，そして③気づいていて解決策や能力もあってもやる気がないときに分けられる。③のケースのときに問題解決が最も困難となるが，コミットメントの欠如とはまさにそのような問題である。

権限やコントロールの喪失，個々の慣性の２つの問題がまさに個人の価値観に関わる問題であると考えられる。これらを打破してコミットメントを醸成する役割を担うのは，先に述べた戦略が曖昧という問題と同様に，組織のリーダーのリーダーシップである。しかし，権限やコントロールの喪失，個々の慣性という２つの問題に対しては，合理性を越えた異なる価値基準に対する働きかけによって，戦略に対するコミットメントを引き出すリーダーシップスタイルが求められる（Barrick et al., 2015）[8)]。これらは，合理的に考えれば実行すべき戦略や問題であっても，心理的抵抗や負担によってコミットメントが欠如するという現象だからである。権限やコントロールを喪失したメンバーを戦略の円滑な実行の抵抗勢力と考えたときに，抵抗勢力への対応として考えられるのが実行の目的を再確認するという作業である（Flood, Dromgoole, Carroll & Gorman, 2000）。

権限やコントロールの喪失と比して，個々の慣性がより難しい問題である。なぜなら，個々の慣性は人間が本来的に持つ性質だからである。その性質故，合理的という根拠だけで個々が持つ慣性を打破するコミットメントの醸成を促進することは困難である。頭ではわかっていてもやるべき当たり前のことを当たり前に遂行することは非常に難しい。ミドルマネジメントに焦点を当てた近年の研究では，組織構成員の感情的要素を科学的に明らかにしようという試みが多く行われており，例えばミドルマネジメントの戦略実行に対する感情面のコミットメントと，ミドルマネジメントによる現場メンバーの感情面への対応のバランスが，円滑な戦略実行に貢献することが明らかになっている（Huy, 2002, 2011）。感情とは，生理的・認知的動機付けと関わる人間の心理的な反応のことである（Huy, 2002）。これらの研究は，戦略の策定は合理的な考えを前提としているものの，戦略の効率的かつ効果的な実行のために必要なコミットメントの醸成には，トップマネジメントにとってはミドル，ミドルマネジメントにとっては現場の感情に働きかけるマネジメントが重要であることを示唆している。本章の冒頭でも取り上げた日本マイクロソフトの樋口社長も，「社員を腹落ちさせる経営はサイエンスではない。」と指摘する。では，どのように感情を動かして個人の慣性を打破し，コミットメントの醸成を図っていけば良いのだろうか。合理性を越えて個人の慣性や価値観に影響を与えるためには，やはりコミュニケーションが重要なキーワードになるのではないかと考えられる。組織は人間によって構成されており，組織構成員の日常は他者とのコミュニケーションの積み重ねによって形作られているからである。つまり，日常のコミュニケーションの積み重ねを通じて，コミットメントの醸成を図っていく必要がある。清水（2011）は，組織内コミュニケーションにおいて重要なことは，もう少しお互いを「知る」「関心を持つ」ことであると指摘している。つまり，小さなコミュニケーションの積み重ねが必要であることを示唆していると考えられる。コミュニケーションの質の観点では，「敬い気遣うこと」と「率直であること」の両輪のコミュニケーションが重要なのではないかと考えられる。相手を「気遣うこと」や一歩踏み込んだ「率直であること」を実現するコミュニケーションには，エネルギーが必要である。しかし，このエネルギーを惜しまずに「コミュニケーションの積み重ねを通じて，組織目標を浸透させて個人の慣性を打ち破って組織構成員のコミットメントを醸成すること」こそ，組織のリーダーに必要なリーダーシップなのではないだろうか。

これまでの議論は複数の部門を有する一定規模の組織を想定してきた。企業規模が大きくなるほど，組織は複雑化かつ階層化すると同時に，部門や個人に働く慣性の力も強くなり，コミュニケーションも困難となる（Damanpour, 1991）。しかし，企業によっては，トップマネジメントの下に組織メンバーが属する企業や，トップとミドルやミドルと現場の距離が近い企業もある。このような企業規模の小さな組織においては，部門間の対立等の企業規模に密接に関連すると考えられる問題は相対的に小さいと考えられる。企業規模に関わらず，ミドルマネジメントや現場の構成員の数が限られる中小企業においても，その他の要素，特に組織の人に関わるソフト面については，戦略の実行に内在する問題点とその対応の本質は変わらない。つまり，戦略の実行がもたらす根本的な問題は，個々の慣性などの人間が本来的に持ち合わせている特性によって生まれるミドルマネジメントと現場のコミットメントの欠如にあり，その対応は合理性を超えた感情への働きかけにあると考えられる。

6　おわりに

戦略の策定は効果的な実行を伴ってはじめて価値を持つ。戦略の実行に内在する問題は非常に多岐にわたる。本稿では，戦略論が戦略の策定に焦点を当ててきたことを指摘して，戦略の実行について論じてきた。戦略の実行は，組織，制度，個人といったさまざまな要素によって構成される。そのため，戦略の実行が失敗に終わる要因およびそれらへの対応も多面的に考える必要がある。戦略の実行の阻害要因には合理性の尺度に基づいて適切に対応できる問題も多く，それらを正しく認識することは戦略の効率的な実行のためには必要不可欠である。しかし，組織は人によって構成されており，人の集合体であることから，戦略の実行は合理性という価値基準だけでは論じることができない。経営学の研究では，トップマネジメントの認知プロセスに焦点を当てた研究が数多く行われているが，先に取り上げたミドルマネジメントや現場の感情や認知に関する研究のさらなる蓄積が望まれる。戦略の実行の円滑な遂行のために最終的に重要になるのは，やはりミドルと現場の戦略実行へのコミットメントをどのようにして醸成するかということである。当然のことながら，戦略そのものに合理性を欠いていてもコミットメントの醸成が促進されるケースもある。しかし，コミットメントを醸成するためには，合理的な根拠を大前提としたうえで合理性とは異なる価値観へ働きかけるコミュニケーションが必要となる。実際に，立教大学ビジネスデザイン研究科のケーススタディの授業で，戦略の実行において重要なことは何かをテーマに議論したところ，受講生から類似の意見が出た。例えば，ある受講生からは戦略の実行における協力者の確保と抵抗者の低減が重要であるとして，抵抗者を減少させるための，戦略のビジョンを浸透させる仕組みが最も重要であるという意見が出された。また，別の受講生からは，組織の目標設定と共有，課題を克服しようとする強い当事者意識が重要であるという意見が出された。これらはビジョンを浸透させる仕組みづくりによって目標を共有し，コミットメントを醸成する必要があるという主張である。これはまさに組織のリーダーシップに必須の要素である。

「やらなければいけないとわかっているけどなかなか行動に移せない。」という思いは，誰しもが一度は持ったことがある感情だろう。この状況を打破するためには，合理性とそれを越えた価値観である感情との補完がリーダーに求められる（Flood, Dromgoole, Carroll & Gorman, 2000）。感情は非合理的なものである。しかし，戦略の実行においてはこの非合理的な感情を合理的にコントロールする必要性に直面する。この矛盾のマネジメントには，合理性という価値基準を越えた個人の価値観に働きかけるコミュニケーションが必要である。その第一歩として重要なことは，「この人のためなら」と思われるリーダーシップを確立していくことなのではないだろうか。矛盾をマネジメントしていくリーダーシップが，戦略の円滑な実行には求められている。

【注】

1）日経ビジネス　2016年4月4日。

2）日経ビジネス　2016年2月1日。

3）近年は，環境変化に応じて経営資源を再構築することの重要性を指摘するダイナミック・ケイパビリティの議論が展開されている。

4）詳細はPascale & Athos（1981）を参照。

5）類似する考え方にマッキンゼーの7Sがあるが，本稿では「人」と「リーダーシップ」を強調するために当該フレームワークを提示している。

6）戦略の実行の失敗は，当然のことながらヒト・モノ・カネといった経営資源の不足によっても生じるが，ここでは扱っていない。

7）詳細はSalter（1994）を参照。

8）Transformational leadershipと呼ばれるリーダーシップスタイルである。

参考文献

坂本雅明（2015）『戦略の実行とミドルのマネジメント』同文館出版。

清水勝彦（2011）『戦略と実行』日経BP社。

Barrick, M. R., Thurgood, G. R., Smith, T. A., & Courtright, S. H.（2015）“Collective organizational engagement : Linking motivational antecedents, strategic implementation, and firm performance”, *Academy of Management Journal*, 58(1), pp. 111-135.

Collis, D. J.（2005）*Strategy : Create and implement the best strategy for your business*, Harvard Business Essentials.

Damanpour, F.（1991）“Organizational innovation : A meta-analysis of effects of determinants and moderators”, *Academy of Management Journal*, 34(3), pp. 555-590.

Eisenhardt, K. M., & Zbaracki, M. J.（1992）“Strategic decision making”, *Strategic Management Journal*, 13(S2), pp. 17-37.

Flood, P. C., Dromgoole, T., Carroll, S., & Gorman, L.（2000）*Managing Strategy Implementation*. Malden, MA : Wiley-Blackwell.

Guth, W. D., & MacMillan, I. C.（1986）“Strategy implementation versus middle management self-interest”, *Strategic Management Journal*, 7(4), pp. 313-327.

Hrebiniak, L. G., & Joyce, W. F.（1984）*Implementing Strategy*, New York, NY :

Macmillan.

Huy, Q. N.（2002）“Emotional balancing of organizational continuity and radical change : The contribution of middle managers”, *Administrative Science Quarterly*, 47(1), pp. 31-69.

Huy, Q. N.（2011）“How middle managers' group‐focus emotions and social identities influence strategy implementation”, *Strategic Management Journal*, 32(13), pp. 1387-1410.

Kotter, J. P.（1996）*Leading Change*, Boston, MA : Harvard Business School Press.（梅津祐良訳『企業変革力』日経BP社，2002年）

Mintzberg, H.（1987）“Crafting strategy”, *Harvard Business Review*, July, pp. 66-74.

Pascale, R. T. & Athos, A. S.（1981）*The Art of Japanese Management : Application for American Executives*, New York, NY : Simon & Schster.

Pettigrew, A. M.（1992）“The character and significance of strategy process research”, *Strategic Management Journal*, 13(S2), pp. 5-16.

Pfeffer, J.（1981）*Power in Organizations*（Vol. 33）, Marshfield, MA : Pitman.

Salter, M. S.（1994）*Asahi Breweries, Ltd.*, Boston, MA : Harvard Business School Publishing.

Schein, E. H.（1999）*The Corporate Culture Survival Guide*, San Francisco, CA : John Wiley & Sons.（金井寿弘・尾川丈一・片山佳代子翻訳『企業文化―生き残りの指針』白桃書房，2004年）

Simon, H. A.（1956）“Rational choice and the structure of the environment”, *Psychological Review*, 63(2), pp. 129-138.

Skivington, J. E., & Daft, R. L.（1991）“A Study of organizational ‘framework’ and ‘process’ modalities for the implementation of business-level strategic decisions”, *Journal of Management Studies*, 28(1), pp. 45-68.

Wooldridge, B., Schmid, T., & Floyd, S. W.（2008）“The middle management perspective on strategy process : Contributions, synthesis, and future research”, *Journal of Management*, 34(6), pp. 1190-1221.

第8章
リーダーシップ理論
―研究の体系とリーダーシップ開発の実践―

安部哲也

1　はじめに

企業における経営資源とはいわゆる「ヒト・モノ・カネ」である。ビジネススクールなどで学ぶ戦略・マーケティングは「モノ」に関して，会計・財務は「カネ」に関して，そしてリーダーシップは「ヒト」に関しての知識である。企業経営・ビジネスにおいては「ヒト・モノ・カネ」のすべてが重要であるが，戦略・マーケティングのプランや会計・財務戦略は構築したもののそれを実行する人材がいない，メンバーを巻き込みリードできる人材が不足しているなど，「ヒト」に関する問題・悩みを抱える企業は，大企業，中堅，中小，ベンチャー企業を問わず，数多く見受けられる。いかに優れた戦略，マーケティング，財務プランを構築したとしても，リーダーシップを発揮し，人・組織を動かすことができなければそのプランはいわゆる“絵に描いた餅”となってしまう。

リーダーシップに関しては，人類が社会的な活動を始め，村や国を作り始めて以来の重要なテーマとして関心がもたれ，西洋におけるソクラテスやプラトン，東洋における孔子や老子などの教えは，リーダーシップに関するものも多い。例えば，ソクラテスの「なんじ自身を知れ」や，孔子の「君子は義に喩（さと）り，小人は利に喩る（君子は正しい道かどうかで物事を判断し，小人は目先の利益が得られるかどうかで物事を判断する）」などは，現代のリーダーシップでも通用するものである。

本稿では，1900年代以降に米国を中心に盛んに行われてきたリーダーシップ理論研究の流れを具体的な事例も交えて解説し，リーダーシップ実践・開発の考え方，そして企業・大学などでの実践例を紹介する。そしてリーダーシップ開発や実践に関する筆者の考え方を述べる。読者の所属する企業・組織，そして各人のリーダーシップ開発に活用していただきたい。

2　リーダーシップ理論研究の流れ

本章では，1900年代以降に米国を中心に行われてきたリーダーシップ理論研究の流れを企業における事例などを交え解説していく。

2－1　リーダーシップ特性理論

1900年代から1940年代まで，リーダーと非リーダーを分ける特徴，特性（性格など）に着目した特性理論が研究された。一般に優れたリーダーと認められる人間を取り上げ，決断力，熱意，誠実さ，自信などといったその特性を特定しようとした研究は，優れたリーダーに共通する特性を特定できずにいずれも行き詰ってしまった。例えば，同じ米国の大統領で優れたリーダーシップを発揮したと評価されるワシントン，リンカーン，ルーズベルトなどを比較しても，彼らの特性は必ずしも一致するものではなかった。

2－2　リーダーシップ行動理論

1940年代後半から1960年代にかけて，リーダーシップ行動理論の研究が進められた。行動理論とは，前述の特性理論というリーダーの持っている特性（性格など）に焦点をあてたものではなく，リーダーの行動に着目したものである。特性理論と違い，リーダーの行動を特定すれば，同様の行動をとることでリーダーシップを開発できるというメリットがある。

様々なリーダーの行動を分析した結果，大きくは人間関係を重視する“従業員志向”の行動と，生産性やタスクを重視する“生産志向”の行動の2つから構成されるという結論に至った。

ここでは行動理論の一例として，日本の社会心理学者，三隅二不二（みすみじゅうじ）氏が提唱したPM理論を紹介する（図８－１）。Ｐはパフォーマンス（課題）軸，Ｍはメンテナンス（人間関係）軸で，この両方に優れたPM型（“ラージＰ・ラージＭ型”と呼ぶ）が理想的なリーダー，両方に弱いpm型（“スモールＰ・スモールＭ型”と呼ぶ）が最もよくないリーダーであるという理論である。この理論の実践での活用法としては，自分自身のリーダーシップについてＰ（課題）軸とＭ（人間関係）軸のどちらに強みがあるかを分析し，強みのさらなる強化や弱みの改善に活用することができる。また自分自身の弱みの部分についてコ・リーダーシップ（共同リーダーシップ）という形態で，自分自身のリーダーシップを補完するというやり方もとれる。例えば，本田技研工業の創業者の本田宗一郎氏は，Ｐ軸である技術開発に集中し，その参謀役である藤沢武夫氏はＭ軸である経営・人のマネジメントを行うというコ・リーダーシ

図８－１　リーダーシップ行動理論　PM理論

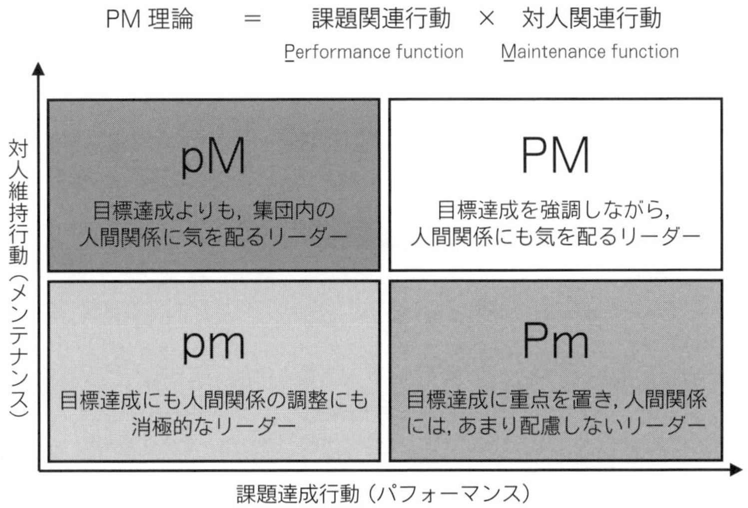

PM理論　＝　課題関連行動　×　対人関連行動
Performance function　Maintenance function

対人維持行動（メンテナンス）

pM
目標達成よりも，集団内の人間関係に気を配るリーダー

PM
目標達成を強調しながら，人間関係にも気を配るリーダー

pm
目標達成にも人間関係の調整にも消極的なリーダー

Pm
目標達成に重点を置き，人間関係には，あまり配慮しないリーダー

課題達成行動（パフォーマンス）

出所：PM理論（三隅二不二，1966）をもとに筆者編集。

ップの形をとり，同社の事業を日本そして世界で発展させていった。

最終的には，このリーダーシップ行動理論のみではリーダーシップについて説明をすることができなかった。これは部下や経営・ビジネスの状況というリーダーを取り巻く環境要因を考慮していなかったためである。

2－3　リーダーシップ条件適合理論

1960年代以降研究された条件適合理論は，行動理論をさらに発展させ，リーダーを取り巻く環境によって，リーダーの取るべき行動を変えていくべきであるという理論である。

その中の代表的な理論の一つが，ロバート・ハウス（Robert House）が開発したパス・ゴール理論である（図8－2）。

例えば，メンバーの経験・能力が低い場合は，メンバーに業務内容・スケジュールなどを具体的に指示する“指示（命令）型”，メンバーの経験・能力が上がってくるにしたがい，基本的にはメンバーに主体的に行動させ，問題が生

図8－2　パス・ゴール理論　Path Goal Theory（R. House, 1971）

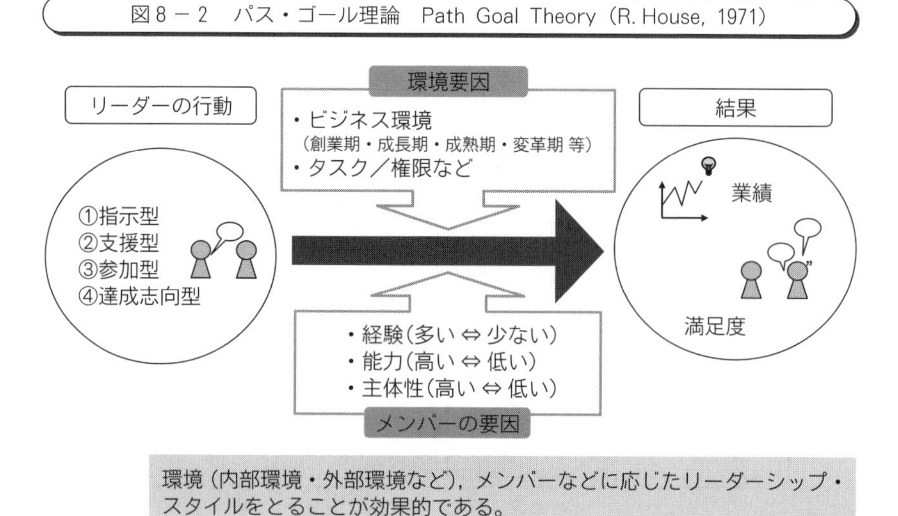

出所：『組織行動のマネジメント』（スティーブン・ロビンス著）をもとに筆者編集。

じたときなどにサポートする“支援型”，決断を下す前にメンバーに相談し提案を活用する“参加型”，目標を設定しメンバーが全力をつくし実現を求める“達成志向型”などに変えていくことが効果的であるという考え方である。

このリーダーを取り巻く部下の要因，ビジネスの要因などにより，リーダーシップ行動を変えていくというパス・ゴール理論のような条件適合理論は，現在でも通用する考え方であり，実務家には是非とも押さえておいていただきたい理論である。

2－4　リーダーシップ・コンセプト理論

さらに1970年代以降，条件適合理論をさらに進化させた形で，それぞれの特徴的な環境・状況に応じたリーダーシップスタイルに関する，コンセプト理論が研究されてきた。

次に代表的なコンセプト理論について，日本もしくは海外のリーダーシップの事例を含めそれぞれ解説する。

①　カリスマ型リーダーシップ

カリスマ型リーダーシップ理論には，2通りの理論がある。初期のカリスマ型リーダーシップ理論は，マックス・ウェバー（Max Weber）らによって「リーダーが持つ特殊で超自然的な資質によって人々は服従する」として，カリスマ型リーダーシップを生れつきの才能であると定義していた（1910年）。

それに対し，後年のハウスらは「部下にカリスマと認知されることで，リーダーはカリスマとなりうる」と再定義し（1976年），「極めて高い自己信頼と部下からの信頼によって，リーダーは部下を目標に導くことができる」とした。

カリスマ型リーダーシップの5つの属性は，下記とされる。

- 自信：自分の判断と能力に完全な自信を持っている
- ビジョン：理想化されたビジョン・目標を持っている
- ビジョンに対する強い確信：ビジョンに対する強いコミットメントを持っている
- 並外れた行動：時に常識的でない行動をとる

- 変革のエージェントとしてのイメージ：現状維持者ではなく，変革の推進者であるとみなされる。

米国のケースでは，1980年から2001年までGE（ゼネラル・エレクトリック）社のCEOを務めたジャック・ウェルチ氏や，2000年から2011年までアップル社のCEOを務めたスティーブ・ジョブズ氏などの例があり，ともに上記5つの属性を持ちあわせている。スティーブ・ジョブズ氏は，自ら設立したアップル社から一度は退社させられ，後年，実力・実績を再評価されることにより再度同社のCEOとなったが，これなどは，カリスマは生まれつきのものではなく，まわりから実績・能力などを認められることでリーダーとなるというハウスのカリスマ理論の例である。

日本においては，パナソニックの創業者の松下幸之助氏，ソフトバンクの創業者でCEOの孫正義氏がカリスマ型リーダーシップの事例である。

このカリスマ型リーダーシップのメリットとしては，特に新規事業の立ち上げや企業・組織変革において，強力な推進力につながる，メンバーの確信と実行力につながる，経営のスピードUPにつながるなどがある。反面，組織のメンバーがカリスマ型リーダーに依存しすぎることにより，メンバーが自分たちで判断・決断・行動ができない指示待ち型になったり，カリスマ型リーダーの後継者が育ちにくかったりするなどのデメリットもある。

たとえば，ダイエーの創業者でありカリスマ型リーダーシップを発揮した中内功氏の事例がある。創業・拡大期には中内氏のカリスマ型リーダーシップが効果的に機能して，ダイエーの業績を一時は日本の小売業第1位に押し上げるなど貢献した。しかしながら，晩年，中内氏自身が「消費者が見えなくなった」などと発言したように，リーダー自身が市場の変化を見極めて的確な決断を下すことができなくなり，結果，ダイエーの経営は傾いていった。

また，セブン&アイ・ホールディングス元CEOの鈴木敏文氏は，日本最大のコンビニエンスストア　セブンイレブンの日本における立ち上げと事業拡大をリードしたが，2016年に後任の社長人事の問題などで退任することとなった。

このようなカリスマ型リーダー以降の成功例としては，稲盛和夫氏の例がある。稲盛氏は，京セラとKDDIの創業・事業拡大とJALの経営革新などをリードしたカリスマ型リーダーであるが，稲盛氏のカリスマ性に依存させないよう，京セラ，KDDI，JALそれぞれの経営哲学であるフィロソフィーをメンバーの意見も取り入れながら作成し，カリスマリーダーが不在となった後も，メンバーにフィロソフィーを基本とし経営実践させるようにしている。

他の例として，ユニチャームの高原豪久社長は，創業者であり父親である高原慶一朗氏から，39歳の時に社長を引き継ぎ，カリスマ経営者とよばれた慶一朗氏がとっていた1人のリーダーが重要な事項を決断し牽引するスタイルから，経営判断の仕組みや基準を明確化したり，経営と現場のコミュニケーションを重視したりするスタイルへ変更し，成功している。

② 変革型リーダーシップ

ハーバード大学のジョン・コッター（John Kotter）教授は「リーダーシップとマネジメントは別物である」，「リーダーシップは変革を成し遂げる力量（変革力），マネジメントは複雑さに対処する力量（管理力）である」と定義している。

1999年時点で自主再建が難しい経営危機の状態にあった日産自動車を，「日産リバイバルプラン」などの計画を実行することで経営再建したカルロス・ゴーン氏の取ったリーダーシップは，変革型リーダーシップの事例である。ゴーン氏が取った変革のプロセスは，コッター教授の提唱する次の企業変革の8ステップ　①危機意識の醸成　②強力なチームの結成　③ビジョンの策定　④ビジョンの伝達　⑤メンバーのビジョン実現へのサポート　⑥短期的成果を上げるための計画策定・実行　⑦改善成果の定着とさらなる変化の実現　⑧新しいアプローチを根付かせる　とほぼ同様のステップを踏んでいる。

前述のカリスマ型リーダーシップが，そのリーダー個人のカリスマ性に依存し，リーダーの並外れた決断・行動によって組織をリードするのに対し，この変革型リーダーシップはビジョン・戦略とその変革プロセスや仕掛け・仕組みによるものである点が違いである。

例えば，日産のケースにおいては，クロスファンクショナルチームという

10人前後のマネージャー層から構成される当初9チームで，製造販売・購買・車種削減など当時の日産が抱える問題点について課題の検討と対策を行うという仕組みを有効活用している。

変革型リーダーシップのメリットとして，危機感の共有やメンバーの実行への動きなどが機能すれば，効果的に変革を推進できる可能性があるが，メンバーと危機感が共有できなかったり，変革に反対されたり，また，明らかな反対はしないが協力を得られなかったりすることで，変革が順調に進まないケースもある。なお，変革を単なる一時的なイベントに終わらせず，組織文化として根付かせていくことも重要である。例えば，パソコンなどのマイクロプロセッサーで世界一のインテル社は，現状維持を求めるあまり変革を阻害することのないように，「リスクテイク」を企業の価値基準そして評価基準の一つとし，常にトップ企業として変革をし続ける文化を根付かせるようにしている。

③　EQ型リーダーシップ

EQ型リーダーシップのEQとは，Emotional Intelligence Quotient：感情知能指数の意味で，IQ（Intelligence Quotient 知的指数）に対するものである。EQ型リーダーシップは，（1）自分の感情を理解する　（2）自分の感情を上手くコントロールする　（3）他者の感情を理解する　（4）他者の感情を上手くコントロールする　の4要素からなる。

日本において，元ダイエー会長で横浜市長の林文子氏はそのケースである。林氏はリーダーとして，たとえ経営やビジネスの状況が厳しい局面においても，自分の感情をよく把握し，それを効果的に前向きにコントロールできる。他者に対しては，会社の社員や横浜市の職員に対し，相手の気持ちを理解し，笑顔で元気よくあいさつ，声掛け，相手の良いところを見つけほめる，期待する，感謝するなどし，相手を前向きな気持ちで行動させている。

EQ型リーダーシップのメリットは，リーダーの働きかけにより，チーム内が前向きなムードになったり，良好な人間関係・チームワークを醸成したりすることができることである。デメリットとしては，メンバーの気持ちや感情を重視するあまり，無理をしながらも業績を達成するなどの，相手にとって厳しい要求ができなかったり，人員削減などのリストラが行いにくかったりする。

そのための対策としては，組織のミッションやビジョン・目標を共有すること，厳しい局面においては現実を直視して共有することで互いに協力し共感しながら活動すること，などがある。

④　ファシリテーション型リーダーシップ

ファシリテーション型リーダーシップとは，メンバーの意見や情報を引き出し，人間関係を活性化しながら進めていくリーダーシップである。リーダーからメンバーに対して，一方的に指示を与えるのではなく，リーダーが極力中立的な立場でファシリテーションスキルを活用し，メンバーへの質問，傾聴などで，意見を出させ，議論させ，意思決定をさせるやり方である。

日本全国でホテルやリゾート施設を展開する星野リゾートのCEO星野佳路氏は，ファシリテーション型リーダーシップを効果的に実践している。かつて米国の名門大学で経営学を学んだ星野氏は，自身の父親が経営する会社を継いだ際，米国型経営手法をトップダウン型で導入しようとしたが，そのスタイルが同社に合わず，多くの社員が退社したり，社員のモチベーションがまったく上がらなかったりと，上手くいかなかった。そこで星野氏は，その反省から自分が指示命令するトップダウン型のリーダーシップスタイルから，質問したり傾聴したりすることでメンバーが考え，議論し，答えを導いていくファシリテーション型リーダーシップに変えていった。そうすることにより，メンバーがリーダーに依存せず自分たちで考え，行動する自主性・積極性が生まれるようになっていった。2016年2月現在，国内外に30カ所以上のホテル，旅館，リゾート施設を経営しているが，そのような遠隔地にある複数の組織をリーダーがトップダウン型リーダーシップで細かく具体的に指示し，リードすることは現実的に難しい。

ファシリテーション型リーダーシップのメリットは，メンバーの自律性が醸成される，現場に詳しいメンバーからのアイデアなど新たな発想が出てくる，などがある。デメリットとしては，メンバーの意見・アイデアを引き出していく際，メンバーの経験・スキルのレベルがまだ低い場合には適切な意見が出てこなかったり，不十分な結論となったりしてしまうことがある。また人員削減や給与のカットなどメンバーにとって厳しい決断を下しにくくなることもある。

ファシリテーション型を効果的に活用するには，ミッション，ビジョンといった組織の大きな方向性・方針はしっかりと共有した上で，ファシリテーションスキルを活用し，メンバーから意見を引き出し，実行していくことが重要である。

⑤　サーバント型リーダーシップ

サーバント型リーダーシップとは，リーダーがあたかもサーバント（召使い）のようにメンバーに対してふるまいながらも，組織をリードするリーダーシップである。リーダーがメンバーに奉仕することにより，メンバーが顧客に対して奉仕する。リーダーを頂点とする組織のピラミッドがさかさまになっているようなイメージのリーダーシップである。ただしここで注意したいのは，リーダーはサーバント（召使い）そのものではなく，サーバント型リーダーであるため，ミッションやビジョン，最終の意思決定，責任はそのリーダーにあるということである（図8－3）。

サーバント型リーダーシップのケースとしては，2001年から2005年まで，

図8－3　サーバント型リーダーシップ

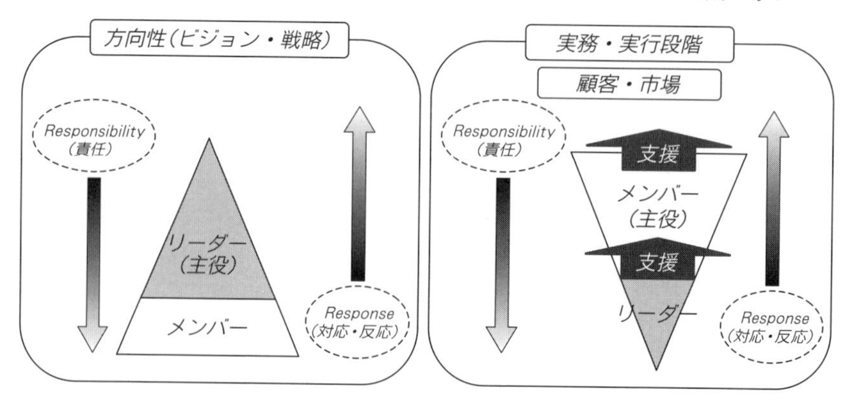

出所：ケン・ブランチャード氏資料（2005年）をもとに筆者翻訳と編集。

資生堂の社長であった池田守男氏があげられる。化粧品の製造販売を行う資生堂にとって，最も重要であるのは，顧客に接する資生堂レディ（顧客サービスを行う美容部員）や販売員が，いかに顧客に向き合うか顧客にサービスを提供するかであり，それをサポートするためにマネージャーや経営陣は存在するとした。それにより，それまでは社内の管理者や経営者に意識を向けていた資生堂レディや販売員たちが，顧客へのサービスに注力するようになっていった。

海外ではインドのIT企業としてトップ5に入るHCL社の元CEOビニート・ナイア氏のリーダーシップがサーバント型リーダーシップにあたる。ナイア氏がCEOに就任した際，顧客にHCL社の価値・強みなどについてヒアリングし，顧客から見たHCLの価値は，その商品やサービスではなく，HCLの社員たちであることを認識した。そこでナイア氏は，同社の最も重要な価値である社員が顧客に対する価値を最大化できるようにするために，「ES（Employee satisfaction）No 1. CS（Customer Satisfaction）No 2（社員満足度を1番，顧客満足度を2番）」にする方針を打ち出した。これは顧客満足度をないがしろにするのではなく，社員満足度を高め，それにより社員たちが顧客満足度を高めていくものである。

このサーバント型リーダーシップは，特に顧客へのサービスや満足度が重要成功要因となるホテル，レストラン，ITなどのサービス業などにおいて，特に効果を発揮する。

これまでリーダーシップ理論の解説にあたり，理解しやすいように，企業の経営者・リーダーなどでの事例を紹介したが，企業内の部門や，数名のより小さなチーム単位でも，また1人であっても，部下・後輩や同僚とビジネスを行うにあたって，それぞれのリーダーシップスタイルを参考・活用することができると理解いただきたい。

それぞれのリーダーシップは，特徴，メリット，デメリットがあり，どれが優れている，劣っているというものではない。「今は○○型リーダーシップの時代である」，「□□型リーダーシップをとれ！」など特定のリーダーシップのみを推奨する本なども見受けられるが，基本的には条件適合型理論を参考とし，リーダー自身のこと，メンバーの状況などの内部環境とビジネスの外部環境な

図８－４　各リーダーシップのメリット・デメリットと適する場面

リーダーシップ	メリット	デメリット	適する場面・状況（ケース）
①カリスマ型	創業時，事業拡大時等にスピードある事業展開ができる 組織変革における効果がある	リーダーの判断ミスが 組織全体の失敗につながる 後継者，次のリーダーが 育ちにくい	創業期（ソフトバンク 孫氏） 危機的な状況（アップル ジョブス氏） 事業拡大期（セブン&アイ 鈴木氏）
②変革型	変革力，スピードがある	変革への抵抗があることがある 変革疲れがおこることがある	組織変革が必要な時 （日産 カルロス・ゴーン氏）
③EQ型	良いムード，チームワーク， やる気が醸成される	人の気持ちを無視しにくい リストラ等厳しい決断が行いにくい	チームワーク必要な時 （横浜市長 林文子氏）
④ファシリテーション型	メンバーの意見， やる気，主体性を引き出す 多くのリーダーが育成できる	組織変革しにくい スピードが遅くなる	メンバーの自主性を引き出したいとき （星野リゾート 星野氏）
⑤サーバント型	ES（社員満足度）向上とCS （顧客満足度）向上につながる	組織変革はしにくい， スピードが遅くなる	サービス業，IT 産業など （資生堂 池田氏）

出所：立教大学大学院　ビジネスデザイン研究科　リーダーシップ論１（教授 安部哲也）講義ノートより。

どを考慮し，その状況に合った適切なリーダーシップスタイルを選択すべきである。

上記のリーダーシップスタイルを単独で活用するのではなく，状況に応じ，２つ以上のリーダーシップスタイルを組み合わせることもある。例えば，日産自動車CEOカルロス・ゴーン氏は，変革を推進しつつも，メンバーの主体性を引き出すために，前述の変革型リーダーシップとファシリテーション型リーダーシップとの双方を有効活用している。

最近の欧米などを中心としたリーダーシップの理論研究では，組織のミッション・ビジョン実現に向け組織変革を促すトランスフォーメーショナル（変容型）リーダーシップと，個々の部下の役割やタスクを明確化し，設定された目標に向け部下を導き，動機づけるトランザクショナル（取引型）リーダーシップという２つの大きな潮流がある。主に前述の①カリスマ型　②変革型　はトランスフォーメーショナル（変容型）リーダーシップに，③EQ型　④ファシリテーション型　⑤サーバント型はトランザクショナル（取引型）リーダーシップに分類される。

3　リーダーシップの実践・開発に関する体系

前述のリーダーシップ理論を実践・開発していくために体系化し，セルフ・チーム・グローバル・ソーシャルの４つのレベルのリーダーシップとして解説する（図８－５）。

3－1　セルフ・リーダーシップ

セルフ・リーダーシップとは，自分自身をリードするリーダーシップである。自分自身を適切にリードできなければ，チームを効果的にリードすることはできない。例えば，自分自身にビジョンや目標がない場合にメンバーに対して「ビジョンや目標を持つべきである」といってもメンバーの共感・納得感は得られず，自分自身のモチベーションが保てていないときにメンバーに「やる気を出すように」と言っても効果は少ないであろう。

図８－５　４つのレベルのリーダーシップ

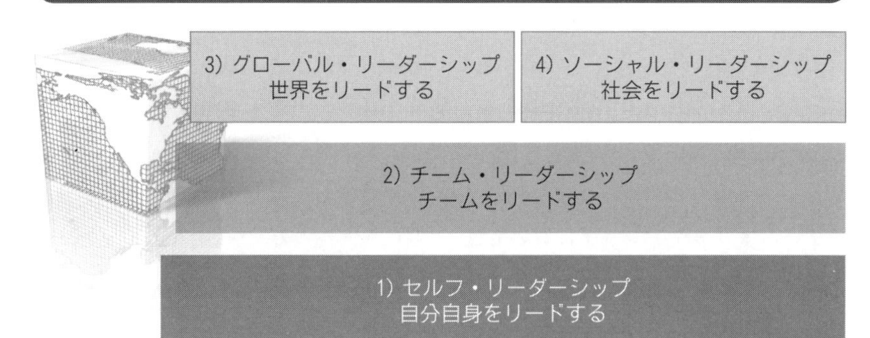

出所：【日本語版】『ワールドクラス・リーダーシップ』（安部哲也著，同友館）p. 20
【英語版】“World Class Leadership”（Tetsuya ABE/World Scientific）

リーダーが自分自身のビジョンや目標を持ったり，モチベーションを上手くコントロールしたりすることが不可欠となる。リーダーに限らず，ビジネスや社会活動に関わるすべての人には，このセルフ・リーダーシップが不可欠である。またセルフ・リーダーシップにおいては，どんなに偉大なリーダーをまねても限界がある。それぞれ個人には個性があり，「自分らしさ」のリーダーシップを追求していくことが効果的である。よって，セルフ・リーダーシップに関しては，まず自分自身を知ることからはじめる。具体的には，自分史曲線（横軸に年齢・時間軸，縦軸に自分の満足度をとり，自分の過去のビジネスや社会活動の満足度を分析していくもの）で満足度の高いときと低いときとを洗い出し，自分の好きなこと，嫌いなこと，得意なこと，不得意なことなどを分析していく。それらを参考にしながら，自分自身の将来のミッション・ビジョンなどを構想していく。ミッション・ビジョンに関しては，自分自身が本当に実現したいと思うWANTの部分と，できるもしくはできるようになる可能性のあるCANの部分，そして社会や組織からの要望があるというNEEDの部分の3分野が重なっている部分を探求していく。

3－2　チーム・リーダーシップ

チーム・リーダーシップは文字通り，チームをリードすることであり，リーダーシップの中核となる部分である。前述のリーダーシップ理論を参考にしながら，状況に応じて，カリスマ型，変革型，EQ型，ファシリテーション型，サーバント型などのリーダーシップの型を参考にしてほしい。

チーム・リーダーシップにおいては，（1）チームの方向づけ　（2）メンバーの動機づけ　（3）メンバーの育成を3要素と定義している。

（1）チームの方向づけに関しては，何度も何度も繰り返し，組織のミッション・ビジョンを共有する，対話することが重要である。例えば，GEの元CEO　ジャック・ウェルチ氏は「リーダーにとって最も重要なことはビジョンを共有することであり，自分の耳にはタコができるほど，ビジョンを繰り返し語っている」といい，パナソニックでは全世界

100カ国以上，約25万人の社員（2016年5月現在）で毎週同社の経営理念を日本語，英語もしくは現地語で唱和し共有している。

（2）メンバーの動機づけに関しては，リーダーとして，前向き，挑戦的，チームワークを重視するといった企業・組織・チーム文化を構築するなどの「全体アプローチ」と，個々のメンバーに対して，それぞれの状況，モチベーション要因などを理解したうえでコミュニケーションを行う「個別アプローチ」とがある。

（3）メンバーの育成に関しては，リーダーがメンバーに仕事のノウハウ，進め方などを教える「ティーチング手法」と，質問や傾聴をしながらメンバーに考えさせ，メンバーから答えを出させる「コーチング手法」との2つがある。前述の条件適合理論を参考に，メンバーがまだ経験・スキルの低い新入社員などにはティーチングを中心にビジネスの基礎をしっかりと教え，メンバーが経験・スキルを身につけてくると，コーチングでそのメンバーの考えを引き出していくやり方に変えていくことが基本的なポイントである。

3－3　グローバル・リーダーシップ

グローバル・リーダーシップとは，国境，国籍を超えてチームをリードすることである。

グローバル・リーダーシップにおいて必要となる能力について，アジアのトップビジネススクールの一つシンガポール国立大学（NUS）で，アジアのみならず世界でグローバル・リーダー育成に豊富な経験を持つプレム・シャムダサニ（Prem Shamdasani）教授は，グローバル・リーダーに求められるスキル・マインドを下記の4Q（4つの力）と定義している。4Qとは，IQ（Intelligence Quotient：専門性，論理力），EQ（Emotional Quotient：リーダーシップ，他者理解・影響力），CQ（Cultural Quotient：異文化理解・対応力），AQ（Adversity Quotient：逆境対応力）である。筆者は日本人のグローバル・リーダーシップ開発において，もう一つの能力（Q），LQ（Language Quotient：英語・海外現地語などの語学力）を加え，5Qと定義している。

CQ異文化理解のためのフレームワークとしては，権力格差，個人主義化傾向，男性化傾向，不確実性回避，長期化傾向，寛容性の6つの切り口で国の文化を分析しているホフステッド理論や，エドワード・ホール（Edward Hall）のハイ&ローコンテクスト文化の理論を活用すると有効である。特に日本人の場合，明確にYES／NOを言わず，あうんの呼吸で物事をすすめるハイコンテクスト文化に属するため，はっきりとメッセージを伝えないと伝わらないローコンテクスト文化に属する欧米人とコミュニケーションをとる場合，意識してYES／NOや意思決定の理由などを説明しなければ，互いに誤解が生じやすくなる。異文化理解で著名な研究者であるフォンス・トロンペナース（Fons Trompenaars）教授は，異文化対応を3つのステップとして，①異文化を理解すること　②異文化を尊重すること　③異文化をうまく活用することと述べている。例えば，フランス　ルノー社の資本が入った日本企業　日産自動車では，互いの文化の違いを理解，尊重し，モノづくりや品質へのこだわりは日本の文化から，製品コンセプトやデザインはフランスの文化から取り入れ，新しく効果的な組織文化を創造している。

3－4　ソーシャル・リーダーシップ

ソーシャル・リーダーシップとは，自社・自部門・自分たちの利益のみではなく，環境，貧困，教育，人権などの社会的な問題の解決をしていくリーダーシップである。

例えば，日本理化学工業というチョークを製造するメーカーは，全社員数83名のうち知的しょうがい者を61名雇用（2016年2月現在）し，チョークの国内トップメーカーであり，かつしょうがい者問題を解決するという社会価値創造に取り組んでいる。

また，バングラデシュでは，ノーベル平和賞受賞者であるムハマド・ユヌス（Muhammad Yunus）氏がグラミン銀行を創設し，貧困者向けにマイクロクレジットという少額融資の仕組みを構築した。ユヌス氏はさらに世界の貧困をなくすことを目指し，グラミン銀行のみならず50社ほどのソーシャル・ビジネスをリードしている。

このような大がかりなケースでなくとも，オフィスの省エネに取り組むなどの身近な環境や組織内の人権問題を考慮したりすることもソーシャル・リーダーシップということができる。

ここで述べた4つのリーダーシップは，それぞれ別々のものではなく，互いに影響，関連し合うものである。セルフ・リーダーシップを実行できなければチーム・リーダーシップは発揮できず，チーム・リーダーシップが実行できなければグローバル・リーダーシップやソーシャル・リーダーシップは行えない。

4　企業・大学におけるリーダーシップ開発の実践（例）

次に企業や大学におけるリーダーシップ開発の実例を紹介する。下記のような流れでリーダーシップ開発を行うことが効果的であると考える。

（1）リーダーシップの理論，基本スキル・マインドを押さえる
（2）自分のリーダーシップについて，自己分析と他者分析（フィードバック）を受ける
（3）リーダーシップを実践し，振り返りを行う
（4）他者よりメンタリング，コーチング，フィードバックを受ける

4－1　大手電機メーカー　新任主任層向け　グローバル・リーダーシップ研修

入社5－10年目くらいの主任昇格者層向けに，前述のセルフ・リーダーシップ，チーム・リーダーシップ，グローバル・リーダーシップを1日7時間の研修で実施。リーダーシップ理論の理解と，日本人もしくは外国人などの部下に対するコーチングなどを，その役になり1対1で行うロールプレー演習などにより，リーダーシップの基本と実践のしかたを学ぶ。主任職全員に対して，国内でもグローバル環境でもリーダーシップを発揮できるよう，グローバルを含めたリーダーシップ教育を行っている点が特徴である。

4－2　金融機関　女性管理者層への役員によるメンタリング指導によるリーダーシップ開発

人の成長は「仕事などの実践からの学びが70%，人からの学びが20%，研修からの学びが10%」と言われている。この「人からの学び20%」の部分を効果的に機能させる方法の一つが，メンタリングである。メンタリングとは，経験・知識の豊富な先輩格のメンターが，まだ経験・知識の少ないメンティに対して，相談にのったり，アドバイスを行ったりすることである。この金融機関では，女性活躍推進の一環として，女性部長職の現場でのリーダーシップ力を向上させること，さらには将来の経営幹部として女性リーダーを育成することを狙いとし，メンター制度を導入している。女性の部長職に対して，役員（現段階では全員男性）をメンターに指定し，約6カ月間　役員と女性部長職が1対1で計6回（各回　1－1.5時間程度）の面談によるメンタリングを行っている。

4－3　IT企業におけるプロジェクト実践型リーダーシップ開発

ある大手IT企業のプロジェクトリーダー層に対する実践型リーダーシップ開発の実例を紹介する。

同社は全社の事業拡大の中期目標の達成のためには，現場の中心となるプロジェクトリーダー層がリーダーシップを高めていくことが不可欠であるとし，下記のようなリーダーシップ開発プログラムを導入した。30歳代を中心としたプロジェクトリーダー層約20名に対し，全6カ月間，計6回　各1日の研修を実施した。リーダーシップの基礎を学び，各自が6カ月間，職場でのプロジェクトにおいてリーダーシップを発揮し取り組んだ結果，ほとんどの受講者について，このリーダーシップ研修のテーマである変革の当事者意識，自ら動く力，まわりを巻き込む力のいずれかに改善が見られた。

4－4　立教大学大学院　ビジネスデザイン研究科　リーダーシップ論におけるリーダーシップ開発

同研究科のリーダーシップ論1/2（毎週1回　3時間×全14回の授業）の講座におけるリーダーシップ開発は，下記の第1段階（知らない，できていない状況）

から第 2 段階（意識しているが，できない状況），第 3 段階（意識しながらできる状況），さらには第 4 段階（無意識にできている状況）へ成長できるよう進めていく。

第 1 段階：「無意識＆無能」（リーダーシップについて知識がない，できていない）状態
第 2 段階：「有意識＆無能」（知識はあるが，できていない）状態
第 3 段階：「有意識＆有能」（知識があり，意識しながら，実践できる）状態
第 4 段階：「無意識＆無能」（意識せず，実践できている）状態

具体的には，リーダーシップ論の基本を押さえ，リーダーシップに関する様々な実例に基づくケーススタディを行う。過去に起こった実際のケースについて学ぶことに加え，リアルタイムに現在進行形のケースを学ぶことも行っている。例えば 2016 年には，そのタイミングで発生したセブンイレブンの社長人事問題に関連し，鈴木元 CEO のリーダーシップの強みと弱みの分析，そして自分が後継者のリーダーであるとすれば，どのようなリーダーシップを発揮するかなどをクラスで議論しながら，学習を進めた。

また，実際にリーダーシップを発揮しているリーダーに接し，対話するなどにより学んでいくことも効果的である。ゲストスピーカーを招いて，2015 年にはクレディセゾン社長・林野宏氏にリーダーシップに必要な能力やものの見方や考え方について学び，2016 年には日本ヒューレット・パッカード（HP）元社長の甲谷勝人氏から，人間尊重の企業文化である「HP ウェイとリーダーシップ」などを学んだ。

このような授業での学習を通じて，第 1 段階の「無意識＆無能」から，第 2 段階の「有意識＆無能」へ移行する。この段階ではリーダーシップの理論は理解しているが，まだ実際には実践できていない状態である。次に各自の課題として，自分の属する会社や組織でリーダーシップの実践に取り組んでいく。

例えば，各自の職場でカリスマ型リーダーシップとまではいかなくとも，これまでトップダウン型で進めていたために，メンバーからの意見が出なかったり，自主性が欠けていたりする場合などは，リーダーが一方的に指示命令を与えるのではなく，メンバーの意見を傾聴する，質問するなどのように変えていく。

そして次の授業にて，リーダーシップについて実践できたこと，出来なかったことをグループで共有・議論したり，受講者どうしでペアとなってコーチングを行ったり，講師からのフィードバック，アドバイスを得たりする。このようにしながら，第2段階の「有意識＆無能」から第3段階の「有意識＆有能」へ移行することを試みる。一歩ずつトライ＆エラーを繰り返しながら第3段階へ移行する。

そしてそれを地道に継続，習慣化することで徐々に意識せずともできている第4段階へ移行することを目指していく。多くの場合，適切なリーダーシップ開発の目標を立て，粘り強く実践していくことにより，リーダーシップ開発を進めていく。当然ながら簡単ではないが，受講者どうしでサポート，刺激しながら進めていくところが，ビジネススクールなどのクラス単位で継続的にリー

図8－6 リーダーシップ開発シート

Leadership Development Plan AAR（After Action Review）							
所属				氏名			
Theme	取り組みテーマ 実現すること						
ACTION PLAN	AAR （After Action Review） 振り返り	期限	実践状況 （ 年 月 日）	（ 年 月 日）	（ 年 月 日）	（ 年 月 日）	結果（全体の振り返り） （ 年 月 日）
		【行動プラン】					
		【できたこと】 【上手くいったこと】					
		【できなかったこと】 【上手くいかなかったこと】 （今後の課題）					
REMARKS	気になること 気づいたこと その他 等						
FEEDBACK	コーチからの フィードバック コメント						

ダーシップ開発を行っていくメリットである。(図8－6）は，立教大学大学院ビジネスデザイン研究科のリーダーシップ論で使用している，リーダーシップ開発シートである。自分自身のミッション，ビジョンを決め，リーダーシップ実践の状況を記載していくものである。このシートをもとに，自分自身でリーダーシップの振り返りを行ったり，毎週もしくは2週間に1回，授業時に受講者どうしで互いのリーダーシップに関して，コーチングを行ったりしている。

5　おわりに

ここまでリーダーシップ理論研究の流れ，リーダーシップ実践における考え方，企業と大学におけるリーダーシップ開発の実例について述べてきた。繰り返しになるが，リーダーシップについては唯一無二の正解であるスタイルがあるわけではなく，よってリーダーシップの開発方法もこれがベストの方法であるというものが確立されているわけではない。しかしながら決して答えがないというわけではなく，ビジネスの内部環境，外部環境に合わせ，リーダーの特徴，メンバーの特徴に合わせた適切なリーダーシップスタイルが存在する。またリーダーシップ開発の手法も，各企業や各個人が試行錯誤を繰り返しながら，改善に取り組んでいる。

言うまでもなく，効果的なリーダーシップは，会社・組織の成長・発展につながるのはもちろんのこと，リーダー自身，またメンバーのやりがい，満足感，幸福感にもつながってくる，またひいては会社・組織やグローバルな経済・社会にもインパクトを与えるものである。

MBA（経営管理学修士）において，リーダーシップを学ぶ人へ，参考として下記を補足しておく。

①　“強さと謙虚さ”を兼ね備えた第5レベルのリーダーシップ

これはジム・コリンズ（Jim Collins）著の『ビジョナリーカンパニー2』で述べられていることだが，ビジョナリーな会社を創造するには“強さ”だけをもつリーダーではなく，“強さと謙虚さ”という相反する両面を持ち合わせたリーダーである必要がある。リーダーとして困難があってもそれを乗り越えてミッション・ビジョンを実現するという職業人としての意思の強さが求められる。と同時に，同著の「窓と鏡」の例にあるように，「成功した時には窓の外を見て，部下やまわりのメンバーなどの成功要因を見つけ出し，成功しなかった時には鏡を見て，自分自身に責任があると考え反省する謙虚さを持つ」必要がある。成功すればするほど，リーダーは自信を持つようになる。しかしその自信が傲慢さになるのではなく，常に謙虚に学び，反省する姿勢を持たなければならない。

② “MBA＋MBWA”の両立

MBAとはMaster of Business Administration（経営管理学修士）のことであるが，MBWAとはManagement By Walking Around（歩き回る経営）の意味で，ヒューレット・パッカード社創業者のデイブ・パッカードのマネジメント手法である。リーダーシップを経営管理学として教室・机上で学ぶことも大事であるが，同時に教室から外に出て，職場や他のビジネス環境を歩き回りながら，現場で学ぶことも不可欠である。

③ リーダーシップは自分自身を変えることからはじまる

最後に，昔のある僧侶の言葉を引用したい。

“若いころ，私は世界を変えたいと思っていた。
世界を変えることが難しいことが分かり，自分の国を変えようと思った。
自分の国を変えることができないことが分かり，私の街を変えようとした。
街を変えることが難しくなり，自分の家族を変えようとした。
年を取った今，私が変えることができるのは，自分自身だけであると分かった。
もっと前に自分自身を変えていれば，私の家族に影響を与えることができた。
私の家族と私は私の街に影響を与えることができた。
その影響は国を変え，本当に世界を変えることができたかもしれない。”

ここで解説したリーダーシップ理論やリーダーシップ開発の事例が，読者自身の，また会社・組織のリーダーシップ開発の参考となれば，この上ない幸せである。

参考文献

安部哲也（2009）『ワールドクラス・リーダーシップ』同友館。

Collins, Jim（2001）*Good to great*, HarperBusiness.（山岡洋一訳『ビジョナリーカンパニー②　飛躍の法則』日経BP社，2001年）

Kotter, John P.（2009）*on What Leaders Really Do*, Harvard Business Review Book.（黒田由貴子訳『第2版リーダーシップ論』ダイヤモンド社，2012年）

Packard, David（2006）*The HP Way*, HarperBusiness.（依田卓巳訳『HPウェイ［増補版］』海と月社，2011年）

Robbins, Stephen P.（2005）*Essentials of organizational Behavior*, Pearson Education, Inc.（髙木晴夫訳『組織行動のマネジメント』ダイヤモンド社，2009年）

Trompenaars, Fons and Charles Hampden-Turner（1993）*Riding the waves of culture*（2nd Edition）, McGraw-Hill.（須貝栄訳『異文化の波』白桃書房，2001年）

Yunus, Muhammad（2010）*Building social business*, PublicAffairs.（岡田昌治監修，千葉敏夫訳『ソーシャル・ビジネス革命』早川書房，2010年）

第3部

ビジネスデザインとテクノロジー

第9章
研究開発における知識創造過程
―青色LED開発の事例―

品川啓介

1　はじめに

米国，欧州，日本など製造業を得意としてきた国々では，生産がアジアなどに移ったこともあり，これまでそうであったような工業経済から知識経済への移行が進んでいる。そのため，製造業の付加価値を考える時，新製品の計画を推し進める知識創造のマネジメント（以降，知識経営とする）が重要視されるようになった。とはいえ，技術経営（テクノロジー・マネジメント）の分野の一つである知識経営は，実践の歴史が浅く，完成に至っているとは言えない段階にある。そこで本稿では，知識経営の実践について考えてみることにしよう。

知識経営の確立を難しくしている要因の一つは，イノベーションのような創発的な活動[1)]に左右されやすいという点にある。知識経営の実践について考察するにあたり，その興味深い事例がいくつかある。いずれも広くその存在を知られているイノベーションが行われ，それによって製品化が実現したものである。今回，知識経営実践の手掛かりとするために，そのなかの一つを選んで知識創過程を整理してみよう。取り上げるのは青色発光ダイオード開発である。

2014年秋，青色発光ダイオード開発の功績により，名古屋大学教授の天野氏，名城大学教授の赤崎氏，そしてカリフォルニア大学サンタバーバラ校教授の中村氏の3名にノーベル物理学賞が授与された。この3名の果たした役割と貢献度合いについては，受賞に至る以前から活発な議論が交わされてきたが，大別すれば，「天野氏，赤崎氏の科学の発見がなければ，中村氏のブレークスルーも生まれなかった」とするもの，「中村氏の実用化へ向けたブレークスルーがなければ，天野氏と赤崎氏の科学の発見はそれだけで終わっていたのではないか」とするものである。その議論からは視点を変えて，ここでは知識創造過程のモデルの一つであるSECIモデルを念頭に，中村氏が当時所属していた日亜化学の経営者の経営判断も含めて，青色発光ダイオード開発について考えてみることにしよう。そこには興味深い知識創造過程があるはずだ。

2　知識創造の理論

青色発光ダイオード開発に関する具体的な考察の前に，まず，それを理解する助けとなる理論と概念を説明しておく。

まずは，近年の知識経営に関する議論についてだが，これは，計算機科学分野の知識工学と経営学分野の組織的知識創造理論にその端を発している。ここでは，技術経営に関連する後者に絞って話を進めることにしよう。組織的知識創造理論では，組織内で革新を起こす知識創造は，どのような過程を経てなされるかという点に焦点をあてる。このとき組織の種別に制限はなく，企業でも，複数の企業で構成される産業クラスターでも，また科学者が集う学術的な学会であってもよいとされている。

組織的知識創造理論はTakeuchi and Nonaka (1986)，Nonaka (1990) などの研究によって構築され世に知られるようになった理論である。この研究は，富士ゼロックス，キヤノン，ホンダなど日本の代表的な企業の知識創造過程を分析し，それまで欧米の人々にとって理解が難しかった1970年代〜1980年代にかけての日本企業の急成長の過程を説明した。具体的には，大きなプロジェクトを進める際，欧米企業では時系列的につながる複数の仕事を個別にこなしていくのに対し，日本企業では個々の仕事をオーバーラップさせながら全体として前進するように取り組んでいく点に差異を見出したのである。さらに，これらの企業の経営者が，プロジェクトに高い目標を与えつつ創造性を壊さない管理を行い，学習経験が他のプロジェクトに対しても生かされる組織運営に取り組んでいることを指摘，これにより知識創造の重要性を経営者が理解していたことを明らかにし，それが躍進の要因であるとした。また，このような取り組みが，よく言われるカンバン方式，ジャスト・イン・タイム方式など日本特有の知識創造による経営を醸成したと考察している。

これに続き，Nonaka and Takeuchi（1995）はSECIモデル[2]（図9－1参照）と呼ばれる組織的知識創造理論を構築した。このモデルは，知識創造は個人によってではなく，個と個，個と集団におけるコミュニケーションによってなされるものとし，そこではある2つのタイプの知識の相互作用が重要な役割を果たすとしている。一つは，その仕組みを図，文章，数式などで伝えることが可能な「形式知」，もう一つは，経験からのみ会得しうることであるがゆえに，その仕組みを客観的に表現できない「暗黙知」である。それでは，SECIモデルにおける知識創造過程を見ていくことにしよう。そこには4つの段階があるのだが，それを順に示すと次のようになる。

まず最初は，個々の人々が，ある「暗黙知」を共通体験している状態にある。

図9－1　SECIモデル

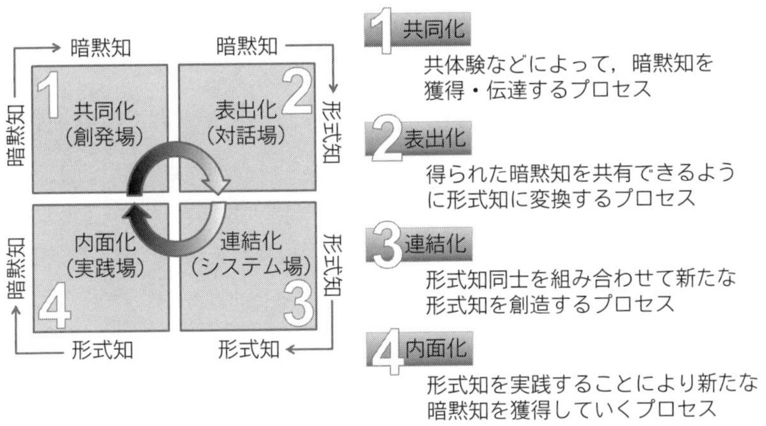

暗黙知
暗黙知
暗黙知
形式知
1 共同化（創発場）
2 表出化（対話場）
4 内面化（実践場）
3 連結化（システム場）
暗黙知
形式知
形式知
形式知

1 共同化
共体験などによって，暗黙知を獲得・伝達するプロセス

2 表出化
得られた暗黙知を共有できるように形式知に変換するプロセス

3 連結化
形式知同士を組み合わせて新たな形式知を創造するプロセス

4 内面化
形式知を実践することにより新たな暗黙知を獲得していくプロセス

出所：Nonaka and Takeuchi（1995）をもとに筆者作成。

それにより共感が生じ，「共同化（Socialization）」が成される。次に，その共同化によって暗黙知が明示化され，「形式知」となる。それを「表出化（Externalization）」という。そして，新しい形式知と既存の形式知を組み合わせることで，体系的な形式知が生まれる。それを「連結化（Combination）」という。最終的には，その体系化された形式知は実際の体験を通し「暗黙知」化し「内面化（Internalization）」する。この内面化した暗黙知は，さらなる知識創造への力となり知の再生産を促進する，という循環になっている。

このSECIモデルを，企業における戦略立案の場面をあてはめてみるとどうなるだろうか。

まず，企業における戦略立案では，経営者と企業構成員の合意による知識創造が必要である。初期の段階では両者の認識できる領域がかけ離れているため，具体像を掴むことができないまま，互いに模索することになるだろうが，ともあれ共通点を見出すことは出来るだろう（「共同化」の段階）。やがて時間の経過と共にこれが深化し合意に至れば，骨子を明示化できるようになる（「表出化」の段階）。骨子だけでは，その妥当性の評価ができないので，骨子を具体化するための周辺知識の創造が行われる（「連結化」の段階）。この段階になるとある程度の評価が可能となり，内容をさらに研ぎ澄まそうとするうちに，再びそれは暗黙知化し始める（「内面化」の段階）。そしてまた，その暗黙知は共同化の段階に進んでいく。このようにスパイラルを描くように続いていく。そうして行動に移すことのできる戦略が策定されることになる。

なお，組織的知識創造理論では「知識」を「個々の信念を『真理』に向って社会的に正当化していくダイナミック・プロセスである」と定義している。近年の技術が科学に基づくものであり，普遍性（真理）に富んだものであること，そして，その科学を技術に応用したり，技術上の課題を科学に遡り解決したりすること（これは「個々の信念を『真理』に向って社会的に正当化していく」行為と言えよう）が研究開発における知識創造であることから，SECIモデルを研究開発の知識創造過程に応用することは妥当であると考えてよいだろう。

3　科学知識の爆発

本稿は，知識経営実践の手掛かりを得るために，研究開発における知識創造過程について考察するものである。そのため，SECI理論に続き，もう一つ理解しておく必要があるのが科学知識の爆発の概念だ。FleckやKuhnなどの先人の教えをもとに，その概念を整理してみよう。

科学理論は個人ではなく，ある枠組みの中に所属する集団によって作られるものと指摘したのがFleck（英訳 1979；原著は1935）である[3]。これを受け，Kuhn（1962）は科学者たちが実際に行っている活動そのものを分析した。その結果，科学者たちはその対象となる科学において，特定の共通の基準やルールに従いながら理論を構築していることを見出した。その共通の基準やルールによって存在する枠組みをパラダイムと呼ぶ。

科学者たちは新たな科学が発見されるとそれを確固たるものにしようとする（前節の最後に触れた，「個々の信念を『真理』に向って社会的に正当化していく」行為にあたると言えるだろう）。そのために科学者たちは，その周辺に散在した未解決の問題をパラダイムに従って，Kuhnの表現を借りれば「パズルを解くように」解いていくのだが，やがて探究すべき課題を終え，あるいは，そのパラダイムでは解決できない事実が発見され始め，その科学の発展は止まってしまう。そうすると科学者たちはそこを離れ，新たな科学とそのパラダイムに移っていく。このような様子を捉え，科学はそれぞれのパラダイムのルールに則して，累積的に得られた科学知識によって進歩するとKuhnは主張した。ここでいう科学知識は，科学者の研究成果として論文のかたちをとって世に出ることとなる。これを踏まえ，Price（1963）は時系列に見た科学論文の累積数推移から科学進歩の様子を推し量ることができると主張した。そしてそれをグラフ化することによって，科学分野の論文累積数が緩やかな増加から突然急増するようなカーブ（図9－2参照）を描くことを見出した。このカーブが示す急増を，研究活動の活性化，つまり議論に参加する科学者の急激な増加と捉え，それを科学知識の爆発と称したのである。

図9－2　科学進歩のパタンを指し示すカーブ

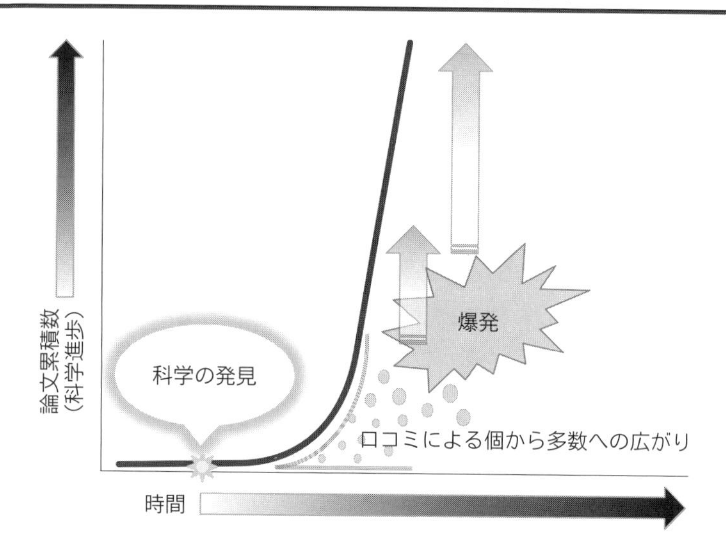

このような科学知識の爆発はなぜ起こるのか。Gupta（1995）は，このような科学論文の累積数の急増が起こる理由を，Rogers（1962）が提唱した「新しいアイデアが人から人へと口コミで伝わるイノベーションの普及プロセス」と同じであると考えた。つまり科学知識の爆発とは，科学知識の蓄積過程で画期的な科学の発見が生じ，時間の経過とともにその発見に対する科学者の受容が増加し，その発見を踏襲する研究や論文が急増する現象であると主張したのである。現在，論文累積数の推移は，製品開発の発展経路をも映し出すものと考えられている。それは，論文累積数が，すなわち製品開発に関する科学知識の蓄積の過程を示すと捉えられるからである[4)]。

以上の科学進歩の概念を組織知識創造理論のSECIモデルに応用すると，次のようになる。まず，ここでいう組織は学術界である。そして，上述したカーブの初期にみられる論文数の少ない領域は，パラダイムがまだ出現しつつある段階であり，研究者達が暗黙知の共通体験を交わしている「共同化」の段階と考えられる。この段階でたとえ論文が執筆されたとしても，その再現性が伴わないことから多数の研究者に認識されるには至らず，パラダイムの核となる研究の出現をもとめ，研究者間で暗黙知が交わされている状態にある。そして科学者たちが共感するパラダイムの核となるような事実が発見されると，「表出化」「連結化」が進行し，議論に参加する科学者が爆発的に増え，その分野の科学は目覚ましく進歩することとなる。

この捉え方を念頭に，第5節では青色発光ダイオード開発に関わる科学進歩の様子を分析した結果（品川，2014）と，組織的知識創造理論におけるSECIモデルとを照らし合わせながら，この開発における知識創造過程について考察してみることにしよう。

4　青色発光ダイオードの開発

Yamaguchi（2006），山口（2006）による青色発光ダイオード開発に関わる技術的イノベーションの研究をもとに，この製品の開発経過を整理しておく。

青色発光ダイオードの本格的な開発研究が始まったのは1970年頃のことで，その時すでに，赤色の発光ダイオードは製品化されていた。赤に青，緑の光を混合すれば，白色光を始めとする自由な発光色の設計が可能となる。発光ダイオードに関して特筆すべき点の一つが，白熱電球に比べ電気消費量が劇的に低いことである。もし発光ダイオードを用いた白色電球が製品化されれば，それまで広く普及していた白熱電球からこの新しい電球への置き換えが進むことは必定であった。このような理由から大学や企業が青色及び緑色の発光ダイオードの開発研究に着手，多くの研究者がその実現を目指すこととなったのである[5)]。

赤色の発光ダイオードが完成していたということは，発光するダイオードをどうしたら作ることができるのかという基本的な理論については，ある程度わかっていたということになる。そして，当時の量子物理理論から，GaN結晶またはZnSe結晶という新しい結晶を作製する（以降，結晶成長とする）ことができれば，青色や緑色発光も達成されると考えられていた。ただしそれらの新しい結晶については，その構造についての予測は立っていたものの成長方法が分からず，実際の手法に関してはまったく何もないところから始めなければならない状態にあった。

青色発光ダイオード実現のための結晶開発が本格化した1980年前半，学術界では，成長させたい所望の結晶がある場合，既存の結晶基板上で化学反応を生じさせて成長させることが常識であった。その際，必須の条件とされていたのは，成長させる結晶と下地となる基板の結晶を構成する原子の間隔（格子間隔）がほぼ等しいこと（格子整合条件）であった。格子間隔が異なるとその結合面が一致しないため，成長させることができないからである。したがって，GaNやZnSeの結晶成長を実現するためには，理論から求めたGaNやZnSeの結晶の格子間隔にほぼ等しい結晶構造を有する基板が必要であった。当時知られていた結晶成長に適する結晶基板はガリウム砒素（GaAs）基板というZnSe結晶成長に用いることができるものだけであり，GaN結晶にはそのような結晶基板候補が存在しなかった。そのため1970〜1980年代後半までの期間，研究者の多くがZnSe結晶の開発を選択したのである。

このような流れの中，少数であるがGaN結晶の実現を試みる研究者がいた。まず1986年，天野氏，赤崎氏は名古屋大学において当時としてはまだ開発されて間もないプロセス技術であったMOCVD法（Metalorganic chemical vapor deposition）法[6]を用い，サファイア基板上に結晶化の途中にあるスポンジのようなアルミナイトライドを成長させ，GaN結晶とサファイア結晶の格子間隔差を緩衝するバッファー層とする（=buffer layer法）というアイデアを考案，実験の結果，研究室レベルの品質[7]ではあったが，ついにGaN結晶の成長に成功した。これに続き1991年当時中小企業であった日亜化学工業の研究員の中村氏らは，天野氏らの発見（=buffer layer法）と自らのアイデアを統合し，two flow法と呼ばれる新たなMOCVD法を発明し，それまで誰も実現し得なかった高品質のGaN結晶成長に成功する。

しかしまだそれだけで青色発光ダイオードを実現することができるわけではなかった。半導体のn型とp型の問題である。発光ダイオードは半導体の一つであるが，半導体の構成要素にはn型とp型の2つがあり[8]，それらが揃うことによってようやく機能する。つまりGaN結晶にもn型とp型が揃わなければ光を発することはできない。当時GaN結晶のn型化は既に達成されていたが，それに比べてp型化は困難で，開発の目処がたっていなかった。そのような中，1992年に中村氏らは自らが発明したtwo flow法で製作したGaN結晶にアニールという処理を施すことで，p型化を達成する。この時点で青色発光ダイオード研究開発はかなりその製品化に近づいたことになる。

それでもまだ，実用に耐える強度の発光を叶えるためにはさらなるブレークスルーが必要であった。そこで中村氏は，それまでのGaNのpn構造にIndiumを添加したInGaN/double hetero構造という画期的な方法を考案し，現在の商用の青色発光ダイオードの基本構造の完成に漕ぎつける。1994年，日亜化学工業はこれらの技術を量産に適用し，世界初の製品化を実現した。

このように，天野氏らの新しいプロセス技術の発見が起点となり，これを踏まえた中村氏らのさらなる発明よって，製品化を可能とする基礎的なプロセス技術が形成されていったことになる。

ところで，GaN結晶による青色発光ダイオードの実現への試みが1980年後半から1990年前半にかけて次々と成功し，1994年には製品レベルの青色発光ダイオードが生産できるまでのイノベーションを確立した一方で，もう一つの結晶材料の候補であるZnSe結晶の開発研究はどうなっていたか。実は，1991年に米国3M社の青色レーザーの試作成功の報告がある。上述の中村氏らによるGaN結晶のp型化の発表よりも一年早かったこともあり，青色発光ダイオードの候補となる結晶材料は当時「ZnSe結晶で決まり」という声も聞かれたのだが，ZnSe結晶を用いた青色レーザーは耐久性に乏しく，その後ZnSe結晶を用いた青色発光ダイオード製品も誕生しなかった。

5　青色発光ダイオード開発とSECIモデル

以下はGaN結晶を用いた青色発光ダイオードの開発史におけるエポックである。これらの研究によって，GaN結晶を用いた青色発光ダイオードが実現に向けた展望が一気に開けた。

ここで，イノベーションという観点から天野氏，赤崎氏，中村氏らの青色発光ダイオード開発への貢献について考えてみよう。Schumpeter（1926）によ

1986	天野氏，赤崎氏／名古屋大学	MOCVD法を初めて適用	研究室レベルの品質のGaN結晶作製に成功
1991	中村／日亜化学	新たなMOCVD法を発明，適用（two flow法）	高品質のGaN結晶の作成に成功
1992	中村ら／日亜化学	two flow 法＋アニール処理	GaN結晶のp型化に作成に成功
1993	中村／日亜化学	InGaN/doublehetero構造を考案	実用に耐える発光強度を得ることに成功

れば，イノベーションとはこれまでにない画期的なアイデアを指すもので，物や方法の新しい結合によって生まれるものである。そしてこの結合の際，組み合わせが新しければ，そこに含まれるものや方法すべてが新しくある必要はない，としている。この定義に従えば，1986年に天野氏，赤崎氏が，GaN開発研究にMOCVDを初めて取り入れたこと，そして，これに画期的改良を加え高品質のGaN結晶に適したMOCVD法を発明した中村氏の1991年の成果も，同じくイノベーションであると捉えることができる。

続いて，科学進歩や科学知識の爆発の概念を踏まえながら，天野氏，赤崎氏，そして中村氏の研究が，青色発光ダイオード研究開発にどのような貢献をしたかについて考えてみるとどうなるか。ここで双方の相違点が見えてくる。図9－3は，筆者（品川，2014）の行った論文書誌情報の分析結果を模式的に現した図である。これは，1991年まで低調であったこの分野の研究が，1992年以降，急激な進展を見せたことを表している。すでに第3節で触れたが，Gupta（1995）はイノベーションとは，「普及し得る新しいアイデア」であると考えていた。科学進歩の度合を示す論文累積数が顕著な伸びを見せる前年に中村氏（1991）の研究があることから，この研究が「普及し得る新しいアイデア」，つまりイノベーションそのものであったことがわかる。では，天野氏，赤崎氏の研究の果たした役割はどのようなものであったか。一般にイノベーションの研究では，科学の発見とイノベーションを分けて議論する。これに倣うと，天野氏，赤崎氏らの研究は，新しい科学の発見を成し遂げたものであり，中村氏の研究の役割はイノベーションを達成したものということになる。つまり，従来

図9－3　青色発光ダイオード開発に関する論文累積数推移

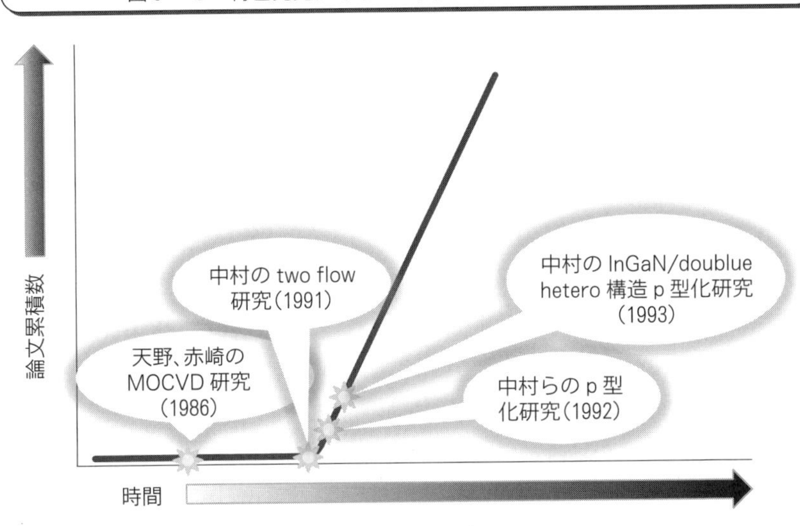

の，「天野氏，赤崎氏の科学の発見がなければ，中村氏のブレークスルーも生まれなかった」や「中村氏の実用化へ向けたブレークスルーがなければ，天野氏と赤崎氏の科学の発見はそれだけで終わっていたのではないか」といった，どちらの貢献が大きかったのかという議論では，青色発光ダイオード研究開発の本質を捉えることができないのではないだろうか。そもそも「どちらが欠けても青色発光ダイオードが世の中に誕生することはなかった」のだから。

では，組織的知識創造理論の考えに照らし，青色発光ダイオード開発における，天野氏，赤崎氏らの研究（1986），と中村氏の研究（1991）の果たした役割を考えてみよう。図9－3に表れている科学進歩の様子のうち，その進歩が緩やかであった1991年頃までを，暗黙知の創出が主体であった期間，そして，それ以降の論文が急増し始めて製品化も実現してゆく期間を形式知の創出が主体となっていく期間と仮定する。

まず，この分野の科学の進歩が緩やかな1991年頃までの学術界は，青色発光ダイオード開発の要となる高品質のGaN結晶製法の発見に苦心しており，そのためこれに関わる研究の形式知化も困難な状態にある。これは，その発見を目指す試みを共通体験として，研究者間で暗黙知を創出することが主体となっていた期間，つまり「共同化（Socialization)」の段階を進んでいた期間であると考えられる。そのような中で，天野氏，赤崎氏ら（1986）の研究が示したGaN結晶作製にMOCVD法を用いるという方法は，この分野の研究に一つの方向性を与えるものとなり，学術界を「共同化」の黎明期から成熟期へと導く契機となったのではないか（図9－4参照)。

次なる段階として，「共同化」から「表出化」への移行があるが，この分野における科学の進歩に急加速が見られ始めるあたりが，その段階である。急激な変化は1992年から始まる。注目すべきは，その直前の1991年，高品質のGaN結晶の製法が中村氏の研究によって明らかになっていることである。これに共感した研究者達によって形式知化が加速，結果として「表出化」が生じたものと考えてよいだろう。つまり，この中村氏のイノベーションは，その後の形式知化に貢献したのではないか。言い換えれば，中村氏の研究（1991）は，表出化の契機となったと言えよう。

それでは，それ以降の開発はどのように表すことができるか。「表出化」の

図9－4　SECIモデルと科学進歩（GaN開発研究）

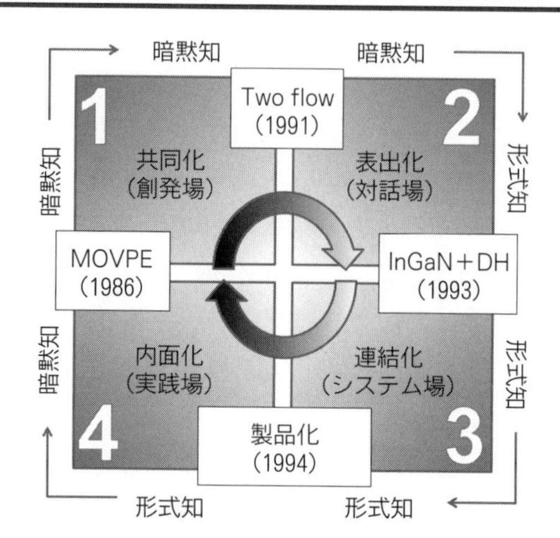

出所：Nonaka and Takeuchi（1995）をもとに筆者が展開。

次の段階である「連結化」には，中村氏らのp型化の研究（1991），中村氏のInGaN/double hetero構造の研究（1992）を契機に進んだものと考えられる。中村氏の高品質のGaN結晶の製法の研究（1991）を核として，これら2つの研究がそこに加わるということは，形式知同士を組み合わせて新たな形式知を創造する，つまり「連結化」が起きたということだ。そしてそれによって発光が実現したこと，加えて，これらの研究が現在の青色発光ダイオードの基本的な構造となっていることが，その「連結化」がきちんとその役割を果たしていたことを示している。

青色発光ダイオードの研究は，現在，「連結化」を経て「内面化」の段階に入っているものと考えられる。上述の研究を背景に1994年以降製品が誕生し，その課題が明らかになり始めた。熱による発光強度低下の改善，紫外線発生の抑制などである。そのため，今も，次世代の青色発光ダイオードの開発が進められている。いずれそれぞれの段階におけるエポックとなる研究の出現を受けて，共同化，表出化，連結化，とさらに研究開発は進んでいくだろう。

このように組織知識創造理論を応用すると，天野氏，赤崎氏らの研究が「共同化」を，中村氏の研究が「表出化」を促進した，というように，青色発光ダイオード開発においてエポックとなる研究が果たした役割をはっきりと捉えることができるようになる。

さてここでもう一つ，注目したい点がある。中村氏による研究が企業において行われていたことだ。そこには経営者の承諾，支援なしに研究の実施ができないという条件がある。つまり，GaN結晶開発研究に始まる青色発光ダイオード研究開発を承認した当時の経営者，小川氏は，天野氏，赤崎氏の研究の重要性を理解しており，言い換えれば，中村氏と暗黙知を共有していたということになる。この点は，知識経営にとって検討されるべき，興味深い課題である。

正確な時期は定かではない[9]が，中村氏が小川氏に青色発光ダイオード開発に関する「直訴」を行ったという話がある。それに応えて小川氏は，まだGaN結晶開発の有望性が学術界にそれほど認識されていなかった時期でありながら，中村氏にフロリダ大学への留学と，5億円という研究費を承認している。これは青色発光ダイオードの開発史によく取り上げられる話題であるが，なぜ小川氏がこのような判断をし得たのかという点について，あまり納得のいく説明が見られない。これについて筆者は，その判断を促す要因が3つ重なったものと推測する。

（1）日亜化学はその当時中小企業であったが，小川氏はベンチャー企業としてその会社を創業した人物である。そのことから，不確実性へ挑戦することの重要性を十分理解していた。
（2）大手企業のほとんどがすでにZnSe開発研究に着手しており，中小企業である日亜化学が後追いで成功するのは非常に難しいと考えていた。
（3）新製品を創造しその事業で優位に立つためには（当時，概念として広く認知されてはいなかったが），現在でいう知識経営の活用が重要であることを理解していた。

（1）（2）の推測については，多くの青色発光ダイオード開発史で取り上げられているものである。一方，（3）については，あくまで憶測の域を出ないものであるが，それまでの小川氏の創業経験を考慮するならば，可能性がないことではない。後発でありながらも蛍光灯や赤色発光ダイオードなど，発光に関わるデバイスの開発，製造，販売を生業としてきた小川氏が，「最先端の青色発光ダイオードを実現するイノベーションを創造して世界をリードすることで，今後数十年，会社の根幹となり存続させられるような事業を育てたい」と考えていたとしてもおかしくはないからである。そして，小川氏はおそらく，（4）天野氏，赤崎氏の研究（1986）の価値と不確実性を理解し，（5）中村氏が，天野氏，赤崎氏の研究（1986）を越えるイノベーションに適した人材であることを見抜いていたのであろう。

（1）から（5）を背景に，小川氏は中村氏の直訴の重要性を理解し承認に至ったのではないか。なぜなら，企業の経営者であれば，一社員の熱意だけを根拠に要望を受け入れたり，多額の研究費を承認したりするとは一般に考えにくいからである。

小川氏が中村氏の「直訴」に応え，承認を与えたことは，結果的にSECIモデルにおける表出化の契機になったと考えることができる。この表出化は，前述したようにイノベーションと直結していることから，もし経営者のその判断がなければ，現在の青色発光ダイオード産業の発展は見られなかったかもしれないのだ。

今後，知識経営の重要なポイントとなるのは，経営者がSECIモデルにおける「共同化」と「表出化」の狭間で生まれた会社構成員の創発をいかに受け止めるか，ということだろう。というのも，この狭間で生じる創発（ここではイノベーション）は，ノウハウを含めその暗黙的な性質から模倣の難しさという特徴を持ち，これを獲得したものに持続可能な競争優位性をもたらすからである。小川氏もこのことを勘案した上でリスクをとり，GaN開発を受け入れたのではないだろうか。これが筆者の見解である。

6　おわりに

本稿では，これまで議論の盛んであった青色発光ダイオード開発に，組織的知識創造理論におけるSECIモデルを応用して，その開発過程を振り返ってきた。その結果，このモデルにおける「表出化」のきっかけを作ったと言っても過言ではない日亜化学経営者の小川氏の存在の興味深さが際立ったように思う。小川氏は，今日でいう知識経営の本質を理解した上で，中村氏の提案を承諾した可能性がある。組織的知識創造理論の分野でそのような役割を果たす人をナレッジリーダーと呼ぶ。ナレッジリーダーは，知識資産を再発見し，知識ビジョンにあっているかをチェックし，SECIモデルのプロセスをリードする人物とされる。現在，様々な企業から製品化されている青色発光ダイオードの基本的構造が，日亜化学のそれと似通ったものである点，そして現在も日亜化学が他社の追随を許さない高い収益を上げている事実を振り返ると，今日の製造業における経営者にとって最初の関門は，「共同化」から「表出化」への移行のきっかけとなる，新しい科学のプロデュースをすること，そしてその手腕ということではないだろうか。

以上のことから導き出される，知識経営の実践という点から考えて，経営者にとって重要なことを整理しておこう。

・新しい科学の発見の社会的価値を見抜き，その実現に向かって課題を適切に設定する。

（青色発光ダイオード開発においては，天野氏，赤崎氏の研究の社会的価値を見抜き，その実現に向かって，日亜化学はノベーションを起こすことが必要であったこと。）

・その課題の解決に適切な人材を見抜き登用する。

（青色発光ダイオード開発においては，GaNの研究開発の重要性を同じく見抜き，その研究開発に対し，高い実力と強い意思を持っていた中村氏を認めたこと。）

研究開発における知識創造は，これらの点が備わってこそ，有機的に行われるものではないだろうか。青色発光ダイオード開発の例はこれを示唆するもので，みごとな知識経営の実践例であったと考えられる。

【注】

1）創発的な活動とは，技術経営（テクノロジー・マネジメント）の分野において，企業の研究者や開発者による発明・発見などの知的活動を指す。一般的マネジメントの手法である資源（「人，モノ，金」と表現されるもの）の量的投入によってその成果が必ずしも上げられるものではない。

2）後述の知識変換過程を示すそれぞれの英語の頭文字をとりSECIモデルと名付けられた。4つの知識変換過程の相互作用を通して，より豊かな知識が形成される過程を示す。

3）Fleckが編み出したDenkstil（ある集団で共有される考え方）の概念は，後にKuhnがパラダイムの着想を得ることになる先駆的概念となった。

4）社会科学の分野でこの手法を用いた例としては，ナノテクノロジー研究，メタノール燃料電池研究，水素燃料電池研究の発展過程を分析したものなどがある。

5）緑色発光ダイオードは青色発光ダイオードの改良で実現できる。

6）MOCVD法は1980年前半に発明された気相化学反応を利用した結晶成長法の一つである。GaN結晶成長のためには，それ用に特化した開発が必要であった。

7）製品としてはその品質を満たせないものであるが，世界で初めて人工的な成長を実現したもの。その後の研究の方向性を決定づける。

8）半導体分野では，電子が動いて電流が流れるものをn型，電子の抜けた穴が移動して電流が流れるものをp型半導体と呼ぶ。発光ダイオードには，これらの組み合わせが（接合）必要である。

9）中村氏がGaN研究の重要性に気づいたのが1986年であり，フロリダ大学への1988年であることから，この間に「直訴」があったと考えられる。

参考文献

品川啓介・玄場公規・阿部惇（2014）「科学知識の爆発とプロセスイノベーション：青色発光ダイオード製品開研究の定量分析」『研究技術計画』29（2/3），pp. 200-213。

山口栄一（2006）『ノベーションの共鳴と破壊』NTT出版社。

Fleck, Ludwik（1979）*Genesis and Development of a Scientific Fact.* Trenn, Thaddeus J. and Robert K. Merton, eds., translated by Bradley, Fred and Thaddeus J. Trenn, Chicago : University of Chicago Press.

Gupta, B. M., Lalita Sharma, and C. R. Karisiddappa（1995）"Modelling the Growth of Papers in a Scientific Specialty." *Scientometrics*, 33, no. 2, pp. 187-201.

Kuhn, Thomas S.（1962）*The Structure of Scientific Revolutions*, Chicago, IL : University of Chicago Press.

Nonaka, Ikujiro（1990）"Redundant, Overlapping Organizations : A Japanese Approach to Managing the Innovation process" *California Management Review*, Vol. 32, No. 3, pp. 27-38.

Nonaka, Ikujiro and Takeuchi, Hirotaka（1995）*The knowledge Creating Company : How Japanese Companies Create the Dynamics of innovation*, Oxford University Press.

Price, Derek John de Solla（1963）*Little Science, Big Science*, New York, NY : Columbia University Press.

Rogers, Everett M.（1962）*Diffusion of innovations*, NY : The Free Press of Glencoe, Division of The Macmillan Co.

Schumpeter, J. A.（1926）*Theorie, der Wirtshaftlichen Entwicklung*, 2.（シュンペーター，J. A.，塩谷祐一・中山伊知郎・東畑精一訳『経済発展の理論：企業利潤・資本・信用・利子および景気の回転に関する一研究（上・下）』岩波書店，1977年）

Takeuchi, Hirotaka and Nonaka, Ikujiro（1986）"The New Product development game," *Harvard Business Review*, January/February, pp. 137-146.

Yamaguchi, E. (2006) "Rethinking innovation" In *Recovering from Success Innovation and Technology Management in Japan*, eds. D. H. Whittaker, Robert E. Cole, Oxford : Oxford University Press.

第10章

IoT時代のプラットフォーム戦略
—エコシステムをどう作り上げ，関与するのか—

深見嘉明

1　はじめに：「つながる」とはどのような意味を持つのか

「モノのインターネット」この言葉を初めて聞いた際に違和感を持たれた方がいらっしゃるかもしれない。これはInternet of Things（IoT）の直訳である。「モノの」というからには，これまで“我々が使ってきたインターネットと違う何か”が登場したのではないかと思われるかもしれないが，そうではない。IoTとは，これまでスタンドアローンで機能していたあらゆるモノがインターネットに接続，つまり通信できることにより製品・サービスが創出されるという新たなパラダイムである。

ここで重要なのは，他の製品・サービスと「つながる」ことである。例えば，LED電球がインターネットに接続された場合，スマートフォンにインストールされたアプリを通じて世界中のどこからでも点灯・消灯・光色変更が可能となる。インターネットを介して，スマートフォン等のデバイスとデータをやりとりができる，すなわち「つながる」ことによってはじめて遠隔による操作という新たなサービスが実現したのである。

照明の遠隔操作を実現するためには，電球とスマートフォンという2つのハードウェア，アプリという一つのソフトウェア，それぞれを接続するインターネットというインフラが連携して機能することが必要である。複数のハードウェ

図10－1　システムの構成要素

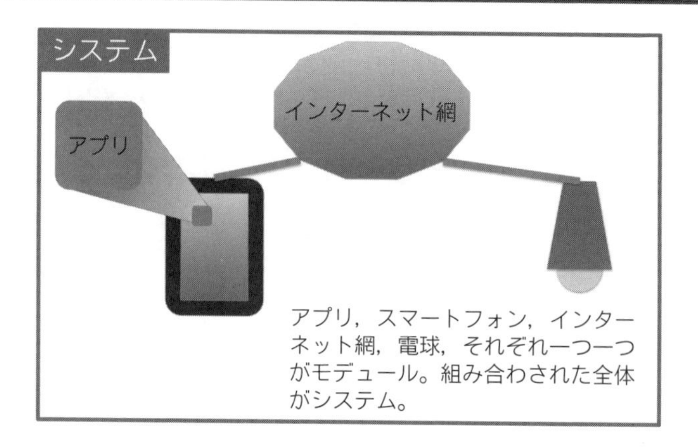

アやソフトウェアなどが連携して動作し，新たな機能を実現する場合，全体を「システム」といい，個別のソフトウェア，ハードウェアやインフラはコンポーネントや「モデュール」と呼ばれる。

様々なモデュールの組み合わせが可能となると，システムとして提供可能な機能は飛躍的に増大することとなる。例えば室内に設置された電球が，家の屋上に設置された太陽光発電パネルと接続されることにより，屋外の照度に連動して光量・光色が自動的に変化するといった機能も実現できよう。これまでもタイマーによって時間が来れば点灯し，目覚ましとして機能するような電球は販売されてきた。時刻ではなく屋外の照度データによって動作させるができれば，その日の天候に応じてより自然な目覚めが実現できる程度の光量を自動的に発することもできよう。気象条件，ユーザがその空間に滞在しているか否か，地域の消費電力量等，外部要因を示すデータをリアルタイムで取得して，電球が光量や光色を変えたり，エアコンの運転モードが切り替わったりすることで，快適さを犠牲にせずに消費エネルギーを低減するといったスマートハウスは，IoTが生み出したサービスの典型例である。

ドイツ企業を中心に提唱されているインダストリー4.0や米GEが提唱しているインダストリアル・インターネットは，工場に設置された製造設備，航空機エンジンなどメンテナンスコストが大きいと同時に故障などのトラブルが致命的な影響を生み出す可能性のある機器にセンサを設置し，取得したデータを収集・解析することによってトラブルを未然に防いだり，より効率的なオペレーションを実現しようとするものである。

製造工程や機械のオペレーション監視そのものは，今に始まったことではない。センサを敷設し，取得したデータによってオペレーションをコントロールすることも，日本においても随分以前から一般的である。だが，IoTというパラダイムにおいては，サービスや製品開発におけるポイントが大きく移行する。なぜか，それはインターネットを介するという選択肢を取ることによって，不特定多数が供給するモデュールとの組み合わせを念頭に置かねばならなくなったからである。

2　エコシステムを動かすには何が必要なのか

不特定多数のモデュールが接続・連携して動作するためにはモデュール間のやり取り，例えば「点灯しろ」などという命令や，「今，センサが取得した温度は25℃です」などといった状況，「そのデータが測定されたのは，屋根に設置された太陽光発電パネルの中の南東側に設置されたものである」といった“どのモデュールかを特定する情報”などが正しく受け渡されなければならない。もし「風呂用湯沸し器のサーモスタットによって取得されたお湯の温度45℃」を「屋根の南東側に設置されたパネルによって取得された35℃という空気の温度」に取り違えたら，システムはニーズにまったく反した動きしかしないであろう。

インターネットに接続するということは，海外のサービスがシステムに介在することも十二分にありえる。そのため，温度の単位である摂氏と華氏を取り違えるなどというトラブルも想定されうる。このデータが仮にエアコンのコントロールに用いられていれば，充分暖かい部屋を温め続けて蒸し風呂にしてしまったり，逆に極寒の世界にしてしまったりする危険性もあるわけだ。一般住宅のリビングであれば，住民が「暑い」「寒い」と叫びながらエアコンの運転をマニュアルに切り替えるだけで済む。しかし，それが病院の手術室の設備であれば，即座に人命に関わる事態となる。飛行機のエンジンに設置されたセンサのデータが正しく処理されないならば，重大な事故が生じる危険性がある。

インターネットにはもともと多様な企業，研究機関が生み出したありとあらゆるハードウェアやソフトウェアが接続されてきた。つまりインターネットというは，多様な主体の活動によって生み出される動的（ダイナミック）な「システム」である。多様な主体による関係性によって成立・維持されているシステムは生態系，すなわちエコシステムとして捉えられる。自然界の生態系は様々な種別の生物・非生物間の相互作用によって成立しているが，インターネットのような人間が創りだしたシステムにおいては，モデュール間の関係性も人為的に設計されている。関係性を規定するもの，それが標準仕様である。また標準仕様は，エコシステムを構成する多数のモデュールが共有するプラットフォームとしての性質をもつといえる。

元来の意味のエコシステムは，生命の進化によって自然発生的に形成されたものである（なんともトートロジーなのであるが，お許し頂きたい）。一方，IoTを初めとする技術／ビジネスにおけるエコシステムは，その多くが中心となる主体，いわゆるキーストーン（Iansiti & Levien, 2004）の機能を果たすものによって設計されている。その中で大きな成功を収めた例としては，ファミリーコンピュータからWiiに至る任天堂のコンソールゲームやマイクロソフトのWindows OS，そしてアップルのiOS/iTunes Storeなどを挙げることができる（Evans et al., 2006；Evans & Schmalensee, 2007）。

任天堂やマイクロソフトといったプラットフォームを設計し，供給する企業，すなわちプラットフォーマーは，多様なアプリケーションが共通して用いる機能の実装，Application Programming Interface（API）の設計・公開，開発ツールの提供などを通じてアプリケーション／コンテンツの提供企業を集め，育てることにより，強大なエコシステムを創りあげることに成功した。

プラットフォーマーはプラットフォームそのものの売上と，第三者がアプリケーションを提供する際に徴収するフィーによって利益を生み出すことができる。プラットフォームはそれ単独ではほとんど便益を提供することができない。

図10－2　プラットフォーマーがエコシステムを構築するためのポイント
（アップルのiOSを例として）

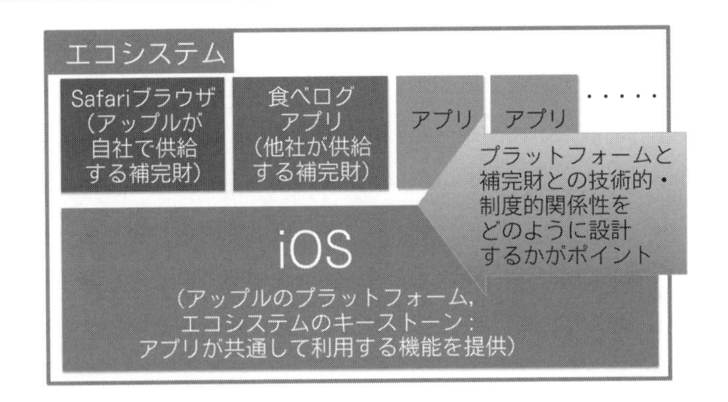

そのため補完財，つまり組み合わせて用いるアプリケーションが同時に供給されることが必要であり，初期にはプラットフォーマー自らがいくつかの補完財を同梱（バンドル）することが多い。

全ての補完財をプラットフォーマーが供給すれば，そこから得られる利益を独占することが可能である。いわゆる垂直統合型のビジネスモデルである。しかし，一企業で提供できる補完財には限界がある。多様な便益を提供する多様な補完財が存在することにより，プラットフォームの需要は拡大する。そのため，できるだけ多くの優秀な補完財供給者を惹きつけ，多様な需要に応える補完財が絶えず供給され続ける構造を創りだすことが重要となる。

ゲームコンソール，コンピュータやスマートフォンのOSは，激しい競争が続く市場である。競合するエコシステムが存在する場合，補完財供給者の争奪を巡ってプラットフォーム間で競争することとなる（Evans & Schmalensee, 2002）。

プラットフォーマーはエンドユーザだけではなく，同時に補完財供給者を獲得する市場競争に直面することとなる。このように複数の市場にて競争が展開されるような状況は，Multi-sided Market（多面市場）（Rochet & Tirole, 2003；Eisenmann et al., 2006等）と呼ばれる。

多様なモデュールが連携して動作するという複雑な構造をもつシステムでは，

純粋な技術的観点よりも他の政治的要因が強く影響を及ぼす場合が多い(Tushman & Rosenkopf, 1992)。そのためプラットフォームそのものの魅力を高めるだけではなく，補完財供給者との関係性を良好なものとする必要がある。そのためには，プラットフォーム自体の競争力を高めるとともに，補完財開発者を惹きつけるだけのインターフェイス設計や利益分配構造を確立しなければならない。

一方，補完剤を供給する側は，どのプラットフォームを選ぶかが重要な課題となる。スマートフォン向けアプリを開発する場合，2016年の日本市場においてはAppleのiOS，Android/Google Play，Microsoft Windowsアプリストアなどの選択肢がある。プラットフォーマーはそれぞれ，技術情報の公開や開発ツールの提供などの施策を講じて補完財開発者の獲得にしのぎを削っている。補完財供給者の立場からすると，開発コストが小さく，多数の消費者にアプローチできるプラットフォームを選ぶのが合理的である。日本市場では市場占有率の高いiOS向けアプリのみ供給したり，iOSアプリを他のプラットフォーム向けよりも早期に開発・市場投入する企業が多いのは当然のこととなる。もちろんより多くのエンドユーザにアプローチできる方が売上は拡大するため，Androidなど複数のプラットフォーム向けにアプリを供給する，いわゆるマルチホーム戦略を選択する企業も数多い。また，一つのプログラムで複数のプラットフォームに同時対応できるツールなども供給されるようになる。

図10－3　多面市場の戦略

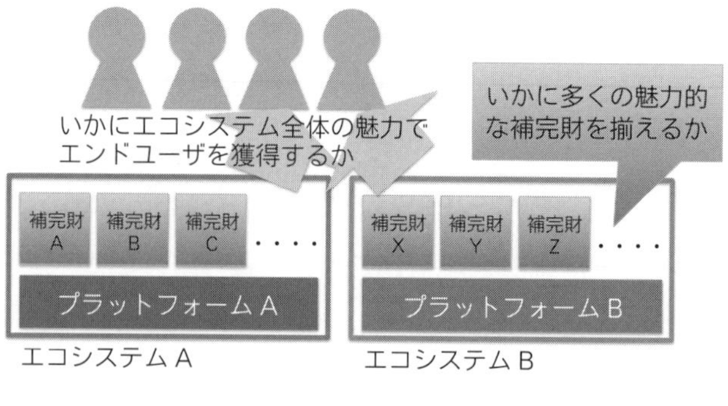

補完財供給者の多くがマルチホーム戦略をとるようになる，つまりプラットフォームとして差別化が図れなくなると創出できる利益は減少する。そのため，プラットフォーム自体の機能拡大や開発支援施策の充実によって補完財供給者の囲い込みを進めなければならない。

エコシステム間競争は標準仕様を巡る競争という形態で行われる場合もある。HD DVDは放送のデジタル化など，さらなる大容量のデータを記録できる媒体に対する需要が創出されることを見通して提唱された光ディスク規格である。HD DVDは，DVDの後継規格として東芝が中心となって提唱された規格である。HD DVDはソニーと旧松下電器産業（現パナソニック）が中心となり開発されたのがBlu-ray Disc（BD）との競争に敗れ，東芝はHD DVD事業から撤退した。この敗退は東芝に1,085億円[1)]という損失をもたらした。プラットフォーム間競争の敗退は，時には大きな損失をもたらすのである。

仕様間競争の勝敗が決したのは，ハリウッドの映画会社，つまり有力な補完財供給者の多数がBDを選んだ時であった。彼らにとり2つの仕様が併存する事態は，タイトルごとに2つのフォーマットを供給する事態を招く。そのため自社のみならず流通セクターを含む多大な追加的な負担が発生するのを避けるため，仕様の統一を求めていた。エコシステムの確立を通じて利益を上げるには，プラットフォームの完成度はもちろん，補完財供給者をいかに確保するかが重要な課題であることが改めて認識できよう。

3　ものづくりの流儀，ネットワークの法則

IoTの中核を占めるモデュールは，インターネットというネットワークインフラそのものである。21世紀の現在,「インターネット」という単語は広く普及している。だが，この単語の由来はそれほど広く認識されていないように思える。インターネット，つまりthe Internetなる単語は，inter（“相互に”を表す接頭詞）とnet（work，つまりネットワーク）を組み合わせて作られた造語であり，異なるメーカーのコンピュータや組織内で構築・運用されていたネットワークを相互接続した上位ネットワーク，という意味が込められている。すべ

てのコンピュータを相互接続させることを志向すると，必然的にすべてのコンピュータが単一のネットワークに接続されることとなる。だから英語ではInternetの頭文字は大文字であり，定冠詞theがつけられているのだ。

ただし，コンピュータ間が物理的に接続されただけではデータのやり取りは行えない。データをやり取りするための手順（プロトコル）や，正しく処理されるためのデータ構造などが接続されたすべてのコンピュータ間で共有される必要がある。その結果インターネット標準仕様が登場することとなる。このインターネット標準仕様は純粋に「コンピュータ同士を相互接続し，データをやり取りする」ことを目的として設計されたため，その機能は限定的なところから開発がスタートしている。それが数十年にわたって機能が追加されたり，バージョンアップされたりすることにより，利用目的や利用環境の多様化に対応するようになってきた。

インターネットは多様なデータを送受信することができるインフラであり，その上で提供されるサービスは極めて柔軟性の高い設計とすることができる。動画コンテンツ配信を例として従来技術と比較すると，テレビ放送はデジタル化によって画面の縦横比が4:3から16:9に変更され，画質も向上したが，これを実現するには受像機のみならず，東京タワーをはじめとする電波塔や放送局に設置されている放送機器の多くを取り替える必要があった。番組などのコンテンツを記録・再生する媒体も，画質やデータ容量を向上させるためにはVHSからDVD，そしてブルーレイディスクへと規格が切り替わる必要があった。これに伴う放送事業者，受信者双方が負担したコストは大きいものであった。

一方，YouTubeに代表されるウェブを通じて提供される動画サービスは，通信速度や利用デバイスの性能に応じて，きめ細かく画質などの仕様が自動的に最適なものに変更される。つまりハードウェアの仕様に依存することなく，状況に応じて柔軟に仕様が切り替えられる。このような柔軟性が実現できるのは，ソフトウェアベースの技術が重要な役割を多く担っているからこそである。

情報通信技術は，基本的にハードウェアをソフトウェアで置き換えていく方向で進化している。ソフトがハードに置き換われば置き換わるほど，その範囲の改良や機能追加に必要なコストは低減し，進化のペースは加速することとなる。情報通信機器や家電製品のみならずあらゆる機器において，ソフトウェアによって制御される範囲は拡大している。輸送機においては自動車から，鉄道，はては飛行機に至るまで，電子制御の重要性は拡大する一方である。

IoTというコンセプトでは，すべての機器は他の機器と通信し，多種多様なソフトウェアモジュールとハードウェアモデュールが連携して動作するしくみで機能している。つまり，あらゆる人工物がシステム化しているのである。となれば，単独の企業でシステム全体を賄いながら進化のスピードに対応することは困難でなる。と同時にソフトウェアの持つ柔軟性は，競争力に占めるスピードの重要性を高めることとなる。つまり，複数主体が協働してモデュールを持ち寄る場合であっても主体間の調整に長期間要するようなスキームは通用しないのだ。

先ほどインターネットの語源は「ネットワーク間を相互接続したネットワーク」であると述べた。この条件であれば第二，第三のインターネットが登場してもおかしくはない。米国の国防予算の“支援を受けて”生み出されたインターネットに対し別の大規模ネットワーク，その運用方針を支持しない勢力が別の方針で，例えばやりとりされるデータの内容を政府が検閲できる，などのような形態で運用するネットワークが構築されてもおかしくないはずである。現に世界にはそのようなニーズが多数存在する。しかし，そのような第二のネットワークは現れず，Internetには定冠詞のtheが付き続けているのはなぜであろうか。その理由は“ネットワーク外部性”と呼ばれる特性である。

ネットワーク外部性は「加入者の需要及び便益がシステムの加入者数や，誰が加入しているかあるいは加入するつもりかという点に依存する状態」と説明される。便益とはBenefitの和訳であり，要は「モノやサービス＝財を利用することによって得られるメリット」を意味する。需要や便益が現時点のシステムの加入者数や将来想定される加入者の数に依存するということは，すなわちより多くの利用者がいるほどその財が与えてくれるメリットが大きくなる，ということとなる。

具体的にはFAXの例を挙げて説明したい。当初オフィス等に設置される法人需要がほとんどであったFAXも，20世紀末までには一般家庭にまで普及するようになっていた。私が学部新卒の就職活動のために自宅にFAXを購入したのは1998年。当時は家庭用FAXに向けた情報配信サービスが数多く提供されていた。また，同級生との間でもFAXを使って様々な情報交換をしていた記憶がある。FAXの普及はその後も拡大し，2004年に50%を超え，2009年には57.1%にまで至る。しかしこの年をピークに普及率は低下し，翌年以降は40%前後を推移するようになる[2)]。

2010年代にもなると，書類のやりとりはFAXよりも電子メールやクラウドのファイル共有サービスを使うケースの方が多くなっているであろう。書類をやりとりしたい相手が皆FAXを所有していれば，FAXを利用する機会は増える。周囲にFAXを持っている人がいなければ，いくらFAXを購入したところで使いみちがない。これがネットワーク外部性を有する財の特徴である。

インターネットは，あらゆる国の，あらゆる個人や組織が接続しているからこそ，その利便性が成立している。特定の国に所在する特定の個人や組織としかやりとりできないネットワークは，どう逆立ちしてもインターネットに叶わないのだ。

4　役割分担のもつ影響力

インターネットそのものは単一のネットワークだが，インターネット上で提供されるサービスは相互乗り入れできないものが多数存在する。例えば，フェイスブックのメッセンジャー機能を使ってツイッターにダイレクトメールを送ることはできない。LINEのスタンプをInstagramに送ることもやはりできない。それぞれが相互乗り入れできないのは元々機能が異なるのだからあたり前，ではある。利用者は使いたい機能に応じて複数のサービスを使い分けることとなる。

その一方，ほぼ同じ機能を提供するサービスが複数登場することもある。テキストメッセージやスタンプがやりとりでき，無料で音声通話ができるというLINE同様の機能を提供するサービスが，日本国内においても複数存在していたことがある。DeNA社のCOMMや，ヤフージャパンが韓国企業と提携してサービスを展開したカカオトークなどである。これらの競合サービスは2012年前後に相次いで日本市場に本格参入するも，翌年の2013年には揃って事業縮小に追い込まれている[3)]。COMMは最終的に2015年4月にサービスを停止している[4)]。

日本ではLINEが開拓したこの市場，2013年にLINEの市場シェアは75%にも達している[5)]。つまり，2013年の時点でスタンプを送り合いたいというニーズをもつ消費者の多くはLINEを利用しており，他のサービスを使う動機を醸成するのは困難な状態であったわけである。このように，ネットワーク外部性が働く市場は，ただ1人の勝者が勝ち残る“Winner takes all”の構造をもつことが多い。IoTのような多種多様なモデュールが連携するエコシステムを構築する場合も，市場の構造は同様である。今度は，エコシステム対エコシステムで，単一の勝者しか残り得ない戦いとなるわけだ。

日本においてメッセージだけでなく，スタンプを送り合うという機能を普及させたのはLINEであることに異論を挟む声はほとんどないであろう。しかし，LINEが爆発的に普及したことによってフェイスブックなど，タイプが異なるソーシャルネットワークサービス各社もスタンプの送受信機能を追加するようになった。もちろんLINEのスタンプは他のLINEユーザに対してのみ，

図10－4　ネットワーク外部性の効果

同様の機能を提供するサービスであっても，多くの利用者とやりとりできる方が大きな便益を提供できるため，既に大きい市場シェアをもつサービスがますます選択される。これがネットワーク外部性の効果である。

フェイスブックのスタンプは他のフェイスブックユーザに対して送信することができる。

これと似ているがまったく異なる構造を持つのが絵文字である。インターネットのアプリケーションである電子メールは当初，研究や商業用途で用いられてきたが，ポケットベルや携帯電話の普及によって多様な層がプライベートでのコミュニケーションに利用するようになった。そして携帯電話会社が顧客に訴求するために，より表現力を高めたメッセージを送受信できるように実装したのが絵文字である。

電話は通信ネットワークそのものであるので，当然のごとくネットワーク外部性が極めてストレートに作用するサービスである。20世紀においては，日本を含む多くの国において電気通信（つまり電話と電報）は政府が独占してインフラ敷設，サービス提供を担っていた。日本では1985年に電電公社が民営化されてNTTが発足し，これに伴い他の民間企業が電気通信市場に参入してきた。また，その後普及が進んだ携帯電話は当初から（政府の参入規制はあれど）複数事業者によってサービスが提供されてきた。

複数企業が競合する中で，携帯電話事業者が市場占有率を高めるために志向したのが顧客の囲い込みであった。自社契約者間の音声通話やメールのやり取りが無料になるプランは，その典型的な施策である。携帯電話事業を営む各社が利用者の囲い込みを目的とした事業展開を進める中，結果的にどの事業者が改善に向けて動かなかったのが絵文字の文字コード不統一問題である。

携帯電話は固定電話とは異なり文字（つまりメール）を送受信できる機能がある。コンピュータはデジタル，すなわち情報を数値データに変換してやり取りするのだが，携帯電話のメールにおいても文字データは当然，数値の組み合わせ（＝コード）に変換されてやりとりされる。ひらがな，カタカナ，漢字（の多く）には，どの文字にどの数値（コード）があてがわれるかというルール，すなわち文字コードが定められている。つまり，携帯電話を含む多くの電子機器間で用いる文字コードに共通のルールが存在していたのである。

一方，絵文字には文字コードの共通ルールは存在していなかった。そのため当時の携帯電話会社は，同じ絵文字に異なるコードをあてはめていた。そのため，ドコモのケータイでスマイルマークを入力しても，auのケータイで受信したらそれはペンギンになっていたという状況だったのである。これはフェイスブックからLINEにスタンプが送れないというのと同じである。LINEを今まで使っていなかった者は，スタンプの送受信のためにLINEの利用を始めざるを得ない。つまり仕様の不統一による囲い込みが機能していたのだ。

この場合，携帯電話会社にとって文字コードを統一する動機はない。各社がネットワーク外部性を利用して顧客を囲いこむという状況がしばらく続いた。この状況を変えたのがスマートフォンの登場である。最初に参入したアップルは，キャリアメール（SMS/MMS）をiPhone独自のサービス（後にiMessageとなる）として提供できるように各国の携帯電話会社と交渉した。日本においても当初独占的にiPhoneを販売していたSoftbank網においても，iPhoneでは独自の絵文字が使えることとなった。この段階で，まず携帯電話会社間の軛から放たれることとなった。しかし，さらに大きな変革をもたらしたのはグーグルによるAndroidの提供開始である。グーグルは当初携帯電話会社のキャリアメールを送受信できる機能をAndroidに実装せず，自社のメールサービスであるGmailの利用を促した。ユーザはGmail経由で多数の携帯電話会社のキャリアメールとやりとりすることとなる。Gmailはもともと携帯電話に閉じたサービスではなく，どちらかといえばデスクトップコンピュータのメールアカウントとして提供されたものである。グーグルにとり，携帯電話会社ごとに絵文字のコードが異なったり，iPhoneという競合製品に閉じた文字コードが存在したりすることは，Androidを選んでGmailでメッセージのやりとりをするユーザを増やすのに大きな障壁となる。

このような背景から，グーグルは文字コードの統一に乗り出し，Appleも同調することとなった。2008年，Unicode Consortiumという標準化団体にて，絵文字コードの標準化が完了する。結果として日本生まれの絵文字は，仕様の統一が他国の企業によってなされることとなる。これは同時に日本の携帯電話会社による囲い込み戦略の賞味期限が終わったことを意味した。

グーグルはGmailというウェブメールサービスは自社で独自開発した。AndroidというOSも，オープンソースとして公開しているものの，開発プロセスに関与できるのはグーグル社員とごく一部の企業に属した人間に限られる。つまりOSとメールサービスまでは自社で独自開発し，技術仕様策定の主導権と収益源（ともに広告表示機会の増大に寄与する）を保持した上で，電子メールの文字コードはオープンな標準技術とした。それにより携帯電話にまでGmailの利用シーンを拡大し，Android OSの普及につなげようとしたのである。

IoTの場合も同じ構図が立ち現れる。多数の企業がコンポーネントを供給する場合，一社単独で技術仕様を開発し，補完財供給者を自ら募り，あらゆる企業や組織から技術使用料を徴収するという主導権と収益源を自らが握るような構造のエコシステムを作るという戦略も考えうるであろう。

反対にエコシステムの規模が拡大すればするほど収益が拡大するしかけをつくっておき，多様なステークホルダーを巻き込んでオープンな仕様を共に開発していくという戦略も採りうる。既存の技術領域でいえば，前者の戦略が採用されてきたのが任天堂やソニーのゲームコンソール，マイクロソフトのWindows OS，そしてアップルのiOSなどである。グーグルが絵文字コードにおいて採用した戦略は後者である。実際には中間の，複数企業による産業コンソーシアムを形成し，知的財産を持ち寄って規格を策定し，ライセンス収入を分配するという戦略が採用されることも多い。ソニーとフィリップスによるコンパクトディスク，東芝を中心にしたDVDが代表的な成功事例である（深見・夏野，2011）。

主要ステークホルダーがすべて顔を揃えるコンソーシアムが形成されない場合，コンソーシアム間の市場競争が勃発することとなる。古くはビデオテープ市場におけるVHS（日本ビクターと松下電器を中心とした連合）とBetamax（ソニーを中心とした連合），21世紀に入ってからもDVD後継の光ディスク市場におけるHD DVD（東芝を中心とした連合）とBlu-ray Disc（ソニーとパナソニックを中心とした連合）による規格競争が勃発している。そしてIoTにおいてもグーグルが中心となって結成されたThread Groupやインテルが中心となって結成されたIndustrial Internet Consortiumなど複数のコンソーシアムが既に存在し，競争に突入している。

5　Internet（of Things）のルールメイキング

IoTは，あらゆるThings＝モノがインターネット上でデータをやり取りすることによって新たなサービスを創出する試みである。つまり，インターネットというネットワークの上でモデュール間がデータをやり取りするためのルール作りが大きなポイントとなる。ここではまずインターネットのルールメイキング，つまりインターネット標準と呼ばれるインターネットの技術的ルールの作り方について確認したい。

インターネット標準は，政府や国連，更には特定の私企業からまったく中立な技術者コミュニティ[6)]であるInternet Engineering Task Force（IETF）によって作られている。ここでは“Rough consensus, running code”という言葉で表される通り，仕様の細かな点を議論で煮詰めるのではなく，実際に動くコードを元に技術進化を進めていくという方針がとられている。

インターネットというネットワークは，ルータなどのハードウェアによっても支えられている。一方，インターネットというネットワークを介して利用するアプリケーション，例えば電子メールやWorld Wide Web（ウェブ）の技術仕様はほぼソフトウェアで構成される（図10－5）。ソフトウェア，特にインターネットなどのネットワークに接続されたモデュール上で動作するものは，オンラインでアップデート，つまり事後に改変することが容易である。そのため，最初から厳密な仕様を作り込んで固定する必要はなく，漸進的に改良可能である。

ウェブ技術の標準化団体であるWorld Wide Web Consortium（W3C）は，この特徴を踏まえ「実装主義」と呼ばれる標準化プロセス運営方針を導入している。実装主義とは，

1）提案された仕様は公開されることが前提であり，誰しもがその仕様を使って（ブラウザを含む）アプリケーションやサービスを構築（実装）することができる。

図10－5　インターネットと電子メールやウェブとの関係性

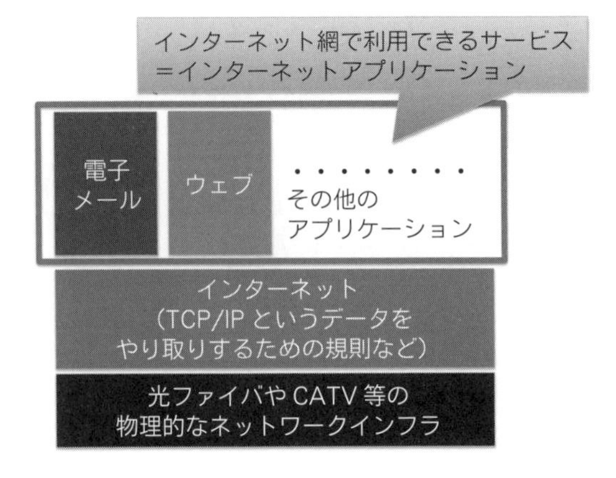

2）実装事例を元に，開発者やエンドユーザからのフィードバックを集め，仕様のブラッシュアップを進める。

3）２つ以上の独立した，相互可用性のもつ実装事例がない提案仕様は標準として採択されない。

という方針である。この方針が機能することにより，ウェブ標準はユーザからのフィードバックを元に漸進的に改良されるというプロセスで開発されることとなった（図10－６）。

実装主義プロセスでは，知的財産によるライセンス収入の放棄が強制される一方，仕様が確定する以前から利用が広がるという効果をもつ。これは，自前で閉じたエコシステムを構築するにはまったく不向きだが，多数のステークホルダーを集めて迅速にプロトタイプを作り，ニーズに即したプラットフォームを設計するのに適した手法である（深見，2012）。

IoTはあらゆる機器がインターネットに繋がり，データが共有・処理されることで多様なサービスが実現するというものである。データ処理はソフトウェア側の領域であり，この部分については実装主義プロセスもしくはこれに近い手法を採用することで，低コストでニーズの即した仕様を素早く漸進的に開発

図10－6　実装主義プロセスの特徴

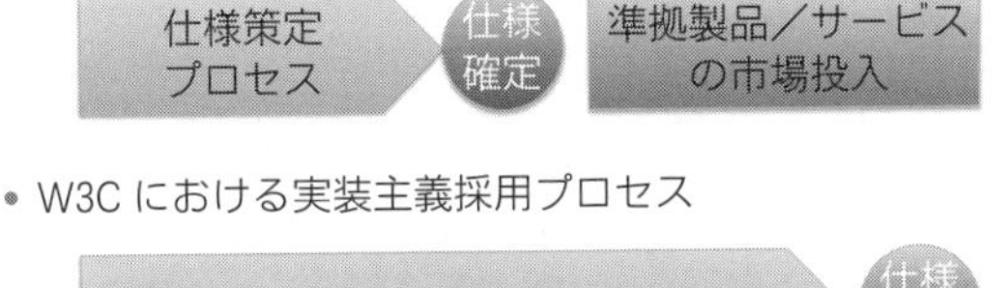

することが可能となる。

複数あるIoT分野の標準化団体の中でも，この手法を採用しているのがOpen Connectivity Foundation（OCF）である。OCFはIoTivityというオープンな仕様を採用[7]している。もともとインターネットというオープンなネットワークを活用した機能提供がIoTの出発点であり，これまでのオープン標準がカバーしていなかった領域で必要となる仕様をいかに迅速に開発し，相互可用性を実現するかが重要となる。実装主義はOCFを構成する企業のニーズに即した標準仕様開発プロセスだといえよう。

6　おわりに：エコシステムにおける戦略立案のポイント

OCFが策定する仕様はオープン，つまり開発者は知的財産権を主張することができず，誰しもが無償で自由に実装することができる。つまりコストを投じて開発した技術を無償で提供しているのである。もちろん各社は慈善活動として技術を開発・公開しているのではない。ではOCFに参画する企業はどこから利益を得るのであろうか。それはIoTを構成する要素としての機器やセンサ，半導体などの販売，つまりインターネットプラットフォームに対する補完財の売上やメンテナンスフィーが収益源として想定されている（図10－7）。

図10－7　OCFによるエコシステムの構造

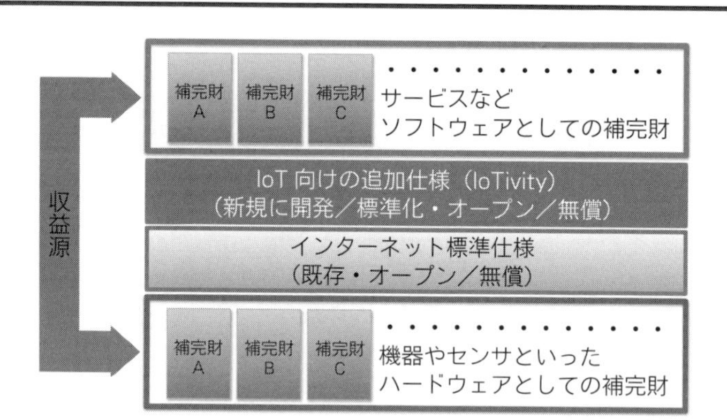

OCFはIoT向けの追加仕様をオープンなプロセスで開発し，無償提供している。これにより，より多くの補完財供給者からの採用を狙い，エコシステムをいち早く拡大させていくことを狙っている。

もちろんすべてのIoTをテーマとした企業連合やコンソーシアム，標準化団体が同じ戦略を採用しなければならないわけではない。限定された企業間の協働により，迅速な仕様の確立と，収益源の拡大を目指すこと可能である。ではIoTという新たなパラダイムに対し，我々はどのように対峙すべきであろうか。

まずは自身がエコシステムにおけるキーストーンの役割を担う，つまりプラットフォームとして機能する仕様策定においてイニシアティブを取りに行くか否かを決定しなければならない。また，そのイニシアティブを単独でとるか，限定した企業によってコンソーシアムを形成するか，オープンな標準仕様としての地位を確立することを狙いに行くかを選択することとなる。どの選択肢が合理的になるかは，イニシアティブをとれるだけの技術資源を有するか，多様な企業との協力関係を構築することができるだけのネットワークをもっているかに依存する。

プラットフォーム間の競争を勝ち抜くための戦略としてGawer and Cusumano（2002）は4つのレバーをコントロールすることが重要と指摘している。4つのレバーとは，1）企業の範囲，2）製品化技術，3）外部の補完業者との関係，４）他の３つのレバーをコントロールするための内部組織構造，である。１）企業の範囲は，これまでは「どこまでを自社で賄い，他を他社に委ねるか」という判断であった。しかしIoT時代にインターネット等，既存のオープンな基盤上にプラットフォームを構築するのであれば

自らが新たに構築する要素を，どの程度オープンな基盤の一部として開発し，どの程度自らが率いるエコシステム独自のプラットフォームとして開発するのか。

が戦略立案におけるポイントとなる。

補完財供給者としてエコシステムに参画する場合，キーストーンプレイヤーがどのような方針を元にプラットフォーム技術仕様を開発，供給しているのかを最初に見極める必要がある。

プラットフォームがオープン，つまり技術仕様が無償で公開されている場合，開発を担ったキーストーンプレイヤーの収益源は何なのか，彼らが収益源を強固にするためにプラットフォームの設計や，プラットフォームが提供する機能をどのようにコントロールしているかを把握しなければならない。それができて初めて，自身の提供価値や戦略との間に整合性をとることができるか，自身の利益をどのようにして創出・回収できるかについて判断できる。

この判断を精緻に，かつ迅速に行うためには何をすればいいのだろうか。それは，少しでも早期のタイミングからプラットフォームの技術仕様開発に参画することである。オープンなプラットフォーム仕様が開発されるプロセスは，その初期から公開されることが多い。そこで提案される（大抵はその段階で実装事例が既にある）仕様の中身や実現する機能から，提案者の戦略やプラットフォームの進化がどのような方向性となるかを判断することができる。

プラットフォームを構築するプレイヤーが，収益源として有望な隣接領域の補完財を自ら提供し，先行者を排除するというプラットフォーム包囲戦略（Eisenmann et al., 2011）のターゲットとなってしまうリスクを避けるためにも，公開された提案内容をいち早く精査しておくことが有効である。つまり，オープンかつ柔軟に構築されるエコシステムにおいてプレゼンスを確立し，ビ

ジネスモデルを作り上げるには，早期からの能動的な関与が必要なのだ。

【注】

1）東芝のHD DVD事業からの撤退による損失額は1,085億円※事業撤退年度の2007年決算より（出所：2007年度決算説明会における質疑応答）
http://www.toshiba.co.jp/about/ir/jp/pr/pr2007q4.htm#QA03　2016年4月4日アクセス

2）総務省（2014）平成25年通信利用動向調査の結果.
http://www.soumu.go.jp/johotsusintokei/statistics/data/140627_1.pdf　2016年4月4日アクセス

3）【特報】DeNA，「comm」事業を縮小へ：日経ビジネスオンライン
http://business.nikkeibp.co.jp/article/topics/20130625/250184/　2016年4月4日アクセス

4）COMMオフィシャルツイッターアカウントによる投稿
https://twitter.com/comm_official/status/590123579510919168　2016年4月4日アクセス

5）高橋暁子の「意外と知らない!? 業界ランキング」：日本人の40%がLINEを常用しているが世界はWhatsAppとFacebook二強. *ASCII. jp*
http://ascii.jp/elem/000/001/016/1016194/　2016年4月4日アクセス

6）ただし，個人の資格で議論に参加していても，多くの技術者は企業や大学などの組織に所属している。そのため，参加者を送り出している企業の戦略に基づいた仕様が提案され，標準化されることも多い。

7）仕様自体の開発は，OCFの中心メンバー企業が多数参加するLinux Foundationが担っている。

参考文献

深見嘉明（2012）「共有プラットフォームとしてのソフトウェア標準：W3Cにおける実装主義設計プロセスが形成するエコシステム」『国際公共経済研究』23，pp. 102-112。

深見嘉明・夏野剛（2011）「エコシステム形成のフラットフォーム：標準化活動の行

動分析」國領二郎&プラットフォームデザイン・ラボ（編）『創発経営のプラットフォーム』日本経済新聞出版社，pp. 119-154。

Eisenmann, T., G. Parker & M. W. Van Alstyne (2006) "Strategies for two-sided markets", *Harvard Business Review*, 84(10), pp. 92-101.

Eisenmann, T., G. Parker & M. Van Alstyne (2011) "Platform envelopment", *Strategic Management Journal*, 32(12), pp. 1270-1285.

Evans, D. S., & R. Schmalensee (2002) "Some economic aspects of antitrust analysis in dynamically competitive industries" In A. B. Jaffe, J. Lerner & S. Stern (Eds.) *Innovation Policy and the Economy, Volume 2*, 1-50, Cambridge : MIT Press.

Evans, D. S., A. Hagiu & R. Schmalensee (2006) *Invisible engines : how software platforms drive innovation and transform industries*, Cambridge : MIT Press.

Evans, D. S., & R. Schmalensee (2007) *Catalyst code : the strategies behind the world's most dynamic companies*, Cambridge : Harvard Business School Press.

Gawer, A. and M. A. Cusumano (2002) *Platform leadership*, Boston : Harvard Business School Press.（小林敏男監訳『プラットフォーム・リーダーシップ：イノベーションを導く新しい経営戦略』有斐閣，2005年）

Iansiti, M., & R. Levien (2004) *The keystone advantage : what the new dynamics of business ecosystems mean for strategy, innovation, and sustainability*, Boston : Harvard Business Press.（杉本幸太郎訳『キーストーン戦略：イノベーションを持続させるビジネス・エコシステム』翔泳社，2007年）

Rochet, J. C., & J. Tirole (2003) "Platform competition in two-sided markets", *Journal of the European Economic Association*, 1(4), pp. 990-1029.

Tushman, M. L., & L. Rosenkopf (1992) "Organizational Determinants of Technological Change : Towards a Sociology of Technological Evolution", *Research in organizational behavior*, 14, pp. 311-347.

第11章
テクノロジー・ストラテジー
―技術を生かしてビジネスを成功させるために―

中村二朗

1　はじめに

社会のニーズの多様化，市場の成熟化，経済のグルーバル化などビジネスを取り巻く環境が大きく変化している。数字で示すと，1980年代以降，国民の価値観は大きく変化し，単なる「物質的豊かさ（まだまだ物質的な面で生活を豊かにすることに重きをおきたい）」よりも「心の豊かさ（物質的にある程度豊かになったので，これからは心の豊かさやゆとりのある生活をすることに重きをおきたい）」が重視され，2014年6月の国民生活に関する世論調査では，63.1%まで高まっている。一方，経済のグロ一バル化の進展では，日本の民間企業（製造業）の海外現地生産比率は年々増加しており，1992年には6.2%であった比率が2014年には22.9%まで上昇している。

大きく変化する環境の中で，企業の生き残りを左右するのはイノベーションを推進する力である。イノベーションにより事業を日々進化させ，変化する外部環境に対応させることが企業の持続的な成長・発展のためのキーアクションである。まさに，ダーウィンの言葉の通りに，“最も強いものでなく最も環境に適したものが生存機会を保障される”そのものである。

テクノロジー（技術）とは，知見や道具を使って変化する環境に適応し制御する能力を高める方法に関する概念である。一方，ストラテジー（戦略）とは，特定の目標を達成するために長期的視野と複合思考で能力や資源を総合的に運用する計画を立案することである。つまり，本章のタイトルであるテクノロジー・ストラテジーとは，“道具や知見を使って環境に適応する能力を高め，事業目標達成のため総合的な計画を立てること”である。本章では，テクノロジー・ストラテジーにおける重要なプロセスとして「技術と経営のつながりを知る」，「進むべき方向を決める」，「時代の変化を知る」，「良いものをつくり社会へ普及させる」および「効果を定量化する」について，それぞれの課題と戦略を解説していく。

2　技術と経営のつながりを知る

技術を生かしてビジネスを成功させるために，まずは技術と経営のつながりを知ることからはじめる。

2－1　様々な経営・経済の視点から見た技術革新

企業経営で一番重要な財務会計の視点から述べる。新しい知識の発見を目的とした計画的な調査・研究や新製品等の計画・設計・著しい改良等に要した費用として定義される研究開発費は，従来，試験研究費もしくは開発費として繰延資産に計上されていたが，1999年以降は，将来の収益獲得の可能性が極めて不明確であることなどの理由により，発生時に一括費用処理されることになった。つまり，研究開発の成果が将来の企業収益に結び付くことが不明確であるため，それに要した金額は資産計上されない。企業の研究所での経験が長い筆者としては悲しいことであるが，これが財務会計上の扱いである。なお，実際の現場では財務会計上の扱いに関係なく，通常のプロジェクト同様に投資意思決定会計により，研究開発に要したお金が将来収益として回収できるかという基準で実施の可否を判断していることが多い。

人，モノ，金および情報で構成させる経営資本の視点では，技術は情報資本の範疇に入る。情報的資源は無形資産であり，技術力や知的財産，ノウハウ，ブランド，信用，顧客情報を表す。一般的に，ヒト，モノ，金に比べて，希少性が高く模倣されにくいという特徴があるため，情報的資源を上手く活用すれば持続的な競争優位性を築くことができる。さらに，他の3つの経営資源と異なり，同時利用が可能というメリットがある。

マクロ経済学の視点からは，景気循環，国内総生産（GDP）および国際収支について触れる。経済学では，在庫投資に起因するキチンの波，設備投資の調整に起因するジュグラーの波，建築物の需要の調整に起因するクズネッツの波，および技術革新に起因するコンドラチェフの波の4つ波がある。それぞれの典型的な周期は，約40カ月，約10年，約20年，および約50年であり，技術革新によるものは一番長いとされている。第4節に述べるように，技術革新の普及速度や商品のライフサイクルが速くなっていることを考えると，今後の技術革新による景気変動の期間が短くなるかもしれない。

GDPの生産関数を上方シフトさせるのが技術革新であり，コブ＝ダグラス生産関数を用いて，式1のように表すことができる。

$$GDP = AK^{\alpha} * L^{\beta} \qquad \text{（式1）}$$

Kは資本投入量，Lは労働投入量である。Aは全要素生産性（TFP：Total Factor Productivity）とは呼ばれ，GDP変化の中で労働や資本の生産要素の変化で説明できない部分の増加を計測したものあり，長期的には技術体系と生産組織の進歩を，短期的には固定設備の操業率や労働者の技能水準の上昇を反映している。一方，GDPを押し上げる効用をもたす研究開発コスト自体は従来GDPに含まれていなかった。GDPを計算する基準である国民経済計算（SNA）変更により，日本でも2016年7－9月期の2次速報より，これまで対象外であった民間企業の研究開発費をGDPに加算できるようになった。内閣府によれば，研究開発費をGDPに計上すると，日本の名目GDPは3.1〜3.4%（金額では約15兆円）押し上げられる見通しである。

国際収支では，研究・開発で得られた技術（特許権，意匠権，商標権，ノウハウおよび技術指導など）の提供・受入である技術貿易についてみる。技術輸出では，2000年の9,816百万ドルが2013年では34,788百万ドルまで増加した（OECD, 2015)。一方で，技術輸入は2000年の4,113百万ドルが2013年では5,919百万ドルとなり，その結果，技術貿易の収支は約5倍となった。技術輸出というアウトプットに対するインプット面として，研究者数および研究費をみてみる。2013年の研究者数は660,489人であり，中国および米国についで世界3番目である。一方，研究開発費は160,246（購買力平均による100万ドル単位）であり，これも米国および中国についで世界3番目である。研究開発の財源は，企業が75.5%と非常に高いことが特徴である（米国は60.9%）。興味深いことに，日本では企業規模が大きくなるほど売上当たりの研究開発費の比率が大きくなるのに対して，米国では規模が大きいほど研究開発費の比率が小さくなる。

外部環境の視点からは，PEST（Politics（政治），Economics（経済），Social（社会），Technology（技術））の一つとして，企業経営に影響を及ぼす。その影響の範囲の大きさの視点から，General Purpose Technology（GPT：基幹技術）とSpecial Purpose Technology（SPT：特定技術）に分類される。特に，GPTはその及ぼす影響範囲が大きいことが特徴である。

2－2　General Purpose Technologyと企業経営

GPTとは様々な用途に応用し得る基幹的な技術である。古くは，植物の栽培（8500 BC），動物の家畜化（8000 BC），筆記（3300 BC），印刷（16世紀）などが該当する。近年に目を向けると，ムーディとノグレーディによれば，過去200年の間に6つの大きなイノベーションの波があったとされる。第1の波（1780年代～1815年）綿・鉄・水力の時代，第2の波（1848年～1873年）鉄道・蒸気機関・機械化の時代，第3の波（1895年～1918年）重工業・電化の時代，第4の波（1941年～1973年）石油・自動車・大量生産の時代，第5の波（1980年～2001年）情報通信技術の時代および第6の波（2001年頃から）環境・資源の最適化の時代である（ムーディ&ノグレーディ，2013）。最近のスマート化された社会では，血管網となる電力・エネルギー技術（ET：Energy Technology：第3の波），および神経網となる情報通信技術（ICT：Information Communications Technology：第5の波）について，双方の技術の類似点と相違点を整理することにより，技術と経営との関係性を考えてみる。

類似点としては，GPTとして社会で広く使われている技術であること，ネットワークにより流通されること，および独占事業から自由化を経て競争事業へ変化したことなどが挙げられる。

相違点としては，技術進化の速度，無線伝送技術の進歩および原価コスト構成などが挙げられる。ICTの進化の代表例として，ギルダーの法則「ネットワークの帯域幅（通信速度を規定する因子）は6カ月で倍増する」がある。つまり5年で1,000倍という凄まじい進化である。実際に，2000年前後の日本の通信のアクセス速度はこれに近いペースで進歩した。ET分野の例として，リチウム電池と太陽電池の性能アップを考える。リチウムイオン電池のエネルギー密度（単位体積や単位重量当たりのエネルギー蓄積量）が2倍に達するためには約7年および太陽電池の発電効率が2倍に達するためには約30年を要する。もちろん，ICT分野とET分野では，“2倍”の持つ意味が異なるが，単純に数字で比較すると大きな違いがある。

無線伝送技術の進歩についても大きく異なる。携帯電話サービスが普及するまでは，電力および情報通信とも有線による伝送がメインであった。電力・エネルギーの無線伝送は非常に難しく，一部，ごく近距離で非接触給電という形で無線伝送が行われているのみである。ETとICTで無線伝送に関する進化の違いによるギャップが生じたことで，新たな技術革新の要望を高めた。有線伝送の時代のようにある一定の場所に固定されず，動き回ることが可能となったICTユーザーは，電力・エネルギーの供給が大きな課題となった。現在も，電力の無線伝送が普及していないために，充電が可能で繰り返し使用できるリチウムイオン電池により電力・エネルギーを供給している。

3つ目の違いは，サービス提供のためのコスト構造の違いである。ICTサービス提供コストは，固定費の比率が大きく変動費が少ないために，限界コストが小さく限界利益が大きい。一方，電力サービス提供コストは，一般に燃料費が30－40％程度占めるために変動費が多い。ICTサービスは電力サービスに比較して限界コストの比率が小さいため，参入各社ともに，自身のユーザー数を増加させようとするインセンティブが高い。その結果，競争が激化する。これに対して，電力サービスは限界コスト比率が高いために，ユーザー数を増加させようするインセンティブがICT分野に比較して低く，競争の程度が小さくなると予測される。

次に，ICT分野で今まさに社会全体に大きな影響をもたらしつつあるGPTとして，IoT（Internet of Thing）の経営への影響を解説する。IoTのコンセプトが提唱されたのは1999年である。技術および経済面からの制約により実現していなかったが，ハードウエアの進化，通信ネットワークのブロードバンド化と低コスト化，アドレス数の無限化（IPv4→IPv6へ），端末（センサ）の多様化と低コスト化などによりIoTのコンセプトを実現するための環境が整ったと言える。

リアルタイムでのモニタリングおよび最適制御というIoTの本質が経営に及ぼす影響について，生産，マーケティング，財務およびビジネスモデルの視点より考察する。生産におけるIoT導入の効果を，競争の源泉となるQCDF（Quality（品質），Cost（コスト），Delivery（納期），Flexibility（柔軟性））視点で整理してみる。品質面では，生産プロセス全体のリアルタイムでのきめ細かなデータに基づくマネジメントにより，製造ばらつきを低減させ，品質を向上させる。一方で，センサからのデータの分析を通じてプロセスのノウハウが形式値化され装置や工程管理のしくみに組み込まれること（フルターンキーソリューション：キーを回すだけで未熟練作業者でも製造が可能）により，保有する技術力がもたらす製品の品質の差が縮小され，競争の源泉は低コスト化に移っていく。

コスト面では，センサ情報に基づくフィードフォワード制御により歩留まり向上などによる低コスト化が期待できる。納期面では，自社内生産工程全体あるいはサプライチェーン全体でデジタル情報が流通し，各工程でのデータ入力時間の大幅な短縮やリアルタイム情報に基づく現品管理の質の向上などによるリードタイム短縮化が期待される。柔軟性面では，3Dプリンターといった生産装置が，言わば“Software Defined Manufacturing Equipment”化されることにより，多品種製品の生産時の段取り替え時間の大幅な短縮につながる。さらに，デジタルファブリケーションのメリットとして，自由にカスタマイズした製品をつくることが可能になると，大量生産の採算性を損なうことなく，カスタムメードした製品を提供するいわゆるマス・カスタマイゼーションが容易になる。この変革は，規模の経済性を発揮する少品種大量生産は大企業，そして規模の経済性を発揮しない多品種少量生産は中小企業と，棲み分けしていた大企業と中小企業との競争環境に大きく影響を与える。

マーケティングの視点では，データ収集，分析技術の進歩により，高度にカスタマイズされた提案が可能になっている。最適なタイミング，手頃な価格，適切なチャネルを通じて，消費者が望むような製品・サービスを勧める「次善の提案」（NBO : Next Best Offer）が実現する（ダベンポート，ミュール&ラッカ，2012）。

ビジネスモデルの視点からは，自社の商品にIoTを組み込むことにより顧客の使用状況をリアルタイムに把握でき，サービス化につなげることができる。顧客からみればシェアリング・エコノミーが可能となり（交換価値から使用価値へ変化），提供者からみればストックビジネスが実現する。その都度の取引で収益をあげるフロービジネス対して，顧客と契約を締結し，会員を確保することで継続的な利益を得るスタイルによってストックビジネスへと変化していく。

IoTを活用した長期の社会システム設計の指針として，政府は2016年1月に“Society 5.0”構想を打ち出した。「Society 5.0」とは，ICTを最大限に活用し，サイバー空間とフィジカル空間（現実世界）とを融合（CPS : Cyber-Physical Systems）させた取組により，「超スマート社会」を未来社会のあるべき姿として推進していくことである。5.0は狩猟社会，農耕社会，工業社会，情報社会に続くような新たな社会という意味を持つ。

3　進むべき方向を決める

ゴルフのスイングで使用される“インサイドアウト”と“アウトサイドイン”というキーワードを用いた2つの異なる視点からの考え方は，我々のビジネスやパーソナルのいろいろなシーンで活用できる。図11－1に示すように，市場でのニーズよりビジネスモデルを決定し，必要なシーズ（技術）を特定する方法（アウトサイドイン思考，ニーズ志向，マーケットイン）と，逆に，ターゲット市場が不明瞭な場合，内部にあるシーズ（保有技術）から分析し，ビジネスモデルを構築する方法（インサイドアウト思考，シーズ志向，プロダクトアウト）が

図11－1　ビジネスと技術

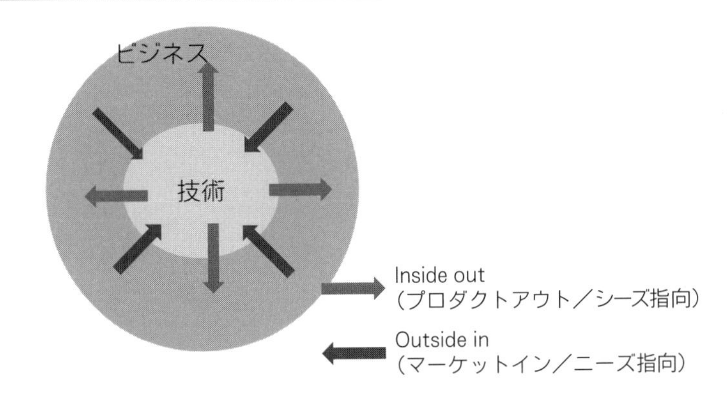

ある。

アウトサイドイン思考（ニーズ志向）では，ある特定の利用シーンにおけるありたい姿（あるべき姿）と現状との間に存在するギャップを埋めるためのシーズ（技術など）を探索し調達する方策を考える。調達方法を大きく分けると，いわゆる“Buy（外部からの調達）or Make（自社開発）”の2つタイプがある。インサイドアウト思考（シーズ志向）では，自社が保有するシーズ（技術など）で埋めることができる不特定分野の顧客の利用シーンにおけるありたい姿（あるべき姿）と現状との間に存在するギャップ（ニーズ）を探索する。どちらの思考法が正しいということはなく，意識的に2つのサイドをスイッチし両方の思考法で事業の方向性を構想する習慣を付けてほしい。

妹尾によれば，高い技術力を基盤として事業を進化させる方向として，“成長”と“発展”の2つがある（妹尾，2009）。ここでの成長は既存モデルの量的拡大を意味し，発展は新規モデルへの不連続的移行を意味する概念である。他社との比較による分類として，フロントランナー型かキャッチアップ型がある。フロントランナー型に要求されるのはプロダクト・イノベーションの能力，キャッチアップ型に要求されるのは商品を高品質や低コストで生産するためのプロセス・イノベーションの能力と販売力などである。知的財産の視点から見ると，フロントランナー型が競争優位性を築くためには，他社が回避・迂回できない特許を保有できていることが重要である。一方，キャッチアップ型は，フロントランナー型が保有する特許のライセンスを受けることができることと，そのコストを支払ってもビジネスのトータルコストがフロントランナー型よりはるかに低い場合は，競争優位性を築くことができる。

自社の絶対的な状況から考える“成長か発展か”と，他社との相対的な状況から考える“キャッチアップ型かフロントランナー型か”は共に，前者がHow toベースの思考で，後者がWhat toベースの思考であるという観点で類似している。What toベースでは，まずは有効性を重んじて，新規商品が顧客に受け入れられるどうかという点を優先させる。損益計算書の視点では，売上を大きくすることをKPI（Key Performance Indicator）とする。一方，有効性つまり新規の商品が顧客に受け入れられることを確認した後，次のステップとして，効率性を高めることを狙う。損益計算書の視点では，利益率を向上させることをKPIとする。

商品は，通常の単一な活動でなくいくつかプロセスで価値を付与していくバリューチェーンを通じて，顧客に提供されている。バリューチェーンのどの活動で勝負するのかを決めて，USP（Unique Selling Position）として他社にない強みを持つことを狙う。バーニー提唱のVRIO（Value：経済性価値，Rarity：希少性，Inimitability：模倣困難性，Organization：組織）分析することにより，USPを明確にできる。経済性価値を判断するためには，ユーザーや社会が抱えている制約条件とそのトレンドを，希少性や模倣困難性を把握するために，当該技術の進化の速度を知りライバルがおかれている状況をその技術固有の進化軸上の位置として，理解する必要がある。

4　時代の変化を知る

事業の進むべき方向と目標を定める際には，自分が属する技術・ビジネス領域固有の制約条件，技術・製品の性能成長率，支払い意思額の性能弾力性，物価指数および技術・製品のライフサイクルを定量的に把握し，戦略立案に生かしていくことが重要である。

4－1　制約条件を知る

制約条件の存在により，社会のルールならびにビジネスの競争ルールが変化する。例えば，炭素制約社会となれば，新規ルールとして，二酸化炭素排出が少ない商品が優れているとされる。制約条件により規定される新規ルールの社会で勝ち残るためには企業体質を変化させ，それに適した商品を展開できなければならない。

技術革新が新たな制約条件（欠乏状態）を生み出すケースが多い。欠乏が技術革新を生み出し，その技術革新が新たな欠乏を引き起こし，その欠乏を満たす技術革新が起こすという欠乏と技術革新の連鎖がおこる。既に存在する欠乏を解決する技術革新を考えることはもちろんのこと，さらに，その技術革新が引き起こす新たな欠乏や制約条件を克服する技術革新を考えることにより，ライバル企業より先んじることができる。ICT分野ではネットワークの大容量化により，大量のデータを流通させることに対する制約がなくなった結果，大量のデータ情報を処理する制約が新たに生じた。それを解決するために，ビッグデータの技術革新が進んでいる。ちなみに，ビッグデータ技術が進展した後に，制約条件として浮上してくるのは，技術でなく人間の能力に依存するビッグジャッジメントである（シャー，ホーン&カヘラ，2013)。技術の進化には終わりはなく，このビッグジャッジメントの制約を克服するための技術として，人工知能技術が着目されている。人工知能の技術進化が進み，ある時点で人間の知能を超えてそれ以降の発明などはすべて人間ではなく人工知能が担うようになり，その先の進歩を予測できなくなることを技術的特異点と呼び，レイ・カーツワイルは2045年にその特異点を迎えると予言している。

4－2　技術の時間を知る

商品価値は，機能的価値と意味的価値により決まり，そのウエイトは各々の購買者の嗜好や購買時のKBF（Key Buying Factor）に依存する。一般的に機能的価値は必要条件，意味的価値が十分条件と捉えられる。機能的価値を満たしたうえで，意味的価値の優劣で購買が決定されることになる。機能的価値は形式知より生成され，意味的価値は暗黙知より生成される。機能的価値の進化について，さまざま製品や技術を分析した結果を表11－1に示す。社会への影響が大きいGPTとして，農業生産技術，ETおよびICTを中心に分析した。各々の性能の定義，評価期間，および評価地域によって値が異なるので，ここでは，数字の細かな大小の議論でなく，どの程度のオーダーの変化率であるという観点で見てほしい。計算には指数関数的で変化率は一定であると仮定し，実データと法則に基づく計算値の両方を用いた。また，技術によっては技術革新の困難さでなく，制約条件である需要のトレンドにより規定されている場合もあることを留意する必要がある。

表11－1　進化速度

		成長率（%／年）	性能が2倍になる年数	性能が10%向上する年数
技術	単収（面積あたりの収穫量）	1.96%	35.8	4.92
	DRMの1ドルあたりのビット数	58.74%	1.5	0.21
	トランジスター平均的価格の逆数	54.22%	1.6	0.22
	インターネットデータのトラフィック	100.00%	1.0	0.14
	スーパーコンピュータの能力	78.18%	1.2	0.17
	ギルダーの法則（通信帯域は6か月で2倍）	300.00%	0.5	0.07
	ムーアの法則（集積回路上のトランジスタ数）	58.74%	1.5	0.21
	ビルジョイの法則（プロセッサーの最大性能は毎年2倍）	100.00%	1.0	0.14
	燃料電池の発電効率	1.01%	68.9	9.47
	太陽電池の発電効率	2.32%	30.3	4.16
	リチウムイオン電池のエネルギー密度	10.72%	6.8	0.94
	新幹線の速度	0.83%	83.9	11.54
経済	実質GDP	1.95%	35.9	4.94
	一人当たりのGDP	1.71%	40.9	5.62
	時間当たりの労働生産性	0.39%	176.3	24.24
	TFP（全要素生産性）	0.83%	83.9	11.53
人	陸上100 m	0.11%	637.5	87.65
	陸上マラソン	0.12%	575.1	79.07
	水泳自由形100 m	0.14%	506.2	69.60
	水泳自由形1500 m	0.06%	1124.6	154.64

農業生産性（単位面積当たりの収穫量）は，ここ50年で約3倍に向上している（国連食糧データ6）。期間や変化レベル異なる事象を比較するために，2倍に成長する年数と10%成長する年数に換算した。農業生産性が2倍に成長する年数は約36年である。同様に2倍に成長する時間で言えば，ICT分野は概ね0.5年から2年程度という非常に短い時間であることがわかる。ICTの進化は，ベースとなる微細加工技術の進化とそれに伴うトランジスター処理速度の向上および面積当たりのトランジスター数の増加に起因しているため，複数の技術が同じような速度で進化する。

ET分野では，性能が2倍になるまで要する時間は数年から数10年と長い。リチウムイオン電池の場合は，エネルギー密度が2倍になるのに要する時間は6.8年である。この数字をユーザー視点で考えると，電気自動車（EV車）の一回の充電での走行距離を現状の典型的な値である160 kmから目標とされている500 kmにするためにリチウムイオン電池のエネルギー密度を約3倍（走行距離が約3倍であるため）にすると仮定すると，約10年を要することを意味する。もちろん，実際の電気自動車の研究開発では，電力の供給側のリチウムイオン電池の性能アップだけでなく，需要側のモーターなどのデバイスの低消費電力化を並行して進めているために，電池のエネルギー密度を必ずしも3倍にする必要はない。参考のために，“技術の力を借りない”人間の能力（走る，泳ぐ）の進化をみると，2倍の性能になるためには，数100年から1000年程度要することがわかる。

性能と時間の関係を図11－2（a）に示す。表11－1のデータを基に，技術分野固有の係数が算出でき，それにある時点での各社の性能の違いを掛け合わせることにより，その性能まで辿りつく時間に変換できる。つまり，2倍という性能が何年に相当するか？　あるいは，ライバル会社が自社を基準に何年先を進んでいるのか遅れているか？　を知ることができる。この情報は，将来の製品戦略や価格戦略の立案に非常に有益である。ライバル会社に比べて0.5年先を走っているのか3年先を走っているのかによって，価格戦略に大きく変わる。例えば，0.5年しかリードタイムがない場合は，ペネトレーション・プライス戦略を採用し，ライバルが参入する前に，シェアを確保すること狙う，一

図11－2　性能 vs. 時間&顧客価値（支払意思額）

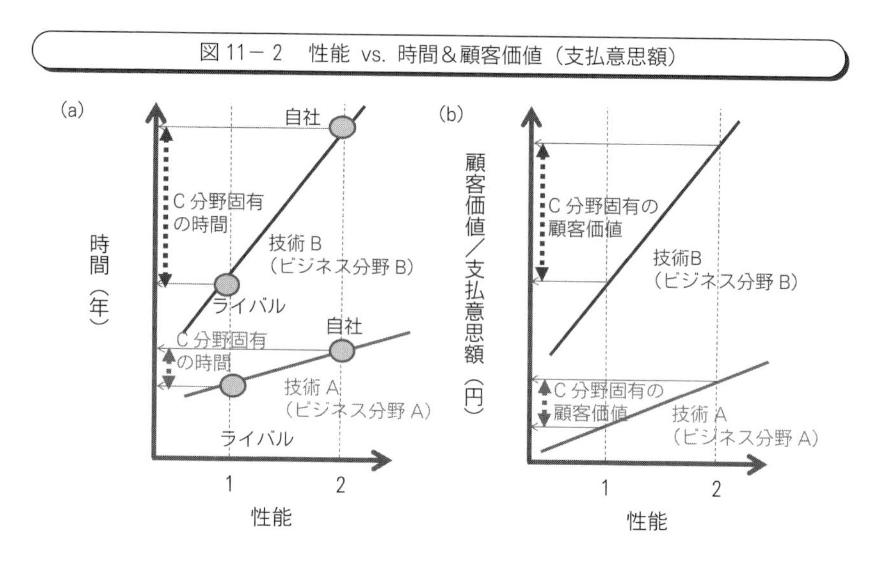

方，3年のリードタイムがある場合，スキミング・プライス戦略を採用し，高価格で市場の上澄みからいち早くコストを回収できる利益を上げるなどの選択ができる。

4－3　顧客がいくら払うかを知る

性能レベルとそれに要する時間との関係に加えて，性能と顧客が感じる価値との関係を定量的に把握することが重要である。そのモデルを図11－2（b）に示す。顧客が感じる価値を金銭的に表すためには，ここでは顧客の支払い額を採用し，性能が変化した際の支払い意思額の変化つまり支払意思額の性能弾力性を指標とした。実際のメカニズムはもっと複雑であるが，ここでは性能により支払い意思額が決定されると仮定している。技術・ビジネス分野毎に，支払い意思額の性能弾力が大きく異なることと，自社が属する分野の固有の値を把握しておくことは重要である。実際には，これは非常に難しい作業であるため，留意点をいくつか挙げておくが，細部にこだわらず大まかな傾向を把握するというアプローチをしてほしい。ちなみに，留意点としては，支払意思額は個々人によって異なること，支払意思額は提供サイドで定義する製品やサービスの性能（QoP（Quality of Product）やQoS（Quality of Service））でなくユーザーから見た品質尺度QoE（Quality of Experience）によって規定されること，ならびに支払い意思額は時間とともに変化する（通常は年々低下する）ことなどが挙げられる。ちなみに，QoEは，元々，通信ネットワークの品質について展開されたが，そのコンセプトは通信サービス以外の幅広い分野への適用が可能である。例えば，筆者らは，QoEを室内温湿度制御（快適な温湿度状態にあるか）へ適用し有効性を検証した（津田・高橋・中村・中村，2010）。また，QoPやQoSがあるレベル以上に達すると，QoPやQoSの進化とQoEの相関がなくなり，顧客は見かけのQoPやQoSの大小でなく，価格のみで購買の意思決定する状況になる（いわゆるコモディティ化）。

製品・サービスの提供サイドとしては，性能アップがどの程度価格上昇につながるかが関心事である。式2のように展開して考えてみると良い。

支払い意思額の変化率＝性能成長率＊支払い意思額の性能弾力性＊物価指数
（式2）

性能成長率は技術・商品固有の性能変化量／年，支払い意思額の性能弾力性は技術・商品固有の支払い意思額の変化量／性能変化量，および物価指数は技術・商品固有の物価指数を表す。

2010年を100とした日銀物価指数で推移をみれば，国内企業平均物価指数は，1980年は約106に対して2015年では約104であり，35年間で若干の凸凹があるものの，全体として変化率は極めて小さいため，式（2）第3項の商品毎の物価指数を考慮する必要がない。一方，情報通信機器の物価指数は，1980年は約700，2000年では約270，2015年では約75と約10分の1程度まで小さくなっている。これは情報通信機器全体の数字であり，個別の機器，例えば，前述したストレージの1GB当たりの価格は100万分の1まで低下している。このように，同じ性能に対する支払意思額が時間経過とともに大きく低下する商品については第3項を考慮することが重要となる。

4－4　商品ライフサイクルの速度を知る

技術革新の効果を収穫できる期間を規定するのは商品のライフサイクルの速度である。「製造業販売活動実態調査」（(社) 中小企業研究所，2004年11月）によれば，5年以上の寿命を持つヒット商品の比率は，1970年代前の59.4%から2000年以降の5.6%まで低下している。商品のライスサイクルの短縮化，すなわち，技術革新の成果の収穫期間の短縮化は研究開発プロジェクトの経営判断に大きな影響を及ぼす。プロジェクトの意思決定会計では，研究開発に要したコストおよび成果を活用した事業の利益について，資本コスト率などを用いて時間割引し正味現在価値に換算し，その値により判断する。技術の高度化や複雑化による技術開発の収穫逓減（同じ技術性能アップのためのより多くのコストを要する）が言われる中，成果の収穫期間の短縮化は支出可能な研究開発コストの縮小をもたらし，その結果，費用と効果の両面から，1社単独の研究開発を難しくしている。この現象が次節で述べるオープンイノベーションの動きにつながっている。

ちなみに，超長期かつグローバルの視点でみれば，この200年間に，発明から普及までの時間が短くなるとともに，国家間での普及の差が小さくなっている（Comin, 2014)。

5　良いものをつくり社会へ普及させる

イノベーションを成功させるために，良いものをつくり（INVENTION)，それを社会へ普及（DIFFUSION）させないといけない（妹尾，2009)。

5－1　良いものをつくる

目指すべき方向に応じた研究開発スタイルの選択およびステージに応じたマネジメントにより技術開発の成功確率を高めることができる。

基礎研究，応用研究，開発，事業化のステージに分けることができる。事業機会，技術の確実性，多様性および費用の視点から各ステージに適したマネジメントを実施しなければならない。具体的には，研究段階（基礎研究および応用研究）では多くの技術の選択肢を検討する発散型マネジメント，開発段階では市場ターゲットより技術候補を絞りリソースを集中させる収束型マネジメント，事業化段階では商品を利用できる市場を多く探索する発散型マネジメント，産業化段階では持続的な収益が見込める市場を絞り込む収束型マネジメントである。

研究開発のスタイルとしては，シーケンシャル型とコンカレント型がある。従来は，各機能開発を並行処理せず逐次処理するシーケンシャル型が中心であった。一方，コンカレント型では各機能の開発を並行処理するため，開発リードタイムを圧縮できること，フロントローディングと呼ばれる機能横断的な課題の前倒し対応が実施できることなどのメリットがある。

製品アーキテクチャーの視点からは，モジュール型とインテグラル型に分類できる。モジュール型では構成する部品毎に機能が独立しており，擦り合わせが不要である。インテグラル型では各々の部品と機能が複雑に関係して擦り合わせが必要となる。モジュール型のメリットは開発コストの削減と期間の短縮化など，インテグラル型のメリットはプロダクト・インテグリティ（製品全体の調和を図ること）などが挙げられる。これらの特徴のため，一般的に市場の黎明期では，商品が顧客の要求を満たすインテグラル型の製品が市場に出て，市場の成熟化が進みにつれてモジュール型でも顧客の要求する性能を満たすようになるケースが多い。このため，市場の黎明期では垂直統合型によるアプローチがとられやすいが，市場の成長・成熟期には水平分業へ移っていく。

先に述べた商品ライフサイクルの短縮化および厳しい競争の中で生き残っていくため，研究開発の短期化の傾向がある。経済産業省「平成22年度産業技術調査」によれば，中長期的な研究開発が増えているという回答が12.7%に対して，短期的な研究開発が増えているという回答が43.8%であり，研究開発の短期視野化が顕著である。

このため，民間企業はこれまでの自前主義による研究開発から，外部の知識・技術を積極的に活用するオープンイノベーションの取組への関心を高めてきている。オープンイノベーションについても，前述した“インサイドアウト”と“アウトサイドイン”の2つの視点が考えることが重要である。具体的には，知識の外部調達を通じて企業の自社の知識基盤を拡張していくアプローチ（アウトサイドイン）と知的財産の販売や技術の外部環境への移転することを通じて利益を得るアプローチ（インサイドアウト）がある。

オープンイノベーションは，大企業以上に中小企業に大きく関係する仕組みである。大企業と比較した場合の中小企業の特徴として，特化した技術を持っていること，小回りが利くこと，および経営資源が潤沢でないことが挙げられる。中小企業にとって，新規商品のためのすべて要素の研究開発から事業化までを自社内で実施することが難しくなってきており，オープンイノベーションの輪に入っていくことの重要性が増してきている。中小企業では，特に，インサイドアウト型のオープンイノベーションを取るケースが多いことから，自社の技術を効果的に探索されるために，後述するテクノロジーブランディングに関する対応をすすめたい。

5－2　社会へ普及させる

ロジャースによれば，新しいアイデアや商品を採用する際の早さの違いに基づき，採用者を5つ（イノベーター，アーリーアダプター，アーリーマジョリティ，レイトマジョリティ，ラガード）に分類できる。普及曲線は正規分布を仮定し，正規分布の2つのパラメターである平均と標準偏差を用いて，5つカテゴリーに分けている。ちなみに，イノベーターは，平均＋2σ以上の領域であり全体の約2.5%の人である（平均＋2σは偏差値70）。アーリーアダプターは，平均＋σ以上平均＋2σ以下の分布であり，約13.5%である（偏差値60－70）。

商品の競争力（シェア）については，普及の早い段階でのシェアによる決定されることが多い。通常はアーリーアダプター領域の普及率16%前後でシェアが大きな影響を与えるとされている。これは，シェアが大きいほど規模の経済性（生産規模が大きいほどコスト（固定費）が下がること）および経験効果（累積生産量が大きいほど歩留り向上や材料の最適化を通じてコスト（変動費）が下がること）の恩恵を通じて低コスト化できることにより市場での競争優位を得ることができるためである。

ネットワーク外部性（ネットワーク効果）が存在する商品は，さらに普及の早い段階で競争優位性が決定される。なぜならば，先ほどの提供サイドでの規模の経済性及び経験効果に加えて，需要サイドにおいても規模の経済性が影響するためである。ネットワーク外部性は利用者が増加に伴って，利用者の効用が増加することにより，さらなる利用者の増加を引き起こすという正のフィードバックが発生することである。電話サービスを例にとり説明すると，最初の加入者の便益はゼロである。2 人目の加入者には 1 人目の加入者と通信ができる，3 人になれば 3 種のコミュニケーション種（ユーザーを A, B, C とした場合，A ⇔ B，B ⇔ C，A ⇔ C）そして 4 人では 6 種のコミュニケーションが生み出される。n 人では，$_nC_2$ のコミュニケーションが創生させる。詳細な算出方法の説明は省くが，n を大きくしていった場合，効用の総量はn^2 乗に比例して増加する。ネットワーク効果がない場合は，単純に n に比例していく。一人あたりで考えると，ネットワーク効果がある場合は n 倍，およびネットワーク効果がない場合は，一定（n によって変化しない）である。

さらに，ICT 分野では限界コストが小さいケースが多い（デジタル財ではほぼ 0 のケースもある)。固定費のみで，限界コストが 0 を仮定した場合，単位サービスあたりのコストは，1/n となる。一方，固定費がなく変動費の身の場合，単位サービスあたりのコストは一定である。

ネットワーク効果あり限界コストが 0 の場合（ケース 1）とネットワーク効果がなくかつ変動費のみの場合（ケース 2）の 2 つの極端なケースを対象に，供給サイドおよび需要サイドの規模の経済を勘案した顧客価値（＝うけられる効用／負担するコスト）を普及数（n）の関数として定式化した。

ケース 1：

1 人当たりの顧客価値＝効用／コスト＝$k \cdot (n)/(1/n) = k \cdot n^2$（式 3a）

ケース 2：

1 人当たりの顧客価値＝効用／コスト＝k（n に関係なく一定）（式 3b）

ケース 2 では，その製品やサービスを購入する人数に関係なく，一人当たりの顧客価値が一定であるのに対して，ケース 1 では，一人当たりの顧客価値は，n^2 の比例し累進的に増加する。言い換えれば，ケース 2 では消費者の選択確率は，最初からnが大きくなっても不変である（シェアが変わらない）が，ケース1では，普及していく過程で，1人あたりの顧客価値が変化するため消費者の選択確率が変化する，つまり，ある時点でシェアが大きい商品・サービスの選択確率が大きくなっていくことを示す。つまり，普及曲線上のかなり早い段階でのシェアが最終シェアに非常に大きな影響を及ぼすことから，初期段階での顧客獲得の戦略がより重要となる。また，究極的には一つの企業に収益が集中する，Winner Takes All 現象がみられることが多い。マイクロソフト社の OS の高いシェアなどがその典型的な事例である。

オープンイノベーションの進展により，最終商品でなくその前段である技術レベルでの商取引が増加する。自社の技術を効果的に選択させ普及させるためにはテクノロジー・ブランディングが効果的である。テクノロジー・ブランディングとは，企業ブランドや製品グランドに加えて，技術自身に対するブランディングであり，その目的は，競争相手に対する優位性の構築，部品・技術・サービスの外販化，販売チャネルの拡大，商品あるいは自社のポジショニングの明確化，プレミアム価格の実現，特許権・商標権を軸とした知的財産権の強化，社員のモチベーションアップ，技術提携・製販アライアンスの実現，IR（Investor Relations）効果の増大および金融期間との関係強化である（佐藤，2010）。

6　効果を定量化する

技術開発・導入の効果を定量的に把握し，次の技術開発・導入にフィードバックしていくことは，持続的な成長・発展をするために重要である。

まず，ミクロの視点からは，個別の技術開発・導入の効果発現について考えてみる。ムーアによると，イノベーションの効果は，差別化，中立化および生産性向上である。自社の技術進化と競争優位の関係のモデルを図11－3に示す。自社の技術レベルの進化に加えて，ライバル（参画企業が多い市場では業界平均と考えても良い）の技術レベルも進化することを想定している。A→B領域は自社の技術レベルは進化し，ライバルの進化より大きい状況である。一方

図11－3　技術レベルと効果発現

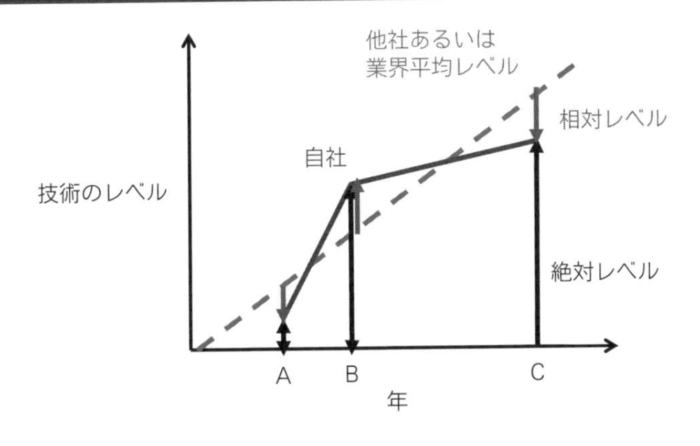

で，B→C領域は自社の技術レベルは進化しているが，ライバルはさらに大きな進化していると想定した図である。このようなケースでは，事業現場の効果はどのように発現するだろうか。ICTの事例で考えてみる。ICTでは攻めのICTと守りICTと呼ばれる分類がある。攻めのICTでは，目的は売上向上（ムーアの分類では差別化）で主体分門は事業部門，一方，守りのICTでは，目的はコスト削減（ムーアの分類では生産性向上）で主体部門は業務部門である。ここで，技術導入による事業効果の発現について，他社との競争環境の影響が小さい守りのICT（コスト削減）は，時系列的な自社の技術の絶対レベルによって決定され，一方，他社との競争環境の影響が大きい攻めのICT（売上増加（シェア増加））は，他社と比較した相対レベルによって決定されると考えられる。A→Bの遷移では，競争優位を獲得でき，シェア向上およびコスト削減の両面での事業効果を発現し，B→Cの遷移では，自社の技術レベルは向上しているが，ライバルと比較した相対的なレベルが劣化しているため，事業効果（シェア向上など）は発現しないと考えられる。つまり，自社の技術レベルと得られる経営的効果の相関がなくなる。実際，筆者らの調査においても，ICT導入現場においては，攻めのICTの範疇にあるケースはその効果発現の認識が難しいことが多いことが明らかになった。

マクロな視点からの効果としては，技術革新が企業収益全体に及ぼす効果，技術革新がGDP上昇に及ぼす効果ならびにICTの環境負荷削減への効果について紹介する。

技術革新が企業収益全体に及ぼす効果を定量化するために，ノットは，コブ＝ダグラス生産関数を用いて，売上高と有形固定資産，人件費，研究開発支出費の関係を式4のようにモデル化した（ノット，2012)。

$$Y=K^{\alpha}*L^{\beta}*R^{\gamma} \qquad (式4)$$

Y：売上，K：有形固定遺産，L：人件費，R：研究開発費

米国の上場企業上位20社について，数年分の売上，有形固定資産，人件費，研究開発費のデータを用いて回帰分析することにより，最適な研究開発費を算出した。上位20社の中で，ファイザーとジョンソン・アンド・ジョンソンの2社以外の企業は，最適な研究開発費に比べて不足しているという結果であった。実際の研究開発費が最適水準を下回った企業は研究開発費を10%増加，逆に実際の研究開発費が最適水準を上回った企業は研究開発費を10%減少させるとして最適水準に近づけた際の利益額の増加分を算定し，実際の株価収益率を乗じることにより株価時価総額の増加分を算出した。その結果，なんと1兆ドルも増加することが分かった。これまでは，因果関係が複雑であるため，研究開発の企業収益・利益への貢献の定量化の試みはあまりされて来なかったが，今後は，今回紹介したアプローチを含めて各種の方法での定量化の営みが加速すること期待している。

技術革新がGDP上昇へ及ぼす効果として，1970年代以降の製造業・非製造業における経済成長を要因分解した結果を紹介する（経済産業省，2015)。技術革新が主要因であるTFPの製造業分野での寄与率は，1970年代は4.2%（GDP成長率5.1%)，1980年代は3.3%（GDP成長率6.1%)，1990年代は1.0%（GDP成長率0.7%）および2000年以降は2.0%（GDP成長率1.5%）であり，技術革新がGDPの成長に常にドミナントな貢献をしている。一方，非製造業では，1970年代は1.2%（GDP成長率4.4%)，1980年代は0.7%（GDP成長率3.7%)，1990年代は1.0%（GDP成長率1.0%）および2000年以降は0.05%（GDP成長率0.4%）であり，GDP成長への技術革新の寄与が小さい。

最後に今や国際的な最重要課題の一つである温暖化防止に対するICT導入の貢献の定量化について紹介する。筆者らは，コブ＝ダグラス生産関数を用いてICT資本財による二酸化炭素排出量削減の効果を推定した結果，約1800万トン（日本での排出量全体の約1.5%）と削減効果が期待できることが分かった(Nakamura, Origuchi, Honjo, Ibata, Nishi, Furukawa, Sashida & Hagiwara, 2003)。

7　おわりに

技術を生かしてビジネスを成功させるためのKSF（Key Success Factors）として，「技術と経営のつながりを知る」，「進むべき方向を決める」，「時代の変化を知る」，「良いものをつくり社会へ普及させる」および「効果を定量化する」について，事例を挙げながらそれらのしくみと最新動向を解説してきた。テクノロジー・ストラテジーというタイトルでありながら，狭義の技術開発のプロセス関する記述が少ないと感じた方もいるかもしれない。もちろん，技術開発自体のマネジメントが重要であることは疑いないことであるが，それと同じくらいあるいはそれ以上に，技術開発の前後に重要なプロセスがあるということを知ってもらいたい。それらの全てのプロセスにおいて，複眼思考つまり複数の視座，視点および視野を意識的に行き来させることにより，物事を本質的に捉え，戦略を立案に役立ててほしい。

参考文献

アン・マリ・ノット（2012）「R&D投資を最適化する指標」『ハーバードビジネスレビュー』8月号，pp. 102-110。

経済産業省（2015）「平成27年度ものづくり白書」。

国連食糧データ6。

佐藤聡（2010）『テクノロジーブランディング』技術評論社。

ジェームズ・ブラッドフィールド・ムーディ，ビアンカ・ノグレーディー（2013），峰村利哉訳『第6の波　環境・資源ビジネス革命と次となる大市場』徳間書店。

シュペタンク・シャー，アンドリュー・ホーン，ジェーム・カヘラ（2013）「よいデータはよい意思決定につながるか」『ハーバードビジネスレビュー』1月号，pp. 20-25。
妹尾堅一郎（2009）『技術力で勝る日本が，なぜ事業で負けるのか』ダイヤモンド社。
津田昌幸・高橋和枝・中村雅之・中村二朗（2010）「省エネホームネットワーク制御のための快適性評価」電子情報通信学会 2010 年総合大会（宮城県仙台市）（平成 22 年 3 月 16 日）。
トーマス H. ダベンポート，レアンドロ・デール・ミュール，ジョン・ラッカ（2012）「データが導く顧客の最適提案」『ハーバードビジネスレビュー』7 月号，pp. 72-82。
Comin, Diego（2014）“The Evolution of Technology Diffusion and Great Divergence”, 2014 Brookings Blum Round Table, Session III : Leap-Frogging Technologies.
Nakamura, J., T. Origuchi, K. Honjo, Y. Ibata, S. Nishi, S. Furukawa, M. Sashida and I. Hagiwara（2003）“Macroscopic analysis of effect of information communication sector on CO_2 emission reduction”, *Environmentally Conscious Design and Inverse Manufacturing*, pp. 218-219.
OECD（2015）*Main Science and Technology Indicators.*

第4部

ビジネスデザインと
ステークホルダー

第12章
情報開示問題
―ステークホルダーは今後，定性情報をどのように活用すべきか―

野田健太郎

1　はじめに

近年，リスク情報などの定性情報が投資意思決定に対して重要な役割を果たす可能性が指摘されている。本稿においては，法定開示である有価証券報告書の定性情報の内容と社会環境報告書など任意開示の定性情報の内容を分析することで，開示企業の特徴の把握，開示効果について考察を行う。

本稿において，定性情報を分析する背景には大きく3つの点があげられる。

1つ目は，グローバル化やイノベーション進展のよって企業は従来にない幅広いリスクへの認識が必要となったことである。自然災害リスクも従来から認識はされていたが，近時はサプライチェーンの問題など想定を超えた範囲で影響が拡大することがわかっている。加えて，東日本大震災，熊本地震をはじめとした度重なる地震の発生や首都直下地震・南海トラフ大地震などの巨大地震の発生が懸念されている。さらに新型インフルエンザの日本国内での感染拡大は，企業に対して新たなリスク管理の重要性を改めて認識させることとなった。一方で，リスク対応にはコストがかかる。また各社の対応策が投資家をはじめとしたステークホルダーから見て，当該企業のリスク量に照らして十分な対策が取られているかどうかは不安である。さらにリスクの対策には時間がかかることから，その進捗状況を把握したいというニーズも存在する。そのためリスクへの対応策を定性情報に開示することはステークホルダーとのより良い関係を構築していく上でも重要となる。

2つ目は無形資産の重要性が高まっている点である。近年，無形資産を重視する知識創造型社会へ移行しつつあり，それにともない企業の体質も変化してきている（姚，2013）。特に無形資産の大きい企業は技術やイノベーションなど企業特有のリスクも大きいと考えられる。そのため企業特有の定性情報についていっそう注目する必要がでてきた。

3つ目は，任意開示に関しては，CSR（Corporate Social Responsibility：企業の社会的責任）報告書の浸透や統合報告など議論の進展がみられる点である。定性情報には法定開示である有価証券報告書の開示情報とそれ以外の任意開示の情報が存在する。有価証券報告書の開示は箇所によっては必ずしも具体的な内容が記載されていないという指摘がある（金・安田，2012）。一方で，任意開示に関しては，より踏み込んだ開示がなされることが考えられる。

近時，多くの先行研究でリスク情報の多様化や企業価値とのプラスの関係性が伺われ，リスク情報の有用性が高まっている点が指摘されている。その中で，定性情報については，次のような課題が指摘されている。その企業が経営戦略やリスク情報などを詳細に開示することは，同業他社などに有利な情報となるため開示に積極的にならない。事業等のリスクなどの箇所はなるべく無難な内容しか記載しないため内容はボイラープレイト（平板）となる。経営者による業績予想などは，実績との対比により検証されることが多いが，記述が中心なため検証可能性が低く有益な情報が少ない，などである。これに対して，定性情報を積極的に開示する企業の特徴が把握できれば，経営者による開示の取り組みを加速させる要因を見つけることができるかもしれない。

さらに，定性情報の中でも有価証券報告書の法定開示とそれ以外の任意開示において開示企業の特徴や効果に差があるのであろうか。効果に差があれば，経営者は法定開示と任意開示の方法を使い分けることによって企業価値の向上につなげる開示戦略を立てることができる。

また，財務情報（財務諸表），非財務情報を併せて説明を行う統合報告書の作成後は企業の開示行動はどのように変化するのであろうか。開示行動の変化は統合報告書の作成内容や効果にも影響を与えるものと思われる。本稿では，以上の点を踏まえ，定性情報をめぐるいくつかの論点について概説することとしたい。

最後に，リスク情報にはリスクの内容だけでなく，企業の戦略や行動に関する情報が含まれている（Beretta and Bozzolan, 2004）。そのため産業別，業態別，企業別で比較を行うことでリスク情報の戦略的な活用を検討した。

本稿の構成は以下の通りである。第2節で有価証券報告書における定性情報開示の状況を整理する。第3節では開示に積極的な企業の特徴と開示効果を考察する。第4節では定性情報の活用方法について述べる。第5節ではまとめを行う。

2　定性情報開示の概要

企業を取り巻く経済環境が急速に変化する中で，従来の財務情報のみでは企業の実態把握や将来予想が難しいとの認識が強まった。さらに財務情報と株価などの関連性が低下しているという指摘がなされた。こうした状況の中で財務情報を補完するために，財務情報以外の情報を開示する要請が高まった。その結果，2000年代前半に多くの制度改正がなされ，「対処すべき課題」，「事業等のリスク」，「経営成績及びキャッシュ・フローの状況の分析（MD&A）」，「コーポレート・ガバナンスに関する状況」の項目が追加された。

本稿では上記の点を踏まえ，東証1部上場企業（金融等を除く）約1,200社，2005年度～2012年度まで8年分について，有価証券報告書の中に記載がある「対処すべき課題」，「事業等のリスク」，「MD&A」，「コーポレート・ガバナンスに関する状況」を中心に概要を整理する[1)]。

有価証券報告書の中で「対処すべき課題」，「事業等のリスク」，「MD&A」，「コーポレート・ガバナンスに関する状況」について1社あたりの平均記述量は図12－1のとおりである。

「対処すべき課題」に関する平均記述量においては，2007～2008年度に山が

図12－1　1社あたり平均記述量

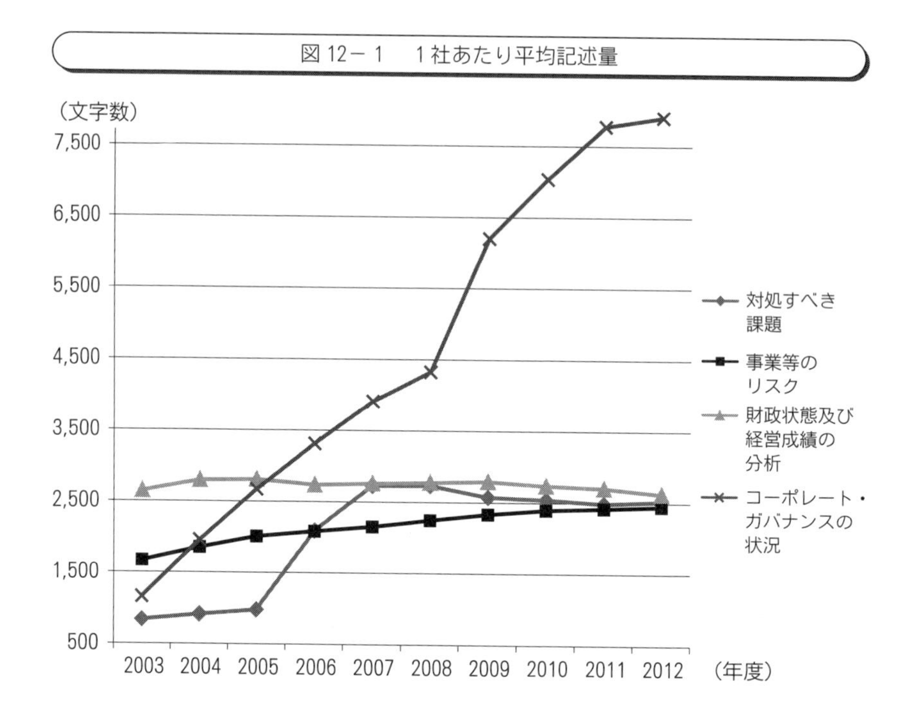

観察される。これはリーマンショックによる経済的影響への対応を記載した企業多かったものと思われる。

「事業等のリスク」に関する業種別平均記述量（表12－1）においても，業種によっては2010年度以降増加が観察される。東日本大震災への対応を記載した企業が多かったものと思われる。

「MD&A」に関する平均記述量に関しては，この10年間，「対処すべき課題」，「事業等のリスク」に比べあまり大きな変動は見られない。「MD&A」においては記載内容が比較的定型化していることが考えられる。

「コーポレート・ガバナンスに関する状況」に関する平均記述量はこの10年間，ほぼ一貫して右肩あがりとなっている。2010年3月には内閣府令の改正によりガバナンス体制，役員報酬，株式保有状況，議決権行使結果の開示が追加されるなど，この10年の間に内部統制やガバナンスの問題が繰り返し議論されてきたことが反映していると考えられる。

表12－1 「事業等のリスク」に関する業種別平均記述量（文字数）

（年度）

業　種	2003	2004	2005	2006	2007	2008	2009	2010	2011	2012
水産・農林業	557	732	734	779	1,012	1,350	1,361	1,379	1,441	1,425
鉱業	1,697	1,888	1,720	6,466	6,253	5,087	6,134	5,874	6,323	6,644
建設業	937	985	1,107	1,118	1,128	1,145	1,187	1,208	1,214	1,244
食料品	1,799	1,907	2,053	2,058	2,104	2,160	2,249	2,295	2,305	2,404
繊維製品	1,385	1,540	1,739	1,651	1,830	1,926	1,955	2,023	2,029	2,049
パルプ・紙	1,044	1,201	1,240	1,250	1,243	1,275	1,249	1,272	1,294	1,315
化学	1,276	1,497	1,612	1,708	1,751	1,835	1,957	2,009	2,082	2,075
医薬品	1,216	1,396	1,460	1,508	1,592	1,799	2,036	2,093	2,042	2,003
石油・石炭製品	1,110	2,258	2,693	2,020	2,387	2,352	2,329	3,106	3,061	3,083
ゴム製品	1,074	1,313	1,252	1,277	1,267	1,290	1,282	1,403	1,372	1,636
ガラス・土石製品	1,264	1,456	1,455	1,571	1,691	1,756	1,988	1,980	2,024	2,011
鉄鋼	940	1,051	1,088	1,214	1,300	1,355	1,379	1,429	1,463	1,491
非鉄金属	1,243	1,314	1,623	1,591	1,615	1,793	1,909	2,065	2,008	2,039
金属製品	1,150	1,220	1,421	1,426	1,447	1,457	1,474	1,624	1,566	1,571
機械	1,234	1,391	1,518	1,624	1,655	1,688	1,717	1,795	1,826	1,847
電気機器	2,281	2,408	2,580	2,694	2,769	3,083	3,241	3,377	3,417	3,454
輸送用機器	1,720	1,790	1,759	1,838	1,868	1,962	1,994	2,108	2,179	2,236
精密機器	1,626	1,724	1,768	1,819	1,798	1,907	2,044	2,084	2,062	2,180
その他製品	1,643	1,649	1,795	1,792	1,723	1,761	1,751	1,844	1,813	1,818
電気・ガス業	1,556	1,813	1,905	2,017	2,129	2,148	2,174	2,228	2,432	2,381
陸運業	2,042	2,330	2,401	2,415	2,547	2,619	2,762	2,791	2,687	2,618
海運業	1,385	1,741	1,858	1,872	1,997	2,186	3,127	2,993	3,038	3,299
空運業	1,262	1,331	5,546	2,515	2,830	3,353	4,263	4,220	4,545	5,951
倉庫・運輸関連業	1,213	1,751	1,692	1,876	1,901	1,917	1,932	1,990	2,039	2,085
情報・通信業	3,388	3,586	3,973	4,061	4,384	4,305	4,373	4,368	4,405	4,561
卸売業	1,584	1,852	1,988	1,943	1,987	2,068	2,110	2,173	2,179	2,173
小売業	1,890	2,044	2,296	2,331	2,486	2,570	2,624	2,721	2,688	2,622
不動産業	1,765	1,852	2,002	2,043	2,125	2,242	2,189	2,271	2,295	2,282
サービス業	2,506	2,919	3,180	3,422	3,346	3,498	3,492	3,416	3,524	3,537
総計	1,669	1,854	2,010	2,084	2,153	2,248	2,335	2,398	2,422	2,452

出所：野田（2016）。

次にキーワードでの変化をみていきたい。一例として，企業の「事業継続」に関する記載にしぼって開示の状況をみることにする。「事業継続」に関する開示が，時系列にそってどのように変化したかについて整理した。「事業継続」に関するキーワードはニュートン・コンサルティングBCM用語集[2)]を参考に抽出した。

表12－2　事業継続に関するキーワードを開示する企業数の変化

（年度）

キーワード	2003	2004	2005	2006	2007	2008	2009	2010	2011	2012
災害	327	483	580	635	679	719	745	892	944	963
地震	204	318	380	420	459	488	506	640	685	696
従業員	193	228	249	257	265	297	302	317	320	330
保険	201	243	267	278	287	298	302	312	323	326
物流	98	121	138	144	152	155	162	197	203	207
感染症	14	13	22	25	34	77	101	126	141	155
事業継続	8	8	12	24	33	50	61	99	127	141
停電	59	67	77	85	90	94	93	142	143	139
復旧	27	39	51	63	69	77	82	137	136	136
代替	69	72	88	93	90	91	102	107	112	112
防災	36	52	57	65	75	76	77	92	103	105
津波	3	10	12	13	13	13	17	74	93	95
想定外	24	39	49	56	60	72	73	74	83	89
耐震	36	51	61	71	80	76	75	81	90	87
緊急	19	21	22	28	35	41	42	60	66	67
サプライチェーン	3	4	10	10	9	10	10	50	58	61
危機管理	14	29	31	33	35	35	35	40	46	45
サプライヤー	12	15	17	21	24	30	31	36	37	37
本部	22	28	29	29	30	33	34	42	32	32
生命	11	13	16	15	15	18	18	18	18	21
安否確認	0	0	1	2	4	5	7	12	19	19
ライフライン	2	3	4	6	6	7	9	15	15	15
初動対応	3	8	7	8	8	8	7	7	9	9
リスク評価	1	2	2	1	2	2	2	2	5	6

出所：野田（2016）。

図 12－2　2003 年度と 2012 年度の比較

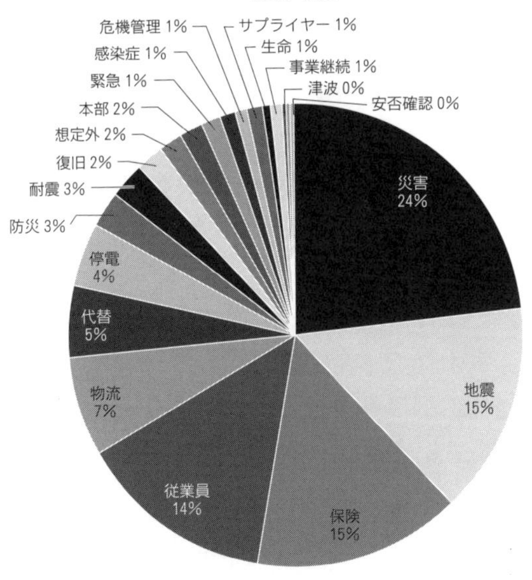

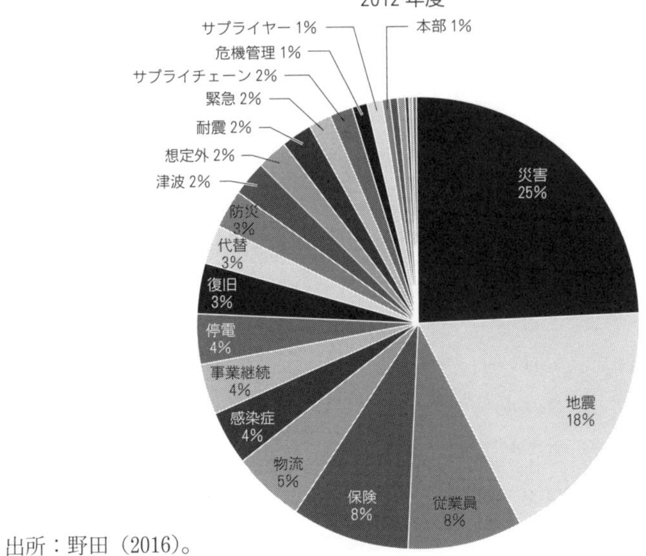

出所：野田（2016）。

表12－2は，「事業継続」に関するキーワードを「事業等のリスク」に記載した企業数の推移である。2010年度に東日本大震災の影響で「災害」，「地震」，「津波」などの記載数が大幅に増加したことがわかる。また，2003年度と2012年度の比較（図12－2）では，「感染症」，「事業継続」，「津波」などのキーワードに関する記述量比率が増加している。

3　定性情報開示企業の特徴と開示効果

3－1　定性情報開示企業の特徴

情報開示の要因として，経営者と株主の間にはエージェンシー問題があり，その主因は情報の非対称性であると考えられる。それを解消するための手段として情報開示を行うことで経営者は投資家との間の情報の非対称性を解消しようとする。開示を基礎づける理論としてエージェンシー理論やステークホルダー理論などがあげられる（古賀，2012；Yi and Howard, 2011）。

エージェンシー理論の枠組みはもともと経済学上，リスクに対する態度が異なる主体の間でどのようにリスクをシェアするかという観点から生まれてきた（Arrow, 1963）。当初，投資家と経営者の間の関係であった理論が拡張され，会計情報の開示を説明する点でも有効になった（Morris, 1987）。しかしながらエージェンシー理論における経営者と投資家の関係においては，1期間であれば金額の測定は容易であるが長期間となる場合，金額の算定が難しくなる。さらに量的に予測が難しいまたはコントロールできないリスクに対しては金額の算定は容易ではないため両者の関係を規律することが難しくなる（Subramaniam, 2006）。こうした観点から，エージェンシー理論の中で異なるタイプのリスク情報が開示効果の点で，どのような違いを持つのかを整理することが有用であると思われる（野田，2013）。

ステークホルダー理論においては，幅広いステークホルダーとの関係を考慮し，従業員や地域社会など投資家とは違った観点で利害関係を調整する必要がある。そのため，様々なタイプのリスクへ対応する機会が増加すると考えられる（野田，2013）。

本節においては様々なリスク情報が含まれる定性情報に関して法定開示と任意開示の両面から日本企業がどのような情報を開示しているか，開示に積極的な企業はどのような特徴を持つのかを見ていきたい。

日本における定性情報に関して，開示企業の特徴を分析した先行研究としては，財務会計基準機構（2005），小西（2008），張替（2008），中野（2010）などがある。小西（2008）では，リスク情報に関して，東証1部上場企業100社を抽出し，2004年及び2005年3月期決算期の企業の，金融リスク及び経営リスク等に該当する記述の数をカウントした。その結果，当該リスク総数と総資産，総売上高の間に正の相関関係があることを発見した。張替（2008）では，大規模で事業リスクの高い企業ほどリスク情報の開示に積極的であるとの結論を得ている。さらに中野（2010）においては，以下の点が主張されている。「事業等のリスク」及び「MD&A」に関して，規模が大きく，市場からの注目度が高く，事業構造が複雑な企業ほどリスク情報を積極的に開示している。事業リスクが高い場合は，「事業等のリスク」に反映させるということはないが，「MD&A」に関しては開示量が多いという傾向を示している。野田（2015）では，有価証券報告書の定性情報を分析し，経営者サイドの視点からは，資産規模が大きい企業が開示に積極的である。さらに社外取締役比率が高い企業やBCP（事業継続計画）開示企業はガバナンスの観点から開示に積極的である結果を得た。投資家サイドの視点からは，安定持株比率が高いと開示に消極的な結果となった。

定性情報の開示に関しては，規模が大きくガバナンスが充実している企業は開示に積極的である一方で，機関投資家の存在は必ずしも開示につながっていない可能性もある。

3－2　法定開示と任意開示

定性情報の開示については，有価証券報告書などの法定開示と環境報告書，CSR報告書，統合報告書など様々な媒体で自主的に行う任意開示がある。法定開示は言葉のとおり開示が義務づけられているのに対して，任意開示は開示の有無，内容は企業が独自に判断して実施するため自由度が高い。例えば，東北電力では有価証券報告書の中で原子力発電所における地震対策について記載し，任意開示であるCSRレポートで対応策の内容をより具体的に解説することで，投資家に対する説明をより明確にしている（表12－3）。開示媒体の役割を工夫することで，開示効果を高める意図があるものと思われる。ただし，法定開示である有価証券報告書においても箇所によっては記載内容の詳細まで規定されているわけではない。「事業等のリスク」は開示内容の概要と開示例が記載されているにとどまっており，内容については企業の判断によるところが大きいと言える。

任意開示については，CSR報告書・社会環境報告書，当該企業のホームページなど様々な媒体がある。統合報告書を発行している企業は，情報開示に対して一定のレベルと方針を持っている企業と考えられる。

有価証券報告書の法定開示とそれ以外の任意開示において開示企業の特徴や効果に差があるだろうか。野田（2015）では，規模が大きい企業は開示に積極的であること，安定株主や機関投資家の存在は情報開示量に関して，必ずしも

表12－3　開示事例

「有価証券報告書」での記載
　企業グループは，お実さまに高品質な電力を安定的に供給するため，設備の点検・修繕を計画的に実施し，設備の信頼性向上に努めているが，地震や台風等の自然災害，事故やテロ等不法行為などにより，大規模な停電が発生し，設備の損傷や電源の長期停止などに至った場合は，企業グループの業績及び財政状態は影響を受ける可能性がある。
「CSRレポート」での記載
　敷地の高さ8m，建屋を安全に守った数値。歴史的調査と専門的知見により検討され，決定された津波対策。
　当社においては女川原子力発電所1号機の建設にあたり，計画当初から津波対策が重要課題であるとの認識から，土木工学・地球物理学の外部専門家を含む社内委員会を設けて議論を重ね，「敷地の高さをもって津波対策とする。敷地の高さはO・P・＋15m程度で良い」との集約を得て，屋外重要土木構造物と主要建屋1階の高さをO・P・＋15m，敷地の高さO・P・＋ 14・8mと決定しました。

出所：東北電力　2011年3月期有価証券報告書，2011年度CSRレポートより抜粋。

積極的な役割を果たしていない点は法定開示も任意開示も同様の傾向であった。一方で，社外取締役比率が高い企業やBCP開示企業に関しては，法定開示においては開示に積極的であるが，任意開示ではそうした傾向は見られなかった。社外取締役の存在は法定開示においては，責任を果たすという観点から開示に積極的になるが，任意開示においては責任を果たすよりも戦略的に実施するかを判断しているようである。法定開示と任意開示ではガバナンスなどの点で効果に違いがある可能性がある。

任意開示の一つとして近時，注目を集めているのが統合報告書である。2010年8月にA4S（Accounting for Sustainability）とGRI（Global Reporting Initiative）が主導する形で国際統合報告委員会（IIRC：International Integrated Reporting Commiteeのちに Councilに改称）が設立され，国際的な検討気運が高まる起点となった。IIRCは2011年9月にディスカッション・ペーパーである「統合報告の方向性（Toward Integrated Reporting)」を公表している。この中で，従来はCSR報告書などで開示されていた環境や社会性に関する情報に加え，人的資本など6つの資本をあげ，そうした情報を財務情報に統合して報告する必要性が述べられている。

近時，財務情報・定性情報の双方でリスク情報に対する有用性が高まっているため，リスク情報という切り口から企業全体の開示戦略の構築が重要になると考えられる。小西（2012）においても，リスク情報は財務情報（財務諸表）にも非財務情報（財務情報外情報）にも反映されており，それらの情報を有機的に結びつけるための「要の概念」であるとしている。統合報告の議論の中でもリスク情報開示の有用性が高まっているといえる。

野田（2015）では，統合報告書の影響を見るため，統合報告書を発行した企業が発行の前後において，他の開示媒体における開示量に変化があったかをみている。統合報告書の開始後において法定開示には開示量の変化に差が見られないが，任意開示においては開示量が有意に減少している結果となった。統合報告書の開始によって任意開示の内容を選択している可能性が考えられる。

次に統合報告書を発行開始によって有価証券報告書の記載内容が影響を受けるであろうか。統合報告書の開始後，CSR関連リスクの記載が減少している一方で，非CSR関連リスクの記載は増加しており，法定開示である有価証券報告書と任意開示の報告書との間で役割分担が進んでいる可能性が指摘できる[3)]。

法定開示か任意開示かによって開示効果に差があり，相互に開示量や記載内容に影響を与えていることが示唆される。これらの点は定性情報の有用性に関する議論に影響を与えると思われる。

3－3　定性情報開示の効果

次に定性情報の開示効果をとりあげる。定性情報によって投資家が有用な情報を得ることができれば，投資家は予想外の情報に直面した場合でも，その状況についてより正しい解釈を行うことが容易となり，投資家が持つ不確実性を減少させると考えられる。

CAPMなどの資本論理では個別リスクは価格付けに反映されないため，あまり注目を集めなかったが，Ferreira and Laux（2007）ではガバナンス体制と個別リスクとの間に関係があることが指摘されるなど個別リスクの規定要因を探る研究が増えつつある（奥田・北川，2011）。さらに姚（2013）では以下の点が主張されている。財務諸表と株価の関連性が低下した半面，財務諸表とシステマティック・リスクとの関連性は30年間ものあいだ変わっていない（Brimble and Hodgson, 2007）。株価はシステマティック・リスクと個別リスクとも影響するから，1つの観点としては財務諸表と個別リスクの関連性が減少していると考えられる。財務情報と定性情報とは企業価値評価の補完関係により，定性情報は個別リスクとの関連性を示していると推測される。

また，金（2008）は有価証券報告書におけるリスク情報の開示に関して，「事業等のリスク」の開示が株主資本コストの低下につながることを実証した。一方でCampbell et al.（2011）ではリスク情報はビッド・アスク・スプレッドを代理変数とした場合，投資家と経営者の情報の非対称性を減少させるが，ベータや株式のボラティリティを代理変数とした場合は，情報の非対称性が増大すると解釈できる検証結果を導出している。これらの先行研究からは，定性情報が企業価値に影響を与えている可能性が示唆される。

4　定性情報の戦略的な活用について

前節までは，定性情報の開示状況や開示企業の特徴，そして開示効果について説明を行った。本節では，定性情報の中で「事業等のリスク」について，事業環境の実態や変化を反映したものになっているか，さらにはその変化などを見ることで企業行動や戦略の変化を読み解く材料があるかをみていくこととしたい。活用については，産業別，産業の中での業態間，企業間それぞれのレベルで活用が可能である。

4－1　産業別の比較

最初に産業間でリスク情報の開示内容に相違があるかを確認したい。

図12－3は自動車産業に属する企業とその他の全産業におけるリスク別開示比率（2012年度）を記載したものである[4]。自動車産業が全産業に比較して開示比率が高い項目としては，為替，戦争，テロ・革命，欠陥，ストライキなどとなっている。為替については，輸出産業としての側面から，戦争，テロ・

図12－3　自動車産業に属する企業とその他全産業におけるリスク別開示比率

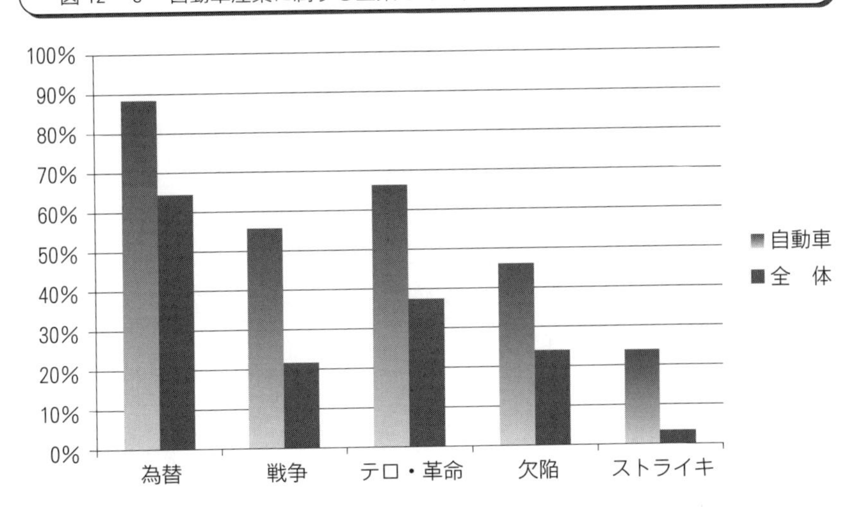

革命，ストライキについては東南アジアや中国で起こった事件などの現地法人への影響があらわれているものと思われる。

次に図12－4は自動車産業に属する企業とその他の全産業におけるリスク別開示比率の変化（2012年度－2003年度）を記載したものである。自動車産業については，原材料・原料・資源，戦争，テロ・革命，侵害，ストライキなどの項目が全産業の増加率をうわまわった。

図12－4　自動車産業に属する企業とその他の全産業におけるリスク別開示比率の変化

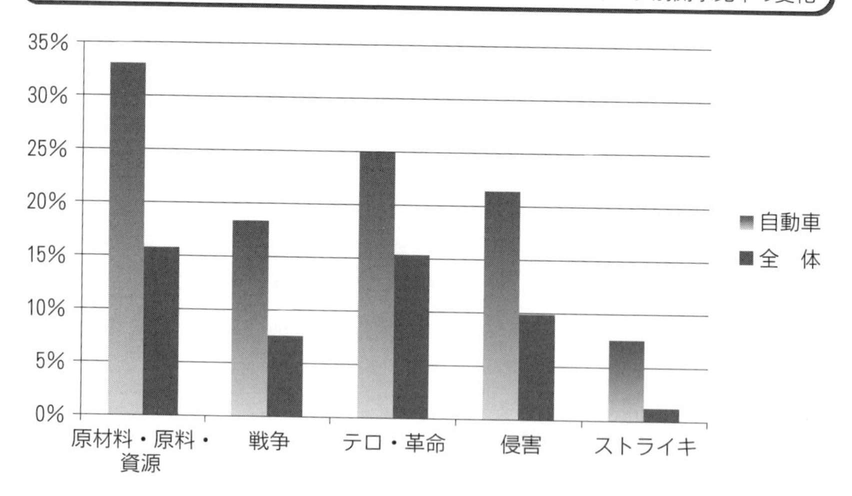

図12－5は自動車産業における各リスクの時系列変化を示したものである。2003年度に対して2012年度開示順位が上昇したものは，地震などの自然災害関連，感染症などの労働安全衛生関連や個人情報，機密情報など情報関連のキーワードが多い。

次に，図12－6は電機産業における開示リスクの変化を分野別に整理したもので，2003年度と2012年度を比較している。自然災害リスクは2003年度には全体の8番目であったが，2012年度では4番目に順位をあげている。2012年度では製品・サービス，経営及び内部統制といった企業の経営活動に近いリスクをうわまわった。近時，度重なる地震，津波などの自然災害の発生

図 12－5　自動車産業における各リスクの時系列変化

図 12－5－1　自然災害

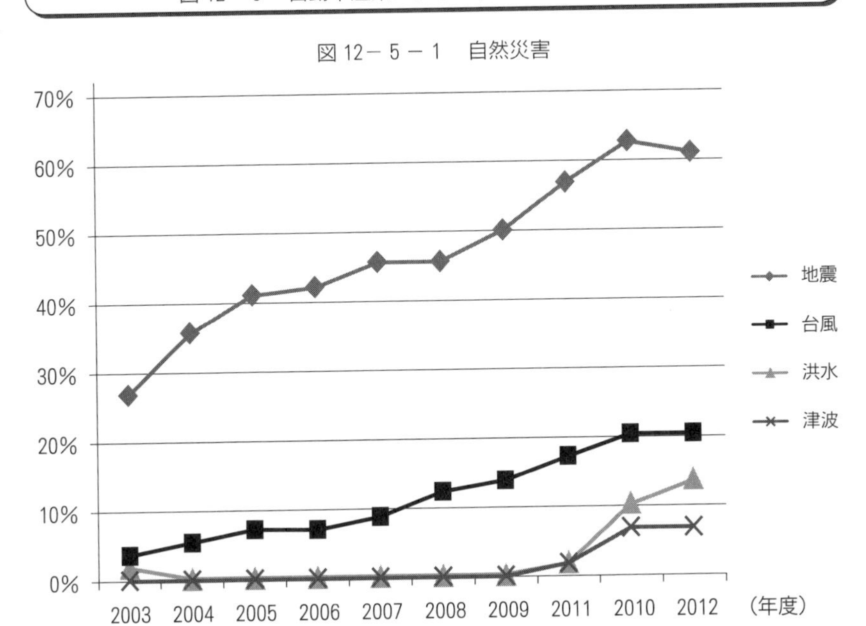

図 12－5－2　情報セキュリティ

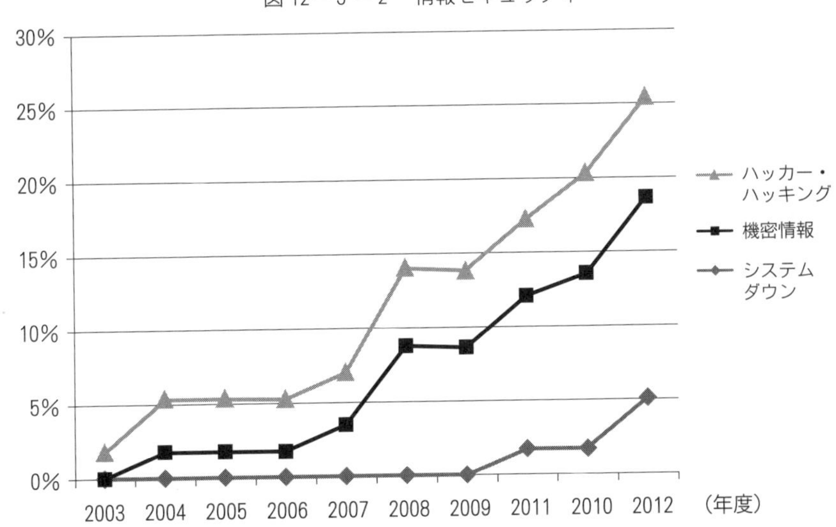

図12－5－3　労働安全衛生

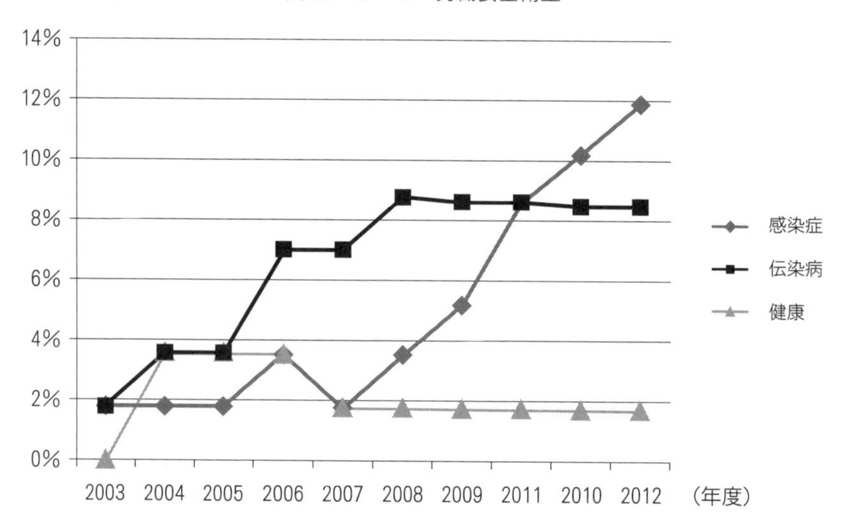

図12－5－4　雇　用

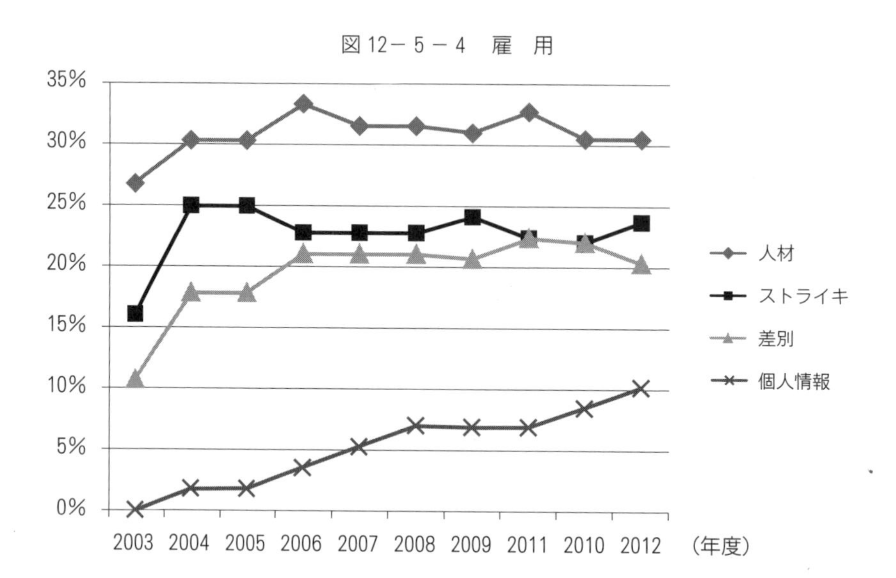

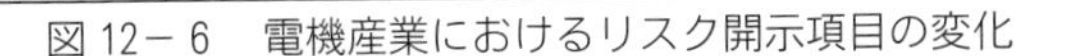
図12－6　電機産業におけるリスク開示項目の変化

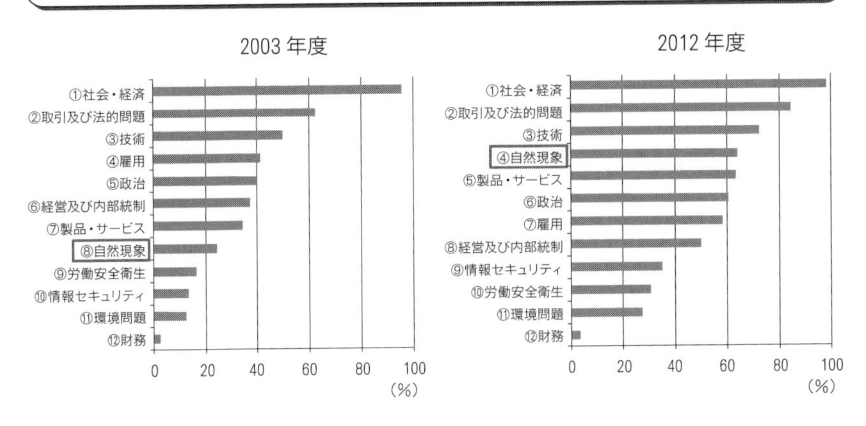

出所：野田（2016）。

を踏まえて開示が増加している。姚（2013）では，非伝統的リスクの拡大が主張されているが，本稿の結果はこうした主張につながるものと思われる。

4－2　業態間の比較

次に業態間の比較についてみていく。表12－4は自動車産業のおける完成車メーカーと部品メーカーの開示率の推移について，2003年度と2012年度で開示率の差が縮まった項目である（逆転した項目を含む）。こうした項目については，完成車メーカーから部品メーカーに対してリスク管理の要請が強まる項目と考えることができる。

4－3　個別企業の比較

業界別，業態別に続いて個々の企業についてリスク開示をみていくこととしたい。表12－5は2011年度の主要医薬品メーカーについて「事業等のリスク」に記載のあるリスク内容を整理したものである。掲載企業中リスク開示項目数が最も多い大塚製薬は2012年8月に先進的な国際規格である「ISO 22301」認証を取得した。こうした点をみると「事業等のリスク」の内容を比較することで，企業戦略などに関する一定の情報が得られる可能性がある。

表 12－ 4　完成車メーカーと部品メーカーの開示率の推移

（%）

	年度	規制	消費者	テロ・革命	欠陥	ストライキ
完成車	2003	90.0	60.0	70.0	40.0	50.0
	2004	90.0	50.0	80.0	60.0	60.0
	2005	100.0	50.0	80.0	50.0	60.0
	2006	100.0	50.0	80.0	50.0	60.0
	2007	100.0	50.0	80.0	50.0	60.0
	2008	100.0	40.0	80.0	40.0	60.0
	2009	90.9	36.4	72.7	45.5	54.5
	2010	90.9	36.4	72.7	45.5	54.5
	2011	90.9	36.4	72.7	45.5	54.5
	2012	90.9	36.4	72.7	45.5	54.5
部　品	2003	46.9	3.1	40.6	34.4	9.4
	2004	65.6	3.1	62.5	46.9	18.8
	2005	68.8	3.1	59.4	50.0	18.8
	2006	69.7	6.1	69.7	54.5	18.2
	2007	69.7	9.1	66.7	54.5	18.2
	2008	69.7	6.1	66.7	54.5	18.2
	2009	69.7	6.1	72.7	54.5	21.2
	2010	69.7	9.1	69.7	54.5	18.2
	2011	72.7	9.1	69.7	60.6	18.2
	2012	75.8	9.1	72.7	60.6	21.2
完成車－部品	2003	43.1	56.9	29.4	5.6	40.6
	2004	24.4	46.9	17.5	13.1	41.3
	2005	31.3	46.9	20.6	0.0	41.3
	2006	30.3	43.9	10.3	－4.5	41.8
	2007	30.3	40.9	13.3	－4.5	41.8
	2008	30.3	33.9	13.3	－14.5	41.8
	2009	21.2	30.3	0.0	－9.1	33.3
	2010	21.2	27.3	3.0	－9.1	36.4
	2011	18.2	27.3	3.0	－15.2	36.4
	2012	15.2	27.3	0.0	－15.2	33.3
完成車－部品 2003-2012		28.0	29.6	29.4	20.8	7.3

出所：野田（2016）。

表12－5　主要医薬品メーカーにおける「事業等のリスク」開示内容

会社名	代替	戦争	テロ，革命	放射能	その他含む開示 リスク項目合計数
田辺三菱製薬	0	0	0	0	13
あすか製薬	0	0	0	1	9
科研製薬	0	0	0	0	2
小野薬品工業	0	0	0	0	11
扶桑薬品工業	0	0	0	0	5
キッセイ薬品工業	0	0	0	0	7
沢井製薬	1	0	0	0	7
第一三共	1	1	1	0	22
大塚ホールディングス	0	1	1	0	23

（1：開示有り，0：開示なし）

出所：野田（2016）。

5　まとめ

本稿では有価証券報告書などに記載された定性情報の内容を分析することで，開示企業の特徴の把握，開示効果，そして開示内容の活用について考察を行った。その結果，以下の点が示唆された。

第1に，定性情報の開示に関しては，規模が大きくガバナンスが充実している企業は開示に積極的である。一方で機関投資家の存在は必ずしも開示につながっていない可能性もある。

第2に，統合報告書の開示後は，任意開示で開示量が有意に減少している結果が見られた。さらにCSR関連のリスク項目が減少していることから，法定開示と任意開示の中で役割分担が進んでいる可能性が指摘できる。

第3に，リスク情報にはリスクの内容だけでなく，産業間，産業内で比較を行うことで，企業の戦略や行動に関する情報を把握できる可能性が示された。

本稿では，有価証券報告書や社会環境報告書などの定性情報を中心に考察を行った。こうした既存の開示研究では開示量（文字数）やキーワードの分析にとどまっている部分も多い。今後は企業の開示内容を実証分析だけでなく，個別企業の実態を確認しつつ，望ましい開示レベルとの乖離を探っていく取り組みが求められる。

【注】

1）日本政策投資銀行・設備投資研究所（松山将之氏他）及び日本経済研究所（川島啓氏他）による協力を得て集計した。

2）http://www.newton-consulting.co.jp/bcmnavi/glossary/

3）ここでは，有価証券報告書記載のリスクをCSR関連リスクと非CSR関連リスクの2つに分類しその変化を観察した。CSR関連リスクは，環境，自然災害，労働安全衛生，雇用，経営及び内部統制，セキュリティで，非CSR関連リスクとしては，取引及び法的問題，社会経済，政治，技術，財務，製品サービスである。

4）リスクカテゴリーの分類は，リスクマネジメントの国家規格として1995年にはじめてオーストラリア／ニュージーランドで制定された「AS/NZS 4360」に基づいて，宮城県が策定した分類を使用した。

参考文献

浅野敬志（2013）「Confirmation仮説に基づく将来予測情報の信頼性の検証」日本会計研究学会スタディ・グループ報告。

伊藤邦雄（2010）「IFRSと日本基準の違いを把握し「説明能力」を磨くことが経営者の責務」『NIKKEI特集　IFRS NAVI　国際会計特集』。

奥田真也・北川教央（2011）「わが国の会計制度改革期における利益の質と個別リスクの関係について」『証券アナリストジャーナル』49(8)，pp. 91-108。

加賀谷哲之（2011）「BCMの開示が株式市場からの評価に与える影響」『伊藤邦雄還暦記念シンポジウム』，pp. 77-94。

金鉉玉（2007）「リスク情報の事前開示が投資家の意思決定に与える影響・情報流出リスクの顕在化ケースを用いて」『一橋商学論叢』2(2)，pp. 102-113。

金鉉玉（2008）「リスク情報開示と株主資本コスト」『一橋商学論叢』3(2)，pp. 55-68。

金鉉玉・安田行宏（2012）「リスク情報開示とリスクマネジメント体制整備に向けた新たな視点－ディスクロージャー制度の次なるステップへの展望－」『プロネクサ

ス総合研究所　研究所レポート』6，pp. 5-16。
金鉉玉（2013）「医薬品業界におけるリスク情報の開示実態」『東京経大学会誌』278，pp. 17-35。
経済産業省（2012）「持続的な企業価値創造に資する非財務情報開示のあり方に関する調査」。
古賀智敏（2012）「統合レポーティング時代における会計研究に認識基点」『企業会計』64(10)，pp. 17-23。
小西範幸（2008）「財務報告におけるリスク情報開示の基本的枠組み」『会社法におけるコーポレート・ガバナンスと監査』日本監査研究学会リサーチ・シリーズⅣ，同文舘出版。
小西範幸（2012）「統合報告の特徴とわが国への適用」『企業会計』64(6)，pp. 18-27。
財務会計基準機構（2005）「有価証券報告書における『事業等のリスク』等の開示実態調査」。
中野貴之（2010）「財務諸表外情報の開示実態―事業等のリスクおよび MD&A の分析」『財務諸表外情報の開示と保証』，pp. 133-150。
野田健太郎（2013）『BCP による企業分析』中央経済社。
野田健太郎（2015）「財務諸表外情報開示に関する考察」『日本会計研究学会研究報告要旨集』，p. 164。
野田健太郎（2015）「地域のレジリエンスに対する評価と活用」『地域開発』610，pp. 13-18。
野田健太郎（2016）「有価証券報告書における定性情報の分析と活用―リスクの多様化にともなう望ましい対話のあり方―」『経済経営研究』37(1)。
張替一彰（2008）「有価証券報告書事業リスク情報を活用したリスク IR の定量評価」『証券アナリストジャーナル』46(4)，pp. 32-44。
みやぎ企業 BCP 策定ガイドライン（2014）
http://www.pref.miyagi.jp/soshiki/syokeisi/bcp001.html。
薬事医療業界ニュース（2013）「東日本大震災から 2 年　製薬各社の対応をアンケート」。
姚俊（2013）『グローバル化時代におけるリスク会計の探求』千倉書房。
與三野禎倫（2012）「財務と非財務の統合による経営と開示のダイナミズム」『企業会計』64(6)，pp. 46-55。
Arrow, K. J. (1963) “Uncertainty and the Welfare Economics of Medical Care”,

The American Economic Review, 53(5), pp. 941-973.

Beretta, S., and S. Bozzolan (2004) “A framework for the analysis of firm risk communication”, *The International Journal of Accounting*, 39, pp. 265-288.

Brimble, M., and A. Hodgson (2007) “Assessing and risk relevance of accounting variables in diverse economic conditions”, *Managerial Finance*, 33, pp. 553-573.

Campbell, J. L., H. Chen., D. S. Dhaliwal., H. Lu, and L. B. Steele (2011) “The Information Content of Mandatory Risk Factor Disclosure in Corporate Filings”, American Accounting Association Annual Meeting 2011.

Ferreira, M. A. and P. A. Laux (2007) “Corporate Governance, Idiosyncratic Risk, and Information Flow”, *Journal of Finance*, 47(2), pp. 427-466.

Morris, R. D. (1987) “Signalling, agency theory and accounting policy choice”, *Accounting and Business Research*, 18, pp. 47-56.

Subramaniam, N. (2006) “Agency theory and accounting research : An overview of some conceptual and empirical issues”, In : Hoque, Z. (eds.). *Methodological Issues in Accounting Research : theories and methods*, pp. 55-81.

Yi, A. and D. Howard (2011) “Intellectual capital disclosure in Chinese (mainland) companies”, www.deepdyve.com.

第13章
企業不正の防止と発見
―問われる経営者の意向や姿勢―

濱田眞樹人

1　はじめに

2015年に明るみに出た企業の不正事件を振り返ると，東芝の会計不正事件，Lixilの中国孫会社による会計不正事件，KDDIの香港子会社による会計不正事件，東洋ゴム工業の建築用免震ゴム性能偽装事件，旭化成建材の工事データ偽装事件，化血研の血液製剤不正製造事件などが，海外ではフォルクスワーゲンの排ガス規制回避のためのデータ偽装も発覚し，一流と呼ばれる企業が企業価値やブランドを大きく毀損するのを目の当たりにすることとなった。他に，この年だけでも，会計不正，横領，贈賄，談合，インサイダー取引，情報漏えい，反社会的勢力との関係などの事件が明らかになり，企業不正は一向に止むことを知らない。

多くのビジネスパーソンは，自らが率いる，あるいは，所属する組織の倫理観を信じ，不正など自分には関係が無いと考えているであろう。しかしながら，事業をグローバル化し，多様性を受け入れ，イノベーションを起こすことを求められている現代の企業環境で，企業グループのどこかで不正が行われてしまうリスクは高まっている。本章では，このような状況下において，企業の不正を見つめ，それを効果的に防止し，発見して対処することについて論ずる。

2　関係概念の整理

東芝の会計不正事件は「コーポレートガバナンスの失敗」と言われる場合がある。はたして，これはどのような文脈で論じられているのだろうか。CSR，コーポレートガバナンス，内部統制，コンプライアンスという言葉は，ビジネスパーソンが日常的に口にするものであるが，この項では，これらの概念を経営学的視点で再整理したうえで，東芝の会計不正事件を見つめることとする。

2－1　CSR について

本章では，CSR（Corporate Social Responsibilities：企業の社会的責任）を「企業が社会の一員として，社会に対して果たすべき役割と責任」と定義する。企業を，社会の一員として位置づけ，企業の持続可能性（Sustainability）はその活動の基盤である社会の持続的発展（Sustainable Development）に依存しているという考えに基づいている。企業と社会の間に生じる問題は，「企業の何らかの決定又は活動に利害関係をもつ個人又はグループ」であるステークホルダー（Stakeholders）との具体的な課題の解決として議論されてきた。したがって，CSR の議論は，多分野にまたがっており，その全体像は捉えづらいものである。その議論は，古くは一世紀以上前に労働慣行や公正な事業慣行から萌芽し，人権，環境，消費者保護，汚職防止などが，社会の関心，つまり企業への期待の変化によって，課題として追加されてきたのである。

現代米国社会における CSR 論の嚆矢としては，これを社会の目標や価値によって望ましい方策を追求し，決定を下し，その一連の活動に従う「ビジネスマンの責務」であるとした Bowen（1953）を挙げることができる。現代の大企業の社会的影響の大きさとその経営者の責務は，1960 年代の米国の社会における消費者運動，公民権運動，ウーマン・リブ運動，環境保護運動，反戦運動などの高まりも時代背景となり，強調がなされたのである。

これに対して，「市場経済において企業が負うべき社会的責任は，公正かつ自由でオープンな競争を行うというルールを守り，資源を有効活用して利潤追求のための事業活動に専念することで，これが企業に課されたただ一つの社会的責任である。」とするFriedman（1962）の対極的なCSR論も1980年代にはよく引用がなされるようになる。これもまた，この時代の米国の新自由主義（Neoliberalism）の台頭などの時代背景を反映した議論である。

バランスが取れたCSR論として引用されるのが，Bowenを「CSRの父」と位置付けたCarrol（1991）の「CSRピラミッド」である。CSRのあり方を，4階層で下から「経済的責任」，「法的責任」，「倫理的責任」，「社会貢献的責任」のピラミッド型に図示して説明した。最も大きな「経済的責任」と次の「法的責任」を企業の義務とし，「倫理的責任」と「社会貢献的責任」を企業の自主的・主体的に設ける責任として論じている。

20世紀の終盤から21世紀にかけて，米国では，事業の戦略として，より積極的に環境や社会課題に取り組むことで企業価値の向上につなげる，受動的CSRを超えた「戦略的CSR」の推進が提唱された。その発展形として，Porter（2011）による経済的価値と社会的価値を同時実現する「共通価値の創造（Creating Shared Value : CSV）」もよく引用される。

欧州では，ボーダーレス化する地球温暖化や環境汚染の問題，貧富の格差と労働問題，企業による不祥事や腐敗行為などの問題がクローズアップされ，国連が企業に対してCSRの取り組みを提唱した。人権，労働，環境，腐敗防止の4分野にわたる諸原則に関しての「国連グローバル・コンパクト（United Nations Global Compact)」や，「企業価値の向上や持続的成長」に関する解決すべき課題を環境・社会・ガバナンス（Environment, Social, Governance : ESG）とした金融機関の自主的な取組みである「国連責任投資原則（United Nations Principles for Responsible Investment : PRI)」などである。

2010年には，国際標準化機構（International Organization for Standardization : ISO）による国際規格ISO26000「社会的責任に関する手引き（Guidance on Social Responsibilities)」が10年以上の検討を経て策定された[1]。ISO26000は，対象を企業（Corporation）に限らずに，説明責任，透明性，倫理的な行動，ステークホルダーの利害の尊重，法の支配の尊重，国際行動規範の尊重，人権の尊重という社会的責任の7原則を掲げたうえで，社会的責任に関する7つの中核主題を示している。ISO26000は，組織統治を中心として，周りに人権，労働慣行，環境，公正な事業慣行，消費者課題，コミュニティへの参画及びコミュニティの発展という中核主題を配置することで図示し，組織は相互に関連し補完しあうこれらの主題に全体的なアプローチで取り組むべきであると示している。

ISO26000という手引により，世界中の組織及びステークホルダーにとっての，現時点での，持続的な発展に貢献するための社会的に責任ある行動の認識は統一されたのである。しかしながら，ISO26000でも言及されているように，社会的責任の要素は，ある特定の社会の期待を映し出すものであり，絶え間なく変化する。社会の関心が変化するにつれて，組織に対する社会の期待も変化するのである。組織は，社会及び環境に対する配慮を自らの意思決定に組み込み，かつ説明責任を負うのであるから，社会の期待とその変化を理解することが求められているのである。

2－2　コーポレートガバナンスについて

前項でISO26000が，中核主題の中心に組織統治（Organizational Governance）を置いていることを示した。企業という組織においては，そのCSRにコーポレートガバナンス（Corporate Governance）を包含していることを意味しているのである。このコーポレートガバナンスの問題は，企業が始まって以来の古くて新しいものであり，様々な議論がなされてきた。多くの企業が株式会社の形態をとるようになったのは，現代の資本主義社会の基盤となったこの制度が多くの資本を調達し，経済活動を拡大するために生み出されたからである。株式会社は，資本結合に優れた形態であり，その制度は所有権である株式を自由に譲渡するための流通市場である株式市場とともに発展してきた。しかしながら，株式会社としての財産はその法的所有者たる株主とは別個の専門経営者により運営，支配されるので，経営者支配の行き過ぎを防ぎ，経営者が株主の利益である企業価値の最大化を追求するための制度設計を行うというのが現代の英・米における株主主権論に基づいたコーポレートガバナンスの議論である。

Berle and Means（1932）は，米国では19世紀の後年および20世紀の初期には多くの経済生活の側面が株式会社制度を採用してその支配下に納められたこと，株式会社と公開証券市場という手段によって無数の個人の富が集中されて巨富となったこと，その株式会社を所有者以外の者が経営している事実などを明らかにした。経済力の集中と株式所有の広範な分散を基礎として，株式会社なる財産はその法的所有者たる株主とは別の専門経営者により運営，支配されるとして，上場企業の所有と支配の分離（Separation of Ownership and Control）と経営者支配（Management Control）を論じた。当時の大恐慌とニューディール政策などの状況を背景として，株式会社の規制について警鐘を鳴らしたのである。以降，どのように経営者を規律付けするかの議論は続いてきた。

株式会社には，所有者たる株主と経営を委任された専門経営者という最も基本的なプリンシパル（Principal）とエージェント（Agent）の関係が成り立っている。所有と経営が分離した株式会社における株主と経営者の契約関係は，エージェンシー理論を使って説明することが試みられてきた。Fama and Jensen（1983）は，権限を委譲する側と権限を委譲される側双方ともが効用の最大化を目指すとすれば，エージェントはいつもプリンシパルの最善の利益のために行動するとは限らないので，エージェントの逸脱行動を制限する監視コスト（Monitoring Expenditures），エージェントがプリンシパルを害さないことを保証するコスト（Bonding Expenditures），両方のコストを支出しても残存する逸脱による福利の減少である残余損失（Residual Loss）を支出することがあるとし，これらの総和をエージェンシー・コスト（Agency Costs）と定義した。プリンシパルとエージェントの利害の不一致，そして情報の非対称性（Asymmetry of Information）が存在することから発生するエージェンシー・コストは契約関係の形成と維持に必要なコストである。

株主と専門経営者の情報の非対称性によるモラルハザードやエージェンシー問題は経営学の大きな課題とされてきた。プリンシパルである株主とエージェントである経営者の利害や関心の不一致がエージェンシー・コストの発生源であり，これを最小化する仕組みが証券市場で資本を集める株式会社の大きな課題として議論されてきた。コストを最小化してプリンシパルである株主の価値を最大化するために，ディスクロージャーや経営執行と監督を分離して経営者を監視するコーポレートガバナンスなどの証券市場の仕組みが形成されてきたのである。経営者支配の行き過ぎを防ぎ，株主価値の最大化を追求するための制度設計を行うこと，つまりプリンシパルたる投資家はどのように企業を統治するのかが株主主権論に基づいたコーポレートガバナンスの議論である。

経済協力開発機構（Organization for Economic Co-operation and Development : OECD）は，2004年の『OECDコーポレート・ガバナンス原則（OECD Principles of Corporate Governance)』においては，コーポレートガバナンスを「会社経営陣，取締役会，株主及び，ステークホルダー間の一連の関係に関わるものであり，会社の目標を設定し，その目的を達成するための手段や会社業績を監視する手段を決定するための仕組みを提供するもの」と定義している。このように，ステークホルダー理論に基づいて広く定義すれば，コーポレートガバナンスは企業業績に関するステークホルダー相互の調整を図る仕組みであり，株主主権論に基づいて狭く定義すれば，株主の観点から企業の効率性を高めるような経営者の規律付けとなる。

日本では伝統的に社会，従業員，金融機関をはじめとする取引先などのステークホルダーとの関係を重視してきたが，現代の米・英のコーポレートガバナンスの議論は株主の企業価値を議論の中心に据えたものが中心となっている。しかしながら，日本においても，近年の証券市場における外国人投資の高まり[2)]を背景として，株主主権論に基づいた「コーポレートガバナンスの強化」への大きな動き[3)]が，2014年のスチュワードシップ・コード[4)]制定，いわゆる「伊藤レポート[5)]」への注目，会社法改正，2015年のコーポレートガバナンス・コード[6)]制定などに見ることができるのである。

2－3　内部統制について

エージェンシー関係は企業における様々な活動においても存在する。Jensen and Meckling（1976）は，多くの組織が個人間の契約関係の束（Nexus for a Set of Contracting Relationship）を提供する法律的な擬制（Legal Fiction）であることを認識することが重要であるとしている。経営者自身も会社を運営するなかでプリンシパルとなり，従業員や取引先などの様々なエージェントと契約を結んでいる。会社の大目標を経営者が掲げ，より具体的な目標と手段が計画され，組織内のサブ・ユニット，そして階層ごとの個人レベルに伝達され，実行され，評価され，修正されるという，目的と手段の連鎖にもエージェンシー関係が多数存在する。エージェンシー・コストを削減するためには情報の非対称性を緩和する仕組みが必要であり，内部統制（Internal Control）はそのひとつであると説明できるのである。つまり，ミス，誤謬，そして不正などを防ぐ仕組みである内部統制は，経営者によって本来的に企業に備えられるものである。

Coase (1937) は，企業が存在する理由を問い，その答えを取引コスト（Transaction Cost）に求めた。需要と供給を最適化することで価格を決定し，最大効用を引き出すためのシステムとして最も優れているのが市場であるなら，なぜ企業（Firm）を作るのかと問い，その存在意義は市場における交換取引を行うコストよりも有利であるものを企業内部での交換に取り込むことであるとした。Williamson（1981）は，このコースの理論をさらに展開し，限定合理性（Bounded Rationality）と機会主義的行動（Opportunistic Behavior）という仮説に基づき，市場と組織の選択を人間の行動により発生する取引コストで論じた。企業という経済単位のなかでも株式会社は資本結合に最高の形態であり，資本をより多く集めるために，譲渡が自由な所有権たる株式の流通市場を形成してきた。証券市場において，株式会社は資本調達のコストを削減するために，機会主義的行動を抑制するために市場が定めた会計や諸規制の制度を受け入れるのである。

上場企業は，重要情報の適時・適切な開示（Disclosure）を含む，一般の投資家を保護するために定められた証券取引の規則に従う義務を負う。証券市場に上場することを“Go Public”，上場している会社を“Public Company”と呼ぶのは，証券市場が一般大衆（Public）[7)]から広く投資を集める制度であるからであり，それは証券市場の公正性・信頼性を守るための制度の上に成り立っている。この制度により，上場企業の経営者は，適切な財務諸表を作成する責任や有効な内部統制を構築・維持する責任を負っており，経営者の作成した内部統制報告書における内部統制の有効性の評価結果について監査を受けるのである。

しかしながら，内部統制は，本来的に，企業を経営するうえでの管理手法，経営者が企業を運営するうえの道具であり，どのような企業も何らかの形で備えている運営管理手法である。上場企業の内部統制を評価するためのデファクト・スタンダードとなったCOSO[8]の「内部統制の統合的枠組み（Internal Control Integrated Framework）」は，内部統制を，「事業体の取締役会，経営者およびその他の構成員によって実行され，業務，報告およびコンプライアンス（Operations, Reporting, and Compliance）に関連する目的の達成に関して合理的な保証を提供するために整備された1つのプロセス（Process）である」と定義している。COSOはこの定義に，内部統制は目的ではなくプロセスや手段であり，マニュアルや書式ではなく組織の人間によって遂行されるもので，前述の目的の達成を合理的に保証するものであると加えている。また，内部統制が，統制環境，リスク評価，統制活動，情報と伝達，モニタリング活動（Control Environment, Risk Assessment, Control Activities, Information & Communication, and Monitoring Activities）という5つの相互に関連する要素（5 Integrated Components）から構成されていると示している。

整理すると，コーポレートガバナンスは株主が経営者を監視（Monitoring）する仕組みであり，経営者が企業内部を管理（Control）する仕組みが内部統制である。東芝の不正会計に関してこの文脈で改めて整理すると，基本的にはこの事件は財務諸表の虚偽記載を防ぐための仕組みである内部統制の失敗によるものであった。その失敗の原因は，経営者による統制の無視であり，不適切な「経営者の意向や姿勢（Tone at the Top）[9]」であり，統制環境の欠陥であった。それゆえに，そのような経営者を許したコーポレートガバナンスの失敗であるという，二段構えの理解が必要である。我々，被用者の年金積立金は，資産を長期保有し，株式を含む複数の資産に分散投資される。つまり，我々は意図せずとも年金制度を通して間接的に株主になっており，証券市場を通したコーポレートガバナンスは，一見関係のないように見える我々にとっても実は重要な問題なのである。

2－4　コンプライアンスについて

内部統制の目的の一つがコンプライアンスであることを前述した。すなわち，コンプライアンスは，CSR，コーポレートガバナンス，内部統制の一番内側に位置する概念である。1992年当初のCOSOのフレームワークにおける記述が「関連法規の遵守（Compliance with Applicable Laws and Regulations）」であったものが，2013年の改定により，単純に「コンプライアンス（Compliance）」と変更された。現代の企業が遵守（Comply）すべきものは，法令の文言だけではなく，その背後にある精神まで遵守や実践をすることだと捉えられるようになったことが背景と考えられる。古くから議論されてきた倫理学は，人間の行為や判断の規範的な考察であったが，20世紀になると企業倫理，職業倫理，あるいはビジネス倫理（Business Ethics）などの言葉が議論されるようになった。企業の根源的な性質である利潤追求，そして，本来は人の行為の善悪の考え方である倫理というものを合わせた議論をするようになったのである。

企業が遵守すべき規範は，社会の関心の変化につれて，それらの関心を映し出して変化してきた。それは，現代の企業にとって大きな課題となった談合，腐敗行為，あるいは，反社会的勢力との関係などに対する世論や社会の要請が大きく変化してきたことを見れば容易に理解できる[10)]。持続可能な発展を目指す企業は，ステークホルダーの期待に配慮することが必要となる。その期待の度合いや変化を正しく理解するのが，執行を行う経営者の役目であり，その執行の監視を行うコーポレートガバナンスの担い手の役目である。

3　企業不正の防止と発見

3－1　企業不正を防止することの重要性

現代の企業は，本社から離れた地域や国でも，経験の長い本業とは異なる事業にも進出して，ビジネスを多様化して，イノベーションを生み出し続ける必要に駆られている。社会の企業に対する期待も変化する環境のなかで，企業集団のどこかで不正が起きてしまうリスクが高まっており，そのリスクを評価し，顕在化するのを防止することは現代の企業グループの大きな課題となっている。

企業不正リスク，特に経営者不正や組織ぐるみの不正のリスクが顕在化した場合，その企業価値やブランドの毀損は大きい。経営者は，内部統制システムの所有者であり，内部統制の有効性に責任を負っている。しかしながら，前述のCOSOのフレームワークが，内部統制の限界として「経営者による統制の無効化（Management Override）」や「共謀（Collusion）」を挙げているように，経営者自らが内部統制システムを無効化すれば，内部統制の目的は達成されるわけがない。経営者による不正や組織ぐるみの不正の場合には，その損失が大きいばかりでなく，隠ぺいが長引く。また，経営が順調でなくなった時に組織の「人」たちのインセンティブに変化が生じる。企業の倫理観を，短期業績の上下動を乗り越えた長い期間正しく保つために，経営者がどのような「あるべき規範価値」，経営理念を持つかが重要となるのである。

したがって，コーポレートガバナンスに，その担い手として組み込まれる監査役，執行から独立した社外取締役，同じく独立した監査人などには，企業価値を毀損する「経営者の意向や姿勢」の歪みや，組織における不正リスクが顕在化する兆候を監視することが期待されている。企業不正の損失は，最終的には株主の負担となるので，これらを見逃さないことがコーポレートガバナンスにおいて，その担い手に期待されるのである。コーポレートガバナンスに関しては，この改革を推し進めるために，経営者の監視機能であるブレーキ機能ではなく，企業価値の最大化に寄与するアクセル機能を強調する議論も多い。しかしながら，前項で論じた経営者の監視（Monitoring）というコーポレートガバナンスの機能を忘れてはならない。車両がスピードを上げるためには，ブレーキの機能が重要となるのである。

3－2　企業不正リスク管理の世界標準

2016年4月に米国の公認不正検査士協会（Association of Certified Fraud Examiners : ACFE）は『職業上の不正と濫用に関する国民への報告書，グローバル不正調査2016年版（Report to the Nations on Occupational Fraud & Abuse, 2016 Global Fraud Study : RTN）』を公表した。ACFEは，150カ国以上に約7万5千人に及ぶ会員を有する，世界的な規模で不正対策に関するトレーニングを提供する協会であり，企業不正の防止と発見に関する知識と実践的な問題解決策の提供を通じて，不正対策の専門家が結束して不正防止と早期発見に取り組めるように支援活動を行っている。同報告書は，ACFEが認定している資格者である公認不正検査士（Certified Fraud Examiners：CFE[11]）による2014年1月から2015年10月までの2年間における世界中からの2,410件の報告をもとに，職業上の不正の発生形態を分析し，それらが事業や組織にもたらした損失額などを見積もる調査研究である。この報告書は1996年に初めて発表され，今回は9度目の報告となる。

ACFEは「不正（Fraud）」を「他人を欺くことを目的とした意図的な作為または不作為であり，結果として損失を被る被害者が発生し，不正実行犯が利得を得るもの」と定義している。ACFEの創設者であるWells（2006）は，この定義が英米のコモンロー（Common Law）における不正の要件である重要な虚偽（Material False Statement），騙す意図（Intent to Deceive），被害者が信じた事（Victim's Reliance），損害（Damage）のすべてを充たしていることを示した。そして，図13－1の「不正の体系図（Fraud Tree）」により，資産の不正流用（Asset Misappropriation），腐敗行為（Corruption），不正な報告（Fraudulent Statement）の3種類のカテゴリーに大分類している。

表13－1は同報告書による不正の大分類ごとの発生の頻度と損失額の中央値である。事件数の割合は資産の不正流用が圧倒的に多いが，財務諸表不正は発生時に大きな損失を及ぼすことを示している[12]。

同報告書は，全事件の損失額の中央値が15万ドルで，23.2%の事件が100万ドル以上の損失をもたらした事を示している。また，職業上の不正は，内部統制や監査人による不正発見の重要性の強調などにも関わらず，内部通報（Tips）による発見が39.1%と最も多く，その発見は内部通報システムがある組織では47.3%，システムがない組織では28.2%であった結果を示している。また，94.5%の事件で文書の改ざんや偽造などの隠ぺいが行われており，発見までの期間の中央値は18カ月で，期間が長引けば損失額が大きくなる傾向を示している。承認権限の高い犯人により行われた事件，共犯者の多い事件ほど損失は大きく，被害を受けた組織の58.1%は損失を取り戻せていないことな

図13－1　不正の体系図（Fraud Tree）

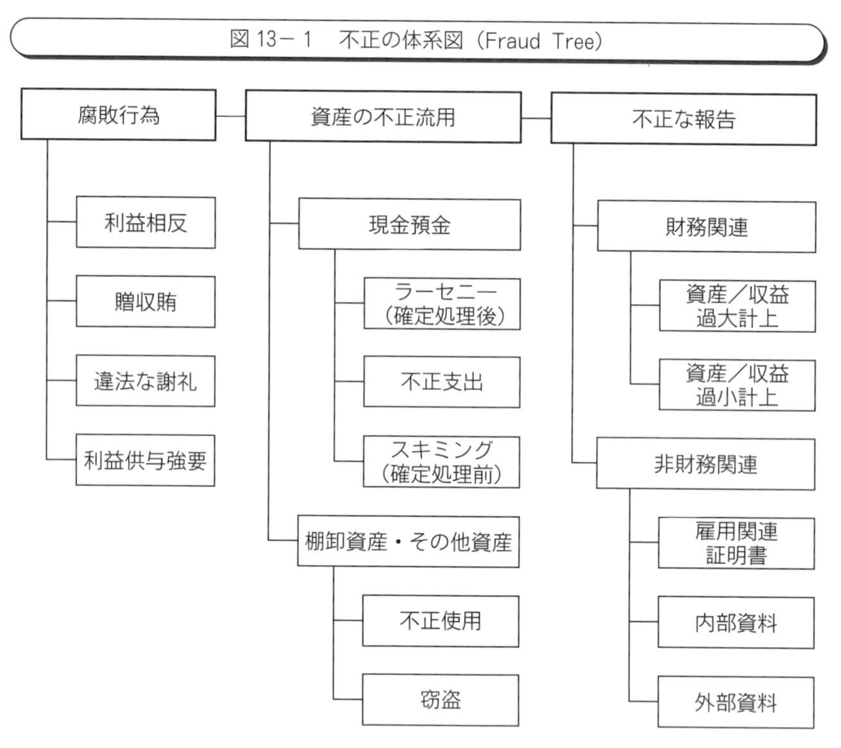

出所：Wells（2006）より筆者作成。

表13－1　不正分類ごとの発生頻度と損失額中央値

不正分類	事件数割合	損失額の中央値
資産の不正流用	83.5%	125,000ドル
腐敗行為	35.4%	200,000ドル
財務諸表不正	9.6%	975,000ドル

出所：2016年RTNから筆者作成。

ども示している。2年ごとに公開される報告書は，不正事件の手口や損失に一定の傾向があることを示しており，調査結果は，企業の不正リスク管理プログラムの適切な構築と実施に役に立つ情報となっている。

企業が，不正リスクを識別し，評価し，防止し，そして万が一の場合の早期発見，対処に備える場合に欠かせないのが，図13－2に表した，不正行為の発生の仕組みについての理論として知られる「不正の三角形（Fraud Triangle）」である。この概念は，犯罪学者Cresseyによる，横領犯が犯罪を行った要因についての1970年代の調査研究「信頼された人間が背信者となる状況」の仮説を基にしている[13)]。ACFEの初代会長であるAlbrecht（2014）は，この仮説を発展させ，「炎が，熱，燃料，酸素の3要素を必要とし，消火するには1要素を除去する」という消防の知見「炎の三角形（Fire Triangle）」から着想を得て，1991年にその論文において，不正を行う機会（Opportunity），不正を行う動機（Pressure），そして不正行為を正当化する理由（Rationalization）の3要因が揃ったときに人は不正を働くという仮説「不正の三角形」を示した。この概念は，1998年にはACFEの「不正検査士マニュアル（Fraud Examiners Manual）」に含まれ，2002年には米国の監査基準書（Statement on Auditing Standards : SAS）99号「財務諸表監査における不正の検討（Consideration of Fraud in a Financial Statement Audit）」，2004年には国際監査基準（International Standard on Auditing : ISA）240号「財務諸表監査における不正に関する監査

図13－2　不正の三角形（Fraud Triangle）

人の責任（The Auditor's Responsibilities Relating to Fraud in an Audit of Financial Statements）」の付録（Appendix）に「不正リスク要因（Fraud Risk Factors）」として取り入れられた。

企業不正リスク評価に「不正の三角形」の概念を援用する場合の「機会」とは，不正行為の実行を可能にする，あるいは容易にしてしまう環境を指す。例えば，一人の経理担当者に権限が集中している，管理者によるチェックや承認行為が形骸化しているといった統制活動の欠陥などがこれにあたる。現代の企業では，事業内容や構造の変化，そして拠点のグローバル化とそれに伴う文化などの多様性の受入れなどが「機会」を複雑化している。

「動機」とは，不正を実行する際の心理的なきっかけや事情を指す。例えば，業績達成や原価低減に関する強すぎる圧力，過剰なノルマ，経済状況や事業の変化，業績の悪化，組織を裏切るより組織のために不正を働くことが奨励される状況，あるいは，個人的な借金，処遇への不満や組織への怨恨の心情などがこれにあたる。

「正当化」とは，不正行為を是認する主観的な事情のことで，不正に関する良心の呵責を乗り越える言い訳や倫理観の欠如を指す。例えば，「借用であり，窃盗ではない」などの言い訳や，経営者が倫理観に欠けており，職場に不適切な価値観が伝達されている場合などがこれにあたる。

企業不正は，多くの場合が高等教育を受けたホワイトカラーによる犯罪（White Collar Crime）である。企業不正リスクの識別は，事業の実際と社会的な要請の「ずれ」を見付け出す手続である。この場合の社会的な要請とは，法令，諸規則，行政指導，行動規範，社内規則，民意などである。経営者は，これらの社会的な要請が常に変化をしていることを念頭に置かなければならない。そして，他社の不正事例から学び，社内に目配りをして，前述のフレームワーク等を通して自社の不正リスクを分析しなければならない。適切な「経営者の意向や姿勢」を示し，不正は起こさないし，許さないことを明言し，必要な資源を割くことが肝要である。

2008年7月に米国の内部監査人協会（Institute of Internal Auditors：IIA），米国公認会計士協会（American Institute of Certified Public Accountants：AICPA）

とACFEは共同後援により『企業不正リスク管理のための実務ガイド(Managing the Business Risk of Fraud : A Practical Guide)』を公表した。企業社会において不正事件は止むことを知らず，企業が不正と闘うために適切な行動をとることに対する期待は高まり，企業は事業上の不正リスクを見出し，不正を防止，発見，調査，対応する有効なプログラムを保持しているかを問われることとなる。これは，企業が不正リスク管理プログラムを開発，評価，改良する場合の実務的な情報を提供するものである。

この実務ガイドは，文化，人種，宗教，その他の要因に関係なく，特定の状況下におかれた人間は不正を犯すことがありうると解説している。不正は企業の中の「人」が犯すもので，ある状況に置かれれば通常の人が不正を犯すことがあり，それはおよそどのような組織でも起こりうるという仮説に立っているのである。それ故に，企業は熱心かつ継続的な努力なしに企業自身やステークホルダーを重大な不正行為から守ることはできないとして，企業が不正リスクを効果的に管理する環境を構築するための重要な5ステップを図13－3のように示している。

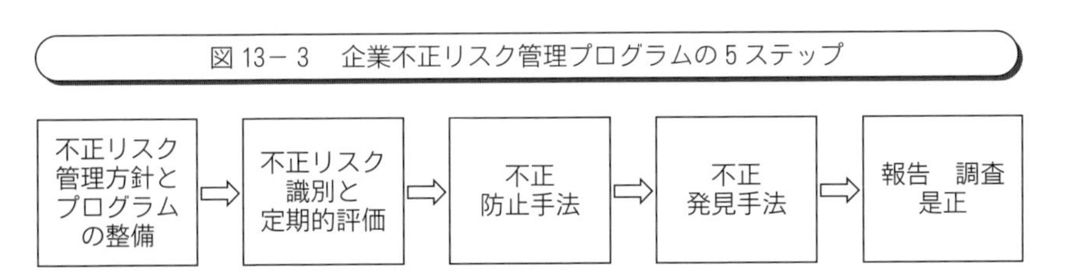

出所：IIA，AICPA，ACFE（2008）より筆者作成。

経営者は，不正リスク管理を組織の内外から分かりやすいものにしなくてはならない。現代の経営者には執行のスピードと説明責任が求められている。その中で，不正リスクを管理し，自浄能力を発揮するためには，正しい「経営者の意向や姿勢」を含む不正リスク管理プログラムを社内外に明確に示すことが必要である。

3－3　日本企業における不正の特徴

米国において，2002年の企業改革法施行[14]の契機となったエンロン事件やワールドコム事件などの財務諸表不正では，経営陣が巨額の報酬を得て，その地位を守るために業績を粉飾し株価を上げるというものであった。日本でも米国ほど巨額ではないが，経営者や社長経験者などのOBによって，報酬や会社を私物化できる地位を守るために行われた事件も多い。個室，秘書，交際費，社有車，名誉職，人事権，取引先からの優遇などを守ることが，日本の経営者に特有の動機になっている。

しかしながら，日本企業の不正では，個人的な横領やトップダウン型の不正だけではなく，投資の失敗や不採算事業の損失を補填したり，上場を維持したりするために組織ぐるみで不正行為を行い，隠ぺいを行った事件も多い。この場合には，不正の実行者たちの間に「会社を守る」という考え方が存在した。例えば，2004年にその巨額の粉飾の発覚が監査法人の解散の端緒ともなったカネボウの財務報告不正における動機については，伝統ある企業を維持しようとした意識が特徴的である。高学歴で有名企業に就職した社員は，会社への帰属感が強く，会社をあたかも自身の家族のように感じることが，それを守るという意識につながった。財務報告不正の手口は単純でも，長期間にわたって犯行が継続しており，不正に加担した社員の動機はより複雑で，会社を守るために粉飾に関して麻痺した感覚を持った正当化と深く結びついている。不正の三角形の理解では，正当化について，既に犯した犯罪を正当化するのではなく，犯罪の動機の一つとして不正を犯す前に正当化が必要不可欠であり，そのために犯人は，自分を犯罪者とは考えておらず，自分の違法行為を自分に正当化して理解させるのである。社会心理学では，過度に凝集性が高い組織では集団浅慮（Group Think）[15]に陥りやすいと分析する。組織に多様性を受け入れることは，ISO 26000における社会的責任の中核主題の組織統治でも期待されており，現代の日本企業が直面する大きな課題である。

企業のなかの「人」が起こす不正の問題は簡単なものではない。高等教育を受けた，誠実な社員が不正を起こしてしまうのである。現在の企業不正では多くの事件で第三者委員会報告書[16]を読むことができる。他社の事件において，当事者となった者，組織の状況，心情や苦しみを研究するのは大切な作業である。ACFEは，企業不正は隠ぺいされ，実行者は見つからないという自信のもとに犯行を行なうため，防止することが発見することよりもコスト・エフェクティブであると強調している。2016年RTNは，財務諸表不正の発見までの期間の中央値が24カ月であった事を示している。これは，事業年度中に行われた会計不正は当事業年度末，そしてその期末監査の時期までに発覚する可能性は著しく低いことを意味している。内部統制は不正や誤謬が発生する蓋然性を減少させるが，不正の実行者は統制手段を理解したうえで犯行に及ぶ。したがって，経営者は不正の兆候（Red Flags）や防止と発見に関する内部統制を注視することにより，不正リスクが顕在化する蓋然性を感じ取ることが必要となるのである。

また，過去に，企業不正への初期対応を誤ったために，「隠ぺいを行った企業」，あるいは「不祥事企業」などのレッテルを張られ，消費者の信頼を失い，大きく企業価値を毀損した事件もみられる。日本の行政は，従来の事前規制から事後規制へと，企業の自己責任の原則の重視へと転換した。社員や取引先が企業の不正な行為を告発する機運が高まり，インターネットをはじめとするメディアや社会の目が厳しくなり，日本企業を対象とした海外の司法による執行も厳しくなり，企業は不正リスクに対応し自浄能力を発揮することを期待されている。経営者は，不正リスクが顕在化した場合，企業不正の兆候や告発に気が付いた場合には，素早く，適正に対処できる心構えと準備を怠ってはならない。

4　おわりに

多くの日本のビジネスパーソンは，自社組織における倫理観は高く，不正など起きるはずはないと信じている。しかしながら，年々明るみで出る企業不正事件は止むことを知らず，いつ自分自身が直面することになるかは分からない。事件のなかには，長年にわたる組織的偽装や隠ぺいが明らかになったり，時間の経過とともに再び不正事件を繰り返してしまったり，謝罪会見で経営者の不誠実さが明らかになり企業イメージを悪くしたりして，先達が長年かけて苦労して築き上げてきた企業価値を大きく毀損してしまうケースもある。「組織ぐるみ」，「隠ぺい」，「放置」などと，自浄作用が働かないと判断された企業は「不祥事企業」とレッテルを張られる。

本章では，企業不正に関して，経営学的視点で関係概念を再整理したうえで，その防止と発見に関する現代の知見について論じた。我々の経済を支える証券市場の開示を例にとると，財務諸表に重要な虚偽の表示をもたらすのは「誤謬」と「不正」であり，それを区別するのは意図的であるか否かである。「不正」は実行者によって隠ぺいされる。したがって，発見するのは困難であり，防止するほうが効率的である。その防止における一番の鍵となるものは「経営者の意向や姿勢（Tone at the Top)」である。時代とともに企業に対する社会の期待やコンプライアンスのあり方は変わっていく。肝要なのは，経営者がそれらを正しくくみ取ったうえで，正しい倫理観を組織に浸透させることである。特に，過去に倫理にもとる行為があった組織の経営者は，その理由や事情を正面から見つめ，自分の組織では二度と起こさないという決意を明確に表明しなければならない。経営者は，不正は起こりうるのだという前提を理解したうえで，不正は厳罰に処すこと，単なる精神論だけではなく，具体的に「この企業では，企業倫理と利益追求が衝突した時には企業倫理をとる」という強い姿勢を組織の隅々に伝達する必要がある。

長年にわたり隠ぺいされてきた不正が明るみに出た時に，「経営者には知らされていなかった」という言い訳が行われる場合がある。部署，部門，子会社などの単位で組織が閉鎖的になれば，組織内の理屈や常識と社会の要請がずれていることに気付かなくなる。事件を正当化し，組織で関与したり，リスクが顕在化したことが判明しても対処を先延ばししたり，隠ぺいしたりするかもしれない。また，組織内での経営者への情報伝達にバイアスがかかる場合もある。しかしながら，組織の動きを把握し，管理するのは，内部統制の所有者である経営者の責任なのである。また，企業のブランドを構築し，守るのも経営者の役目である。経営者は，企業不正リスクと正面から向き合うことが必要である。また，我々，一般の投資家は，その「経営者の意向や姿勢」を監視するコーポレートガバナンスについて注目していかなければならない。

【注】

1）ISO26000は日本語に翻訳され，2012年3月に日本工業規格JISZ26000 : 2012「社会的責任に関する手引」として制定されている。“Sustainable Development”を「持続可能な開発」と訳すこともあるが，本章ではJISZ26000に基づいて「発展」を使用した。ISO26000は，これを「将来の世代の人々が自らのニーズを満たす能力を危険にさらすことなく，現状のニーズを満たす発展」と定義している。

2）東京証券取引所は，2015年の東証1部市場の株式年間総売買取引における外国人投資家の割合が株式数で63.2%，売買金額で71.2%であったことを公表している。

3）安倍内閣は2014年6月24日に「日本再興戦略改定版2014」を閣議決定し，改革に向けての10の挑戦の最初に「日本の稼ぐ力を取り戻す」として「企業が変わり，稼ぐ力を強化するため，コーポレートガバナンス（企業統治）の強化を図る。」と掲げた。さらに2015年6月30日の「日本再興戦略改定2015」でも「攻めのコーポレートガバナンスの更なる強化」を掲げている。

4）2014年2月26日「責任ある機関投資家の諸原則≪日本版スチュワードシップ・コード≫～投資と対話を通じて企業の持続的成長を促すために～」は，金融庁ホームページを参照。

5）2014年8月6日「持続的成長への競争力とインセンティブ～企業と投資家の望ましい関係構築～」プロジェクト「最終報告書」，いわゆる「伊藤レポート」は，経済産業省のホームページを参照。

6）2015年6月1日「コーポレートガバナンス・コード～会社の持続的な成長と中長期的な企業価値の向上のために～」は，日本取引所グループのホームページを参照。

7）証券市場の監査制度を担い，上場企業の財務諸表に対する意見表明を行うCertified Public Accountantの名称は，CPAが投資家，取引先，信用供与者などを含むすべての財務諸表の利用者である一般大衆，つまり公共の利益（Public Interest）を保護する役割を担っていることに由来している。残念ながら「公認会計士」という資格名そのものにはそのニュアンスが表れされていない。

8）トレッドウェイ委員会支援組織委員会（Committee of Sponsoring Organizations of the Treadway Commission : COSO）は，1987年の不正な財務報告全米委員会

(The National Commission on Fraudulent Financial Reporting : Treadway Commission) による「トレッドウェイ委員会報告書 (Treadway Report)」の提言を受けて，1992年に「内部統制の統合的枠組み」を，2013年にその改訂版を公表している。

9) 不正な財務報告全米委員会は，1987年の報告書で，経営者の意向や姿勢 (Tone at the Top) が不正な財務報告が発生しやすい組織環境の醸成に重大な影響を及ぼすという研究結果を発表した。COSOのフレームワークは，この伝達と適用を統制環境の要と位置付けている。

10) 談合や腐敗行為では，21世紀に入り，米国司法省による反トラスト法 (Sherman Antitrust Act, Clayton Antitrust Act, Federal Trade Commission Actの総称) と海外腐敗行為防止法 (Foreign Corrupt Practices Act) の執行が域外適用されるようになり，日本企業にとっても，これらの不法行為の防止が大きな課題となった。

11) ACFEは，会計士と捜査官の両方の技能を併せ持つ様な不正対策の専門家の養成を目的として，会計財務取引等の不正スキーム，法律，不正調査，そして犯罪学という4分野における専門知識によりCFE資格を認定している。

12) 事件数は複数手口が報告されるため合計が100%を超える。

13) Cressey, Donald R. (1919-1987) の仮説についてはWells (2006) を参照。

14) 企業改革法の正式名は “An Act to Protect Investors by Improving the Accuracy and Reliability of Corporate Disclosures Made Pursuant to the Securities Laws, and for Other Purposes (証券法等による企業開示の正確性と信頼性を改善することにより投資家を保護するための法律，2002年7月30日，PL 107-204)” である。上・下院からの法案提出者の名前から “The Sarbanes & Oxley Act of 2002” と略称される。

15) 1972年の心理学者Janis, Irving L.は，米国の軍事に関する凝集性の高い意思決定集団 (Cohesive Decision-making Groups) の歴史を分析した。

16) 日本弁護士連合会は，2010年に「企業等不祥事における第三者委員会ガイドライン」を公表している。これは，企業から独立した委員で構成し，徹底した調査を実施した上で，原因を分析し，再発防止策等を提言する委員会を前提としている。

参考文献

Albrecht, W. Steve. (2014) “Iconic Fraud Triangle Endures―Metaphor Diagram Helps Everybody Understand Fraud”, *Fraud Magazine*, July/August : 46-52.

Association of Certified Fraud Examiners.

Berle, Adolph A., Jr. and Means, Gardiner C. (1932) *The Modern Corporation and Private Property*, The Macmillan Company.（北島忠男訳『近代株式会社と私有財産』東京文雅堂書店，1958 年）

Bowen, Howard R. (1953) *Social Responsibility of Businessman*, New York : Harper.（日本経済新聞社訳『ビジネスマンの社会的責任（経済生活倫理叢書)』日本経済新聞社，1960 年）

Carroll, Archie B. (1991) "Pyramid of Corporate Social Responsibility : Toward the Moral Management of Organizational Stakeholders", *Business Horizons*, July-August.

Coase, Ronald (1937) "The Nature of the Firm", *Economica*, Vol. 4 No. 16 : 386-405, The London School of Economics and Political Science.

Committee of Sponsoring Organizations of the Treadway Commission (1992 and 2013) *Internal Control—Integrated Framework*, AICPA.（鳥羽至英・八田進二・高田敏文共訳『内部統制の統合的枠組み理論篇・ツール篇』白桃書房，1996 年）（八田進二・箱田順哉監訳『内部統制の統合的フレームワーク』日本公認会計士協会出版局，2014 年）

Fama, Eugene and Jensen, Michael (1983a) "Agency Problems and Residual Claims", *Journal of Law and Economics*, Vol. 26 : 327-349, The University of Chicago.

Fama, Eugene and Jensen, Michael (1983b) "Separation of Ownership and Control", *Journal of Law & Economics*, Vol. 26 : 301-326, The University of Chicago.

Friedman, Milton (1962) *Capitalism and Freedom*, University of Chicago Press.（村井章子訳『資本主義と自由』日経 BP，2008 年）

Institute of Internal Auditors, American Institute of Certified Public Accountants, Association of Certified Fraud Examiners (2008) *Managing the Business Risk of Fraud : A Practical Guide*, IIA, AICPA, ACFE.（不正リスク管理実務ガイド検討委員会委員長八田進二編『企業不正防止対策ガイド新訂版』日本公認会計士協会出版局，2012 年）

Jensen, Michael and Meckling, William (1976) "Theory of the Firm : Managerial Behavior, Agency Costs and Ownership Structure", *The Journal of Financial*

Economics, Vol. 3 : 305-360.

Porter, Michael E., and Kramer, Mark R.（2011）“The Big Idea : Creating Shared Value”, *Harvard Business Review*, Jan.-Feb.（「経済的価値と社会的価値を同時実現する共通価値の戦略」『ダイヤモンド Harvard Business Review June 2011』ダイヤモンド社，2011年）

Wells, Joseph（2006）*Corporate Fraud Handbook—Prevention and Detection—Second Edition*, John Wiley & Sons, Inc.（八田進二・藤沼亜起監訳『企業不正対策ハンドブック—防止と発見—第2版』第一法規，2009年）

Williamson, Oliver（1981）“The Economics of Organization : The Transaction Cost Approach”, *American Journal of Sociology*, Vol. 87 No. 3.（松原圭吾訳「組織の経済学：取引コストアプローチ」（上）（下），『立教経済学研究』第55巻第1号 pp. 127-139，第4号，2002年）

索　引

A–Z

ア

カ

サ

タ

《著者紹介》

亀川雅人（かめかわ・まさと）担当：序章
ビジネスデザイン研究科（経営学部）教授。博士（経営学）。ビジネスクリエーター研究学会創設者（初代会長），多数の学会で理事長，副会長，理事などを務める。専門は，企業論及び企業財務。著書・論文多数。

山中伸彦（やまなか・のぶひこ）担当：第1章
ビジネスデザイン研究科准教授。博士（経営管理学）。立教大学経済学部助手，尚美学園大学総合政策学部専任講師を経て，2008年より現職。専門は経営組織論。

瀧澤哲夫（たきざわ・てつお）担当：第2章
ビジネスデザイン研究科教授。マーケティング，消費者行動論，ビジネスデザイン指導など担当。立教大卒業後，'79年米国移住しマーケティング情報誌 US Trend Report 発行。'05年帰国，ロッカク LLC チーフプロデューサー兼代表。

宮下篤志（みやした・あつし）担当：第3章
ビジネスデザイン研究科教授。専門は戦略論，オペレーション・マネジメント。主な著書は，単著『進化デザイン戦略』（晃洋書房，2016），単著『再起力』（プレジデント社，2011）など。フェリックス・パートナーズ㈱代表取締役。

張　　輝（ちょう・き）担当：第4章
ビジネスデザイン研究科客員教授（前教授）。㈱技術経営創研社長，経営コンサルタント，博士（法学）。総務省，国交省，経産省関連 WG 等の専門委員を歴任し，BMA ジャーナル（ビジネスモデル学会誌）編集長。執筆・講演多数。

田中道昭（たなか・みちあき）担当：第5章
ビジネスデザイン研究科教授。㈱マージングポイント代表取締役，㈱サダマツ（東証ジャスダック上場）取締役。シカゴ大学 MBA。専門はストラテジー＆マーケティング及びリーダーシップ×ミッション経営。

笠原英一（かさはら・えいいち）担当：第6章
ビジネスデザイン研究科客員教授。博士（学術）。Asia Pacific Research Institute of Marketing 所長。Thunderbird School of Global Management，早稲田大学大学院博士課程修了。専門は競争戦略，マーケティングなど。近著として Practical Strategic Management -How to Apply Strategic Thinking in Business, World Scientific Publishing（2015）他多数。

安田直樹（やすだ・なおき）担当：第7章

ビジネスデザイン研究科助教。大手損害保険会社勤務，慶應義塾大学大学院経営管理研究科，慶應義塾大学大学院商学研究科後期博士課程を経て2015年より現職。専門はマクロ組織論および経営戦略論。

安部哲也（あべ・てつや）担当：第8章

ビジネスデザイン研究科教授。リーダーシップ論等を担当。パナソニック㈱勤務後，EQパートナーズ㈱を設立し，代表取締役社長。著書『ワールドクラス・リーダーシップ』（同友館）等多数。

品川啓介（しながわ・けいすけ）担当：第9章

ビジネスデザイン研究科教授。名古屋大学大学院博士課程修了（博士（工学））。立命館大学大学院博士課程修了（博士（技術経営））。製造業でハイテク分野の研究開発リーダーなどを務めた後，商社を経て現職に至る。

深見嘉明（ふかみ・よしあき）担当：第10章

ビジネスデザイン研究科准教授。博士（政策・メディア）。特定非営利活動法人リンクト・オープン・データ・イニシアティブ理事。専門は情報通信技術戦略，プラットフォーム戦略，オープン・コラボラティブ・イノベーション。

中村二朗（なかむら・じろう）担当：第11章

ビジネスデザイン研究科教授（技術経営担当）。博士（工学）。東京工業大学特任教授（物質理工学院応用化学コース），㈱オキサイド社外取締役，中小企業診断士。大阪大学大学院工学研究科修了。

野田健太郎（のだ・けんたろう）担当：第12章

ビジネスデザイン研究科・観光学部教授。一橋大学博士。日本政策投資銀行・設備投資研究所上席主任研究員を経て現職。専門はリスクマネジメント。著書『事業継続計画による企業分析』（中央経済社）など。

濱田眞樹人（はまだ・まきと）担当：第13章

ビジネスデザイン研究科教授。博士（経営管理学）。CPA，CIA，CMA，CFE，CFP。企業不正の防止と発見を研究。ティファニー・ジャパン副社長やハリー・ウィンストン・ジャパン社長など，外資系企業でマネージメントを歴任。日本公認不正検査士協会理事長。

（検印省略）

2016年11月20日　初版発行　　略称－ビジネスデザイン

ビジネスデザインと経営学

編　者　立教大学大学院
　　　　ビジネスデザイン研究科

発行者　塚田尚寛

発行所　東京都文京区
春日2-13-1　株式会社　創成社

電　話　03（3868）3867　　FAX　03（5802）6802
出版部　03（3868）3857　　FAX　03（5802）6801
http://www.books-sosei.com　振　替　00150-9-191261

定価はカバーに表示してあります。

ISBN978-4-7944-2490-7 C3034
Printed in Japan

組版：緑　舎　　印刷：エーヴィスシステムズ
製本：カナメブックス
落丁・乱丁本はお取り替えいたします。